李煥明著

文史哲學集成

比較易學論衡

文史哲出版社印行

國立中央圖書館出版品預行編目資料

比較易學論衡 / 李煥明著. -- 初版. -- 臺北市
: 文史哲, 民84
面 ; 公分. -- (文史哲學集成 ; 351)
ISBN 957-547-979-0(平裝)

1. 易經 - 比較研究

121.17 84012012

(351) 文史哲學集成

比較易學論衡

著者：李煥明
出版者：文史哲出版社
登記證字號：行政院新聞局局版臺業字五三三七號
發行人：彭正雄
發行所：文史哲出版社
台北市羅斯福路一段七十二巷四號
郵撥○五一二八八一二彭正雄帳戶
電話：三五一一○二八
印刷者：文史哲出版社

實價新台幣四六○元

中華民國八十四年十一月初版

ISBN 957-547-979-3

李著《比較易學論衡》序

黎凱旋

中華易學月刊編撰委員李煥明先生，繼三年前出版所著《易經的生命哲學》一書後，近又把三年來先後所發表的易學宏文十九篇，編成《比較易學論衡》一書，以饗讀者。恰好我剛遊美歸來，不僅以先覩原稿爲快，並且也爲愛好李著的廣大讀者再一次感到十分高興！

李先生以擲地有聲的曉暢文筆，泛論舉世有史以來第一部統括天地人物奧義的奇書和好書——易經，自是瀟瀟灑灑，暢所欲言。然而易道廣大，超邁時空，尙非盡少數人之力所能窮其究竟，因此，我也期望有更多的中外人士，大家一起來盡些心力，使這部居群經之首爲文化之源的易經之學，邁向更廣大的空間和更悠遠的未來。

由於易經中的符號和圖畫，也是一種表象宇宙萬有之象、數、理三者的文字和美術，並講求「時義」和「致用」，所以我想就本書附錄第三篇「如何促進兩岸書同文」的問題，提出一點管見。因爲這是一個有關海峽兩岸「分久必合」及「和平統一」的先決問題。

近些年來，常在報紙和電視上，看到和聽到大陸領導人士的講話，口口聲聲說是「海峽兩岸在一個中國的大前提下，什麼都可以坐下來談！」這委實令人興奮！可是除了千頭萬緒的談判內容以外，雙方究竟要使用何種文字來作紀錄？以及究竟要使用何種文字來簽定「海峽兩岸和平談判統一協議書、備忘錄」等？像這樣一種不算太大也不能算太小的問題，我們兩岸的觀衆就不知道究應如何才能解決？

首先是決定使用中共所製造的簡體字嗎？不但海峽這邊的兩千一百萬同胞大都看不懂，就連舉世的「漢學家」們也大都看不懂。並且如果把簡體字繼續搞下去，中國十二億同胞從此便都看不懂四千多年來的古書和六千多年來古物上的文字，同時也失去了中國文字的外在美和內在美（六書的原理），尤其是和中國從太昊伏羲氏開始六千多年來的歷史、民族、文化幾乎絕了緣，這還談什麼「民族歷史」、「民族文化」、「民族大義」和「中國特色」呢？

其次是決定使用中國傳統的正體字嗎？大陸那邊除了五十歲以上的人大都是記憶猶新和興致勃勃以外，中青的一代，也許有不少人會叫苦！因爲他們已習慣了使用簡體字。至於使用簡體字的惟一理由，是書寫較快而節省時間，關於這一點，大家不妨想想，爲什麼大陸使用了四十多年的簡體字反而弄得「一窮二白」，而台灣使用正體字卻能創造「經濟奇蹟」呢？又何況現今世界各進步的國家，幾乎每一家庭都備有一部小型電腦打字機，而無需人手書寫，根本就和字體的繁簡沒有關係。

其三是決定同時使用兩種不同的文字嗎？即大陸方面仍使用簡體字，台灣方面仍沿用正體字，實行「一國兩制」，各行其是，各寫各的紀錄，並同時簽訂兩種不同文字的「協議書或……」，民間亦復如此。這樣一來，雖暫時解決了「和談」代表們和民間的杆格，但豈不又違背從唐堯開始到秦漢時代就早已提倡的「書同文」嗎？同時也違背了「和平統一」的大前提嗎？難道還要等到中國統一以後再來一次「文字統一」嗎？

我和李先生及很多人的看法一樣，即在公文書及書報、電視等方面是使用正體字，因爲它不需要人工書寫，多少筆劃都並不影響工作時效。在私人文書如寫信、記流水帳等方面，則不妨使用簡體字，反正只要自己和對方能看懂就行了。區區之見，不識讀者先生以爲如何？

自序

最近二十年以來，我國傳統文化的泉源——易經，經過許多熱心於中華文化復興人士的大力倡導，業已成爲一種熱門學科——「易經熱」，無論從哲理的探討到實際的應用，均有長足的進步與豐碩的成果，這是十分可喜的現象。

著者從事於易學研究多年，三年前出版《易經的生命哲學》一書後，乃致力於「比較易學」的開拓研究。易經是我國傳統文化發展的本源，我們對傳統文化的探討和對未來文化的創造，最好從比較研究入手。在縱的方面，可以研究文化演進的歷程，比較其高下；在橫的方面，可以研究中西文化之異同，比較其長短。當代大哲方東美先生曾經指出我們今後要研究廣義的易學，即以易經純粹的儒家思想來貫通佛家思想和道家思想，以及西方的哲學思想。他所說的廣義的易學實際上就是指「比較易學」。

本書包含易學論文十九篇，各依其內容之繁簡，行文長短不一，大部份屬於比較易學範圍。附錄四篇，均間接與易學有關：第一篇「孝的源流與新的孝道觀」，乃針對當前環境的需要有感而作；第二、三篇是論兩岸文字的整合與統一，爲當前文化交流的重要課題；第四篇「比較——的方法之心靈的探索」，乃好友張肇祺教授的傑作，暢論中西「比較」的哲學涵義與方法，實爲研究「比較方法」的最佳參考。

公元一九九五年民國八十四年七月　李　煥　明　序於台北市一漚齋

比較易學論衡目次

附　錄

「比較易學」的開拓

易學經歷了數千年的長期發展，業已成爲我國學術思想的泉源與文化的主導。關於今後易學的發展趨向，筆者曾經提出四點淺見，即發揚傳統的儒家哲學精神，加強研究廣義的易經哲學，加強易學應用及易學史的研究。（註一）其中所謂廣義的易學，乃是根據已故哲學大師方東美先生的提示。他認爲我們處在這個時代，接觸過西方和印度的哲學思想之後，我們的眼界應該放大，不僅僅講狹義的易學，同時也要講廣義的易學。他所說的廣義的易學，乃指以周易純粹的儒家思想來貫通佛家思想（例如華嚴思想），以及西方的哲學思想（例如近代法國的柏格森思想、英國的懷德海思想）（註二）

謹按方先生所說的廣義的易學，實際上就是「比較易學」。筆者認爲以「比較易學」命名較爲簡明而且切合實際需要。

鑒於東西方的文化傳統不同，發展各異，優劣互見，唯有從事比較研究，察其同異，考其得失，據以改正，創造未來，才能趕上時代。曾經從事「比較文化」和「比較哲學」多年的吳森教授曾經指出：「對傳統文化的檢討和對未來文化的創造，最好從比較研究入手。因爲沒有外來文化以資比較，我們傳統文化的優劣點無從顯露，我們便無從談怎樣創造未來的文化了。」（註三）而吳森教授立志從事比較哲學的研究，則是受了美國華盛頓大學他的老師李維(Albert William Levi)的影響最大。李維曾勸勉他說：「你們中國有悠久的傳統和深厚的文化。你來留學，學習西方思想，目的不在歸依西方文化，而在從學習西方文化獲得對你自己文化更深的認識和了解。」（註四）

關於東西文化的比較研究，我國自民國初年以來，即成爲哲學界的重要課題，正如吳怡先生所指出的：當時的學者都犯了一個共同的錯誤，就是推崇西洋文化者，卻專數中國文化的弱點；而強調中國文化者，又偏愛以西洋文化的弱點來陪襯。所以他認爲要比較文化，就必須兩方面作深入的研究，宜發掘其各自的特點和優點，再加以比較。這種比較乃是優點與優點的相互輝映，而不是缺點的彼此揭發，這樣的比較才能相得益彰，而不會流於輕薄的批評。（註五）不過此種優點與優點的相互比較，固然需要，可是若過於護短，未能明其優劣得失所在，有時不免會失去比較的目的，而無補於實際。「中西文化各有短長，我們不可以故步自封，亦不能妄自菲薄，應當集兩者之所長來創造我們未來的文化。」（註六）

最近三十多年來，「比較哲學」在美國甚爲盛行，各大學多有「比較哲學」課程，比較哲學學會成立迄今亦已二十多年，曾經舉行多次東西方哲學家會議，成果豐碩。此外，「比較宗教學」、「比較倫理學」、以及「比較文學」，近年來在國外亦甚風行。我國在十多年前已有大學開始設有「比較哲學」、「比較倫理學」、「比較文化」這一類的課程，並出版不少有關專書。

「比較易學」實際上可視爲「比較哲學」中的一個專門部分。因爲中國哲學包含儒家哲學、道家哲學及佛家哲學三大部份，而《易經》是原始儒家的重要經典，所以「比較易學」屬於中國哲學的一部分，或「比較哲學」中的一個專門部分。

「比較易學」的研究方法應以比較研究法（The method of comparative study)簡稱比較法(The comparative method)最爲重要。根據黃建中教授的分析：「比較之爲用，不唯求同，而亦求異，不唯異中求同，而亦同中求異。」比較法可分爲縱比、橫比、同比、異比，及同異交比五種，茲簡介如下：（註七）

一、縱比：時代之比較，分爲二種：1.通縱比：即通究演進之歷程，比其高下；2.專縱比：由古代以至近世，比其異同，較其短長。

二、橫比：地域之比較，亦分二種：1.通橫比：通論中西之異同，並考其原因之所在；2.專橫比：專比中西學說之異同，並各驗其影響之所及。

三、同比：爲縱橫比所共有。例如：「同主利己，則有若商、韓、楊、朱與阿利斯提泊、伊壁鳩魯、霍布士等；同主利他，則有若管、晏、墨翟與柏萊企蓀、邊沁、穆勒等。」

四、異比：亦縱橫比所共有。例如：「墨、荀、商、韓與孔、孟、老、莊、賈、蘇、陳、葉、與董、張、朱、陸，一主效果，一主動機。皆異比之顯例。」

五、同異交比：謂同中有異、異中有同也。例如「邊沁、穆勒同持快樂說，而一重量、一重質，是同中有異也。孔、老異家，朱、陸別戶，而同持動機說，是異中有同也。」

黃建中之《比較倫理學》除用比較法外，也兼採其他研究方法。他指出：「比較法在倫理學上之應用正復甚廣，而他法亦為本書所不廢。……凡特殊事實之有關倫理者，必遍觀而盡識，條分而件繫，督其同異，考其得失；以徵驗求是，以思辨窮理，以歸納成律，以演繹證例。體驗人格之實在，則宜用直覺法，通衡行為之價值，則宜用涵著法，探索道德之起源，則宜用溯演法，推究思想之發展，則宜用辯證法，餘如分析演微二法，亦可待機而善用之。蓋治學多術，用各有當，不徒規規焉限於比較研究法已也。」（註八）

又吳森教授亦有專文論述比較哲學與文化的研究方法。他曾列舉通觀、局部、襯托、批評和融匯五種方法，並認為局部比較或專題比較最宜初學。通觀、襯托和批評都離不開局部，而局部的研究亦要賴通觀的體會、襯托的描述、和批評的分析。局部的研究是「下學」的功夫，而做「上達」的功夫，必須自「下學」始。至於融匯眾說而成一家之言，應該是下了多年功夫才可嘗試。（註九）

「比較易學」既然是「比較哲學」的一部分，兩者的研究方法應該相同，最多不過是著重點的不同而已。

至於「比較易學」的研究題材極為廣泛，舉凡古今中外與易學有關的項目，都可作為研究的題材。學者可從易學史及有關書刊中去發掘。舉例而言，吳森教授在所著《比較哲學與文化》(一)一書中就有三篇專論屬於「比較易學」的範圍，即「易經和杜威思想的革命觀」、「易經和杜威的因果論」與「從美國哲學看易經的宇宙觀」。

際此世界文化急速演進的現代，作爲中國文化哲學的泉源的易學，再不宜抱殘守缺墨守成規了。我們應該放曠胸懷，高瞻遠矚，趕上時代，協力把易學提昇進入一個新的境界。「比較易學」的天地非常廣闊，任務非常艱鉅，它還是一大片尙待開拓的處女地，值得當代易學同道的共同努力！

【附註】

註一　參見拙著《易經的生命哲學》自序頁五。文津出版社，民國八十一年三月出版。

註二　參見方東美著《原始儒家道家哲學》頁一六一，黎明文化公司，民國七十二年出版。

註三　吳森著《比較哲學與文化》㈠頁一，東大圖書公司，民國六十七年初版。

註四　吳森著《比較哲學與文化》㈡自序頁三，東大圖書公司，民國六十八年初版。

註五　同註三，吳怡序頁二。

註六　同註三，頁二。

註七　參見黃建中編著《比較倫理學》頁五九，正中書局，民國六十八年五版。

註八　同註七，頁六一。

註九　同註三，頁二四。

易經與懷德海哲學

一、前　言

當代大哲方東美先生曾經指出：「我們處在這個時代，接觸過印度、西方的哲學思想之後，哲學的觀點又和從前不同了；因此對於周易不僅僅講狹義的周易哲學，同時也可以講廣義的周易哲學：以周易純粹的儒家思想來貫通佛家華嚴的思想；同時以近代的法國柏格森的思想，或是英國的懷德海來說，也可以多方面地貫通。如此看來，因為我們所接觸的哲學傳統多了，我們可以拿近代人的眼光來看周易，而彌補周易之不足。」（註一）

我們分析方先生這段話含義豐富，無異指出了今後我們研究易學的方向。他認為易學有兩種：一種是狹義的，一種是廣義的；狹義的易學是專就卦爻的符號系統如何完成以及章句如何詮釋來說明周易，例如王弼、韓康伯、孔穎達等有關周易的著作屬之；至於廣義的易學，除包含狹義的易學內容外，尚可用古今中外相近的哲學思想來貫通周易的哲學思想，以彌補周易之不足。因為周易思想創始於數千年前的古代聖哲，當然與近代人的哲學思想迥異其趣，兩者相互比較與貫通，當可獲致新的進展。他還舉例指示：以佛家的華嚴思想、近代法國柏格森思想、英國懷德海思想，與周易思想作比較研究，以拓展廣義的易學。

本文試以懷德海哲學來與周易哲學思想作一番比較研究，以就正於方家。

二、懷德海與中國哲學

懷德海(Alfred North Whitehead, 1861-1947)，原是英國的數學家，與他的學生羅素合著「數學原理」而開始著名。公元一九二四年懷氏六十三歲，應美國哈佛大學哲學系之聘前往任教，從此轉變爲哲學家，而且成爲近代最有創意的哲學家。根據曾經受教於懷氏的學者謝幼偉先生的描述：懷德海是現代一位最偉大的哲學家。他的一生，在思想上爲一巨人，在品格上爲一完人。學問道德，世罕其儔。古代的柏拉圖、亞里士多德，近代的康德、黑格爾諸賢，懷氏足與並駕；現代的柏格森、克羅齊、杜威、羅素諸哲，懷氏應爲祭酒。他的著作甚多，最重要的名著是一九二九年出版的「歷程與實在」(Process and Reality)。由於懷氏哲學近年來在美國及西歐的普遍流行，此書被認爲是最近一百年以來西方哲學界最具影響力的巨著。

懷氏在其「歷程與實在」一書中，曾自稱他的哲學與中國及印度某些思想較爲接近。他說：「就討論終極實在的基本立場而言，機體哲學似乎與中國、印度某些思想比與某些西亞及歐洲思想更爲接近。一邊（指中、印）視歷程爲終極實在，另一邊則視事實爲終極實在。」（按西亞乃指中東地區）可見懷氏思想與東方思想實有高度相似之處。我們倘若進一步考察，則可分析爲三個層次：一、就整個立場而言，懷氏思想近於東方尤甚於西方；二、但就其與印度思想比較而論，懷氏之歷程觀近於佛教尤甚於印度教（婆羅門教）立場；三、然專就其根本層面而論，其全部歷程思想立場近於中國大易哲學尤甚於佛學。概括言之，懷氏思想之東方色彩強於西方；佛教色彩強於印度教；中國色彩尤強於佛教。（註二）懷氏並未到過中國，他對中國思想之了解可能得自中國留英學者如辜鴻銘以及有關英譯中籍。（易經首次英譯者爲理雅各James Leggs，於一八九九年在牛津出版），再加上他的創造性的想像和洞見(insight)，因此他的宇宙觀——機體哲學或稱歷程哲學，頗與易經的哲學思想相近。

早在一九二五年懷氏出版所著「科學與現代世界」一書時，已經對中國文化的高度發展羨慕不已，他在該書中寫道：「我們對中國的藝術、文學、與人生哲學知道愈多，就會愈羨慕這個文化所達到的高度，數千年來，中國不斷出現聰明好學之士，畢生致力於學術研究。從歷史的綿延與影響的廣度來看，中國的文明是世界上自古以來最偉大的文明。」（註三）懷氏在如此羨慕中國文化的心態下，進一步對中國哲學思想加以了解，是很自然的事，因而他的哲學思想與中國周易的哲學思想有某種程度的相似，也非不可理解的事。

儘管懷氏哲學與大易哲學有某種程度的相似，但我們在進行比較研究時，必須注意下列三點差異：一、時代的差異：易經形成於二千四百年以前，而懷氏代表作「歷程與實在」出版於一九二九年。二、名相的差異：易經蘊含圖、象、數三方面，而懷氏上述大著則以討論範疇總綱爲基本，在總綱之下分爲四大部分：終極範疇、存在範疇、解釋範疇和規範範疇。三、重點的差異：例如易經的創化觀來自實際經驗，而懷氏的創化觀則是極度抽象的，但可應用於實際經驗。（註四）

三、歷程哲學概要

懷氏認爲宇宙構成的終極成分是「實際事物」(actual entities）。所謂「實際事物」乃是最具體最眞實的事物，它是構成實際世界的基本單位。懷氏曾說：「實際世界乃由諸多實際事物所構成，這些實際事物是構成世界的最後的眞實事物，在實際事物的後面，我們無法發現任何比它們更眞實的事物。」實際事物懷氏以前曾稱爲「事素」(events)，兩者同義而異名。

但懷氏所說的實際事物還要加上時間和空間的因素，因爲任何具體存在的事物都存在在時間空間裏，他認爲「實際世界就是歷程」。如前所說，實際世界乃由諸多實際事物所構成，因此，構成實際世界的基本單位必定是歷程，而歷程是由時間和空間形成的，這段時間可稱爲「刹那」（moment），而非抽象的「瞬時」(instant)，就時間的側面而言，亦可稱爲「綿延」。歷程所佔的空間，就空間的側面而言，乃是具體的「體」，而不是抽象的「點」。又因時間和空間是相互關聯相互依存的，所以當我們說到實際事物就是歷程，或實際世界就是歷程，或實在就是歷程，已同時包含了「時間側面之爲綿延」及「空間側面之爲體」的兩種特性。（註五）懷氏所說的實際事物有時亦稱爲「實際情境」(actual occasions)，此乃由於任何實際刹那情境乃是攝受其他實際事物所形成的緣故。

懷氏非常重視經驗，並稱經驗爲行動歷程。他說：「時間不斷向前推進，展現了經驗活動歷程的特徵，此特徵本質上乃是『行動』歷程。」因此，懷氏認爲許多實際事物乃是許多點滴的經驗活動歷程。他又說：「在一個理性的宇宙論的架構中，最後的眞實物乃是等同於經驗活動歷程或行動歷程。」此處所謂「經驗活動歷程」是最廣義的。

宇宙間的實際事物衆多，無法盡述，我們只能選擇具有普遍性的事物來加以描述，以解釋個別性的如何及爲何產生，然後加以分類。

「歷程」是實際事物的普遍性之一種，而歷程本身亦爲實際事物。當我們問「什麼是實際事物」時，就等於問「實際事物是如何形成的」。所以「實際事物之存在乃是由它的形成歷程所構成。」這就是懷氏形上學中三大原理之一的歷程原理(principle of process)。

懷氏的實際事物除有行動歷程之外，尙有下列特徵：一、不是傳統哲學上的物質；二、亦非傳統哲學上的心靈；三、它是非心非物、亦心亦物的一種複雜體；四、它不是簡單的，而是複雜的；五、它不是固定不變的，而是遷流不息的；六、不是各個孤立的，而是相互關聯的。

實際事物如何發生或如何構成？懷氏認爲實際事物是「汲取」（appropriate）宇宙中各種不同元素(elements)而形成的，每個汲取特殊元素的歷程叫做攝受歷程(Prehension)，簡稱「攝受」。懷氏說：「任何事物（無論實際的或非實際的）對於每個生成過程都是潛能，此即形上學三大原理之一的相關性原理（principle of relativity)。」（另一原理爲存有學原理(Ontological Principle)）換言之，一個實際事物藉攝受其他實際事物而構成，離開其他實際事物便不能有這個實際事物，宇宙中各實際事物是相互關聯的。

懷氏指出：「每一攝受是由三種因素合成，即一、能攝受的主體(subject)，也即攝受是一種具體成分的實際事物；二、被攝受的與料(datum)，及三、主觀形式(Subjective form)，即主體之如何攝受與料。」換言之，每一攝受必有能攝受者、被攝受者、及攝受的方式。主觀形式或攝受的方式即實際事物在自行成長的歷程中如何統一其他攝受者。有了主觀形式，每一攝受遂均有其抽象性。攝受的抽象性乃攝受對於其他實際事物的取捨，而依其他實際事物與主觀形式的相關與否爲衡。因此，攝受可分爲積極攝受與消極攝受兩種。所謂積極攝受乃是一個實際事物容許其他因素可有效的影響其自身變化的歷程，消極攝受乃是一個實際事物因其他因素與主觀目的不相容而加排除的歷程。又攝受亦可分爲物理攝受與概念攝受兩種。所謂物理攝受即攝受之以其他實際事物爲與料的；概念攝受則爲攝受之攝受「永恒對象」（eternal objects）。所謂「永恒對象」的界說是：「任何事物其概念上的認知，對於現實世界中任何確定之實際事物，不必有一種必要的關聯，即名爲一個永恒對象。」例如「二」不必與二牛、或二馬關聯，這「二」的本身就是永恒對象。（註六）

我們由上文所述，大致瞭解懷德海的歷程哲學後，便可進一步與易經哲學進行比較研究。本文以下列各點作爲研究的項目：一、機體主義；二、「創化」與「生生」；三、自然與生命；四、價値論；五、宗教觀；六、「易含三義」與「攝有三面」。

四、機體主義

正如前文所述，懷氏於其大著「歷程與實在」中曾經自行聲稱，他的機體哲學與中國及印度某些思想比與西亞及歐洲某些思想更爲接近。他的思辯哲學（Speculative Philosophy）爲標明其哲學具有生物學中的有機體的性質，曾自稱爲機體哲學(the philosophy of organism)，主張宇宙中的所有實際事物都是相互關聯的。無論天與人、心與物、或生命與自然，都不是截然無關的二物，自然中有生命，生命中也有自然。所以他說：「我所主張的學說，認爲非把自然和生命溶化爲一，視其爲構成實際事物的主要因素，而這些實際事物的相互關聯及其個別特性，便是可以構成宇宙的，則我們不能明瞭物理自然，也不能明瞭生命。」（註七）心與物，或生命與自然，均依照實際事物以不同的組織方式而存在，心和物的區別，不是由於基本原素不同，而是由於組織方式不同。所以懷氏的宇宙觀其實質是非心非物，亦心亦物，而且是心物合一的。

據筆者所知，將懷德海機體哲學（或稱機體主義）闡述得最爲明確完備的，見之於方東美先生所作「中國形上學中之宇宙與個人」一文。他將機體主義的精義由消極和積極兩個層面加以闡明：

就消極方面說：機體主義：一、否認可將人物對峙視爲絕對孤立系統；二、否認可將宇宙大千世界化爲意蘊貧乏之機械秩序，視爲純由諸種基本元素所輻湊拼列而成者；三、否認可將變動不居之宇宙本身壓縮成爲一套緊密之封閉系統，視爲毫無再可發展之餘地，亦無創進不息、生生不已之可能。

就積極方面說：機體主義旨在：統攝萬有，包舉萬象，而一以貫之；當其觀照萬物也，無不自其豐富性與充實性之全貌著眼，故能「統之有宗，會之有元」，而不落於抽象與空疏。宇宙萬象，賾然紛呈，然剋就吾人體驗所得，發現處處皆有機體統一之跡象可尋，諸如本體之統一，存在之統一，生命之統一，乃至價值之統一……等等。進而言之，此類紛披雜陳之統一體系，抑又感應交織，重重無盡，如光之相網，如水之浸潤，相與浹而俱化，形成一在本質上彼是相因、交融互攝、旁通統貫之廣大和諧系統。（註八）

用機體主義來闡釋中國哲學的特質，亦以方東美先生爲最早，成果最好。方先生早於一九六四年在夏威夷舉行第四屆東西方哲學家會議時，即正式提出「中國形上學中之宇宙與個人」論文，主張用機體主義的觀點來闡明中國儒、道、佛各派哲學。而於一九七六年完成之晚年鉅著「中國哲學之精神及其發展」中，視機體主義爲中國各派哲學的共同形上基礎。他在「從歷史透視看陽明哲學精義」一文中，曾明確宣示：「若干年前，余嘗以機體主義一辭，解說中國哲學之主流與特色。視其爲一切思想形態之核心。此思想形態，就其發揮爲種種旁通統貫之整體，或表現爲種種完整立體式之結構統一而言，恆深蘊於中國各派第一流哲人之胸中，可謂千聖一脈，久遠傳承。」（註九）他依據此項觀點進而舉出中國哲學的三大通性與特點：一、旁通統貫論；二、道論；三、個人品格崇高論。

然則大易哲學的機體主義的蘊涵是什麼？「就形上學言，大易哲學乃是一套動態本體論，基於時間生生不已之創化歷程；同時亦是一部價值學總論，從整體圓融、廣大和諧之觀點，闡明至善觀念之起源及其發展。是故，旁通之理同時兼亦肯定了生命之大化流衍，瀰貫天地萬有，參與時間本身之創造化育歷程，而生生不已，終臻於至善之境。自機體主義之立場觀之，任何一套形上學體系，其中所詮表之基本原理系統皆不得割裂、打碎，強塞納入某具密不透風之區間，而睽隔不通。是故，旁通之理又適為化育之理之前奏或序曲，而化育之理復為生命即價值實現歷程之理提供其基調焉。」(註一〇)

所以易經的形上學可用機體主義的觀點加以闡釋，易經的宇宙論可通過下列原理來瞭解，即生之理、旁通之理、化育之理與生命歷程之理；易經的本體論則是以價值為中心以和諧為基調的動態本體論。(註一一)

茲略舉易經原典數則如下，以供參證：

「形而上者謂之道，形而下者謂之器。」

「一陰一陽之謂道，繼之者善也，成之者性也。」

「天地之大德曰生。」

「天地感而萬物化生。」

要之，懷德海哲學的機體主義與大易形上學的動態本體論具有高度的相似性，因為易之創進綿延之歷程與懷氏「歷程即實在」(或譯為「易即體」)頗有相通之處，不過大易思想較為具體，而懷氏思想較為抽象，兩者是可以溝通互證的。

五、「創化」與「生生」

「創化」(Creativity，或譯「創造力」、「創新性」)是懷氏歷程哲學的終極觀念，具有關鍵的重要性，屬於四大範疇的終極範疇。懷氏曾說：「在機體哲學中，其最後的終極可稱爲『創化』。」「創化乃是共相中的共相，用以描述終極的事物。」它統攝一與多，使一中有多，多中有一，形成有機互動之體系。

「創化」是懷氏的哲學用語，其內涵甚豐，包括變(becoming)、化(transition or transmutation)、成形(being)、以及潛能界(potentiality or non-being)等。(註一一)

「創化」包含三大原理：一、新穎原理(Principle of novelty)：創化的歷程是由多元結合爲一，再由一分解爲多元，循環創新，永無止息。二、聚集原理(Principle of togetherness)：創化是由分離到結合的歷程，亦即由多走向一的活動。三、共生原理(Principle of concrescence)：共生就是產生「新穎」的「聚集」，因而綜合了由多到一(聚集)和由一到多(新穎)的雙重歷程。

大易哲學中的「生生」概念與「創化」具有高度的相似性，兩者同爲宇宙秩序及創造的原動力。易經繫辭傳云：「生生之謂易」，意即所謂「生生」者，即易也。「夫易廣矣大矣，以言乎遠則不禦，以言乎邇則靜而正，以言乎天地之間則備矣。夫乾，其靜也專，其動也直，是以大生焉。夫坤，其靜也翕，其動也闢，是以廣生焉。」換言之，乾爲大生，坤爲廣生，天地之大德曰生，生生就是易。所以方東美先生把「生生之謂易」，用懷氏用語譯爲「Creative creativity」（創造又創造），非常恰當。方先生並加解釋：「生生之謂易，何以故？乃是把整個宇宙展開在時間的秘密裏面，它是一個創造的程序。而這個創造的程序有其根原，那便是宇宙的創造權力。這創造權力分爲兩項：在天謂之『乾元』，宇宙萬物都是它創造出來的。但是萬物創造之後，不能聽其自然而自生自滅，還要發揮『坤元』的力量，坤元就是代表地面上生養萬物的資具，來繼續維持萬物的生存和發展。於是生力瀰漫，充滿在整個宇宙之中，這個宇宙我稱爲『創化法界之創化性域』，於是萬物創生。」（註一三）乾元代表大生之德、坤元代表廣生之德，乾坤合作代表宇宙中廣大悉備的創造力。

此外，從「生生」歷程而言，方先生認爲生含五義：一、「大哉乾元！萬物資始，乃統天。」故「生生」之始有「育種成性義」；二、「至哉坤元！萬物資生，乃順承天。」故「生生」之生有「開物成務義」；三、「乾，其靜也專，其動也直，是以大生焉。」故「生生」之大有「創進不息義」；四、「坤，其靜也翕，其動也闢，是以廣生焉。」故「生生」之廣有「變化通機義」；五、「盛德大業，至矣哉。」故「生生」之生生不息有「綿延長存義」。因爲生含有上述五義，故易經重言之曰「生生」。

由上所述，可知懷氏的「創化」與大易的「生生」有下列相通之處：一、懷氏致力打破二元對立，而創立圓融的機體主義，故爲「創化」一元論；而大易哲學自始即爲「生生」的太極一元論，由太極生兩儀開始運作。二、懷氏的「創化」原理包含「創化」、「一」與「多」三個觀念，而以「創化」統攝之，此與易經中所說的「天下同歸而殊塗，一致而百慮」的思想頗有異曲同工之妙。三、兩者都認爲宇宙是一個充滿生機的創化歷程，都是普遍生命創造不息的大化流行，同屬於動態本體論。

六、自然與生命

懷德海於一九三八年出版《思想的方式》(Modes of Thought) 一書，其中第七第八兩篇論自然與生命。他認爲「自然界的生命現象是哲學與科學的根本問題。」他反對以往的心物兩元論。自然的根本並非物質與空間，而是活動與歷程。「自然乃一切活動內在關係之劇場。一切事物在變遷中，活動及內在關係亦在變遷中。」自然並非死的物質所構成，自然與生命不能分離，自然乃充滿生命之自然，生命亦充滿自然之生命。非自然與生命結合爲一，我們無法理解自然，亦無法理解生命。我們在宇宙之中，宇宙在我們之中。無無生命之自然，亦無無自然之生命。「我所主張的理論就是非把自然和生命混合起來，我們不能了解自然或生命。宇宙是許多實際事物的特性以及相互關聯所組成的，而這些實際事物的主要組合成分就是自然與生命的統一。」

從生物學的觀點而論，宇宙是由生物和無機物組成的，生物有生命，而無機物則無生命。但懷氏認爲即使無機物也具有心智作用，只是它是在潛存狀態。懷氏提出生命有三大特性：一、自我的享受；二、創造的活動；三、目的性。由此可知，懷氏的宇宙觀絕非機械性的宇宙觀，而是生命性的宇宙觀。（註一四）

本來西方人的思想都充滿「惡性二分法」，自然中的次性與初性對立，自然與人也格格不入，常以征服自然的思想自傲。而懷氏獨能卓然自立，一掃二分法的陰霾，將自然與生命融爲一體，此與中國人的思想不約而同。

關於中國的自然思想，我們很欽佩下面的說法：「對我們來說，自然是宇宙生命的流行，以其眞機充滿了萬物之謂。在觀念上，自然是無限的，不爲任何事物所拘限，也沒有什麼超自然，凌駕乎自然之上，它本身是無窮無盡的生機。它的眞機充滿一切，但並不和上帝的神力衝突，因爲在它之中正含有神秘的創造力。再說，人和自然也沒有任何間隔，因爲人的生命和宇宙的生命也是融爲一體的。」那麼易經的自然觀如何？原始的自然就是易經中所說的「太極」。「自然，顧名思義該是指世界的一切。就本體論來說，它是絕對的存有，爲一切萬象的根本。它是最原始的，是一切存在之所從出。它就是太極，這辭首先見之於易經一書中，易經上認爲太極能生天地，又能遞生天地之間的一切的一切。」（註一五）易繫辭傳云：「是故易有太極，是生兩儀，兩儀生四象，四象生八卦。」疏云：「太極，謂天地未分之前，元氣混而爲一，即是太初太一也。故老子云：道生一，即此太極是也。」太極是指宇宙初生之狀，混沌未開，太極生陰陽兩儀，天地由此形成，這就是自然的最初狀況。

至於易經中的宇宙論是包含「萬物有生論」，認爲「宇宙是一個包羅萬象的廣大生機，是一個普遍彌漫的生命活力，無一刻不在發育創造，無一處不在流動貫通。」繫辭傳云：「天地之大德曰生」、「天地絪縕，萬物化醇；男女構精，萬物化生。」都是指自然中的生命而言。

七、價值論

懷德海的機體哲學並不是抽象的，而是具體的，而且是以價值爲中心的哲學。他所說的「事素」「實際事物」、「實際情境」，其本身就是價值。早在一九二五年發表的《科學與現代世界》一書中，即已形成他的價值理論。對於價值是什麼？價值如何構成，他在下面一段文章中說得很清楚：「我以『價值』(value)一詞代表事件的內在實在性。同時在詩人的自然觀中也到處充滿了價值因素。我們只要把人生歷程中到處可見的價值轉移到體現過程的本身的脈絡中去就行了。華滋華斯(Wordsworth)崇拜自然的秘密就在於此。因此體現過程本身就是價值的達成。但單純的價值並不存在，價值乃是限制的結果。」(註一六)由此可知懷氏所謂價值就是「事素」或「實際事物」，價值不是純理想的抽象事物，必須理想狀態和現實狀態相互結合，價值才會產生。所以價值之如何產生就是實際事物如何產生。如前所述，實際事物是由攝受而產生，而每一攝受必須有能攝受者、被攝受者，及攝受的方式。所以他補充說：「在永恆活動的本質中，也必然和個別情形一樣可以從理想的狀態中，展現到從永恆所對的眞實結合性中所產生的一切價值。這種脫離一切實在性的理想狀態，是沒有任何價值的，但作爲目的中的要素則有價值。個別事件對這種理想狀態的位態之個體化攝受所取的形式，就是個別具有內在價值的思維。這種價值之產生，是由於這時思維中的理想位態與事素過程中的實際位態具有一種眞正的結合性。因此，潛存的活動若脫離了實在世界的實際事物，便不具有任何價值。」(註一七)所以價值是限制的結果，而限制實際就是選擇。「相同眞理的另一觀點是：每一實際情境都是一限制之加諸於可能性，而由於這種限制，然後該成形之事物集合的特殊價值才出現。」

又懷氏在《思想的方式》一書中提出「重要」這一概念，重要之所在就是價值之所在，價值之所在也就是重要之所在。例如道德、邏輯、宗教、藝術、科學等各有其重要性，各有其價值。

懷氏的價值論所強調的是一般的價值，以及科學和宗教的價值，至於道德和藝術的價值則未予強調。並且把藝術價值置於道德價值之上。他曾說：「因而一切秩序都是美感的秩序，而道德秩序只是美感秩序之某某方面而已。」（註一八）此與易經以道德爲首的觀念有所不同。

作爲原始儒家經典之一的易經，不但是以生命爲中心的哲學體系，而且是以價值爲中心的哲學體系。中國人的宇宙乃是一個沛然的道德園地，也是一個盎然的藝術意境。繫辭傳云：「一陰一陽之謂道，繼之者善也，成之者性也，仁者見之謂之仁，智者見之謂之智。」、「天地設位。而易行乎其中矣。成性存存，道義之門。」、「易簡之善配至德」。古易學家大都把宇宙視爲普遍生命的流行境界，心物一體，毫無隔閡，一切價值理想都可隨生命的流行而充分實現。我們如要了解易經的微言大義，還要貫通中庸所說的「唯天下至誠，爲能盡其性；能盡其性，則能盡人之性；能盡人之性，則能盡物之性；能盡物之性，則可以贊天地之化育；可以贊天地之化育，則可以與天地參矣。」

至於易經對於藝術價值亦極爲重視，文言傳云：「乾始能以美利利天下。」又云：「君子黃中通理，正位居體，美在其中，而暢於四支，發於事業，美之至也。」這是古易學家論藝術的濫觴。

八、宗教觀

懷德海很重視宗教，除了在所著《歷程與實在》及文集中談及外，還有談論宗教的專著《創造中的宗教》(Religion in the Making)。他認爲宗教是人類必須解決的迫切問題，不能拖延擱置。因爲宗教直接影響人們的性格，「你的性格是依照你的信仰而發展。這是主要的宗教眞理，而無人能逃避的。宗教是信仰的力量以清潔我們的內心。因此，宗教的主要品德是誠懇。」宗教是以信仰的力量來純化我們的德性，這無異指出了宗教的本質與要素。他在別處又曾指出：「宗教就是孤寂性，如你從未孤寂，則你從未信宗教」。他對宗教的界說是：「自教義方面言，宗教可被界說爲：一普遍眞理的系統，當這系統被誠懇的奉持及眞切地認識時，則有改變品性的影響。」他認爲宗教是一種能改變人們內心生活或品性的普遍眞理系統，宗教在人類的歷史上出現，形成了四種因素：儀式、情緒、信仰和合理化。（註一九）

懷氏在《科學與現代世界》中有專章談論宗教與科學，認爲兩者並不是對立的。「宗教是人類某種形式的基本經驗之表現；同時宗教思想這種表現法也不斷趨於精純，不斷排除蕪雜的現象。宗教與科學的接觸是促進宗教發展的一大因素。」（註二〇）他認爲宗教是人類道德的促進者，有益於人生價值的提升，並非人類的鴉片。

至於懷氏的上帝觀也與傳統的不同，更與基督教三位一體的上帝觀不同。懷氏歷程哲學中的上帝不是至高無上含賅萬有的名相，更不是唯祂獨尊的造物主，相反的，上帝是在創化歷程中被創造出來的。儘管宇宙是繼續不斷在創造歷程中，並沒有一個造物主，但是不能不有個引發開端的人。正好比足球比賽開始之前，必須有一個人開球，懷氏把開球的責任歸之於「上帝」，說是上帝的「原始性」(primordial nature)，而將世間法中的因果糾纏歸之於上帝的「後效性」(consequent nature)。像西方傳統的上帝觀，誤以為上帝有支配一切管理一切的能力，於是勝利者誇耀上帝是站在他們那一邊，而失敗者誤認上帝捨棄了他們。這是無端的毀譽，上帝是不能接受的。(註二一)

懷氏此種基於歷程哲學的上帝觀，經其高弟哈桑(Charles Hartshorne)、考柏(John Cobb)等人發展而為「歷程神學」(Process theology)，成為最近二十年來歐美哲學界最為流行的學說。此派神學的上帝觀是「萬有在神論」(Panentheism)，為其學說的主要特色。所謂「萬有在神論」與「泛神論」(Pantheism)，表面上相似，實際上不同。後者視自然萬物莫非神性之顯現，故以神性等同自然性體之大全；前者則注重神與自然萬物之旁通交感，相攝互涵，與中國哲學思想所謂「天人交感」、「天人合德」或「天地人三極一貫」意義相同。

中國人比較重視倫理，而不重視宗教，故宗教之發展比世界其他文明古國稍遲，但這並不是說中國人的宗教思想不發達。事實上早在五千年前，伏羲始畫八卦，宗教思想已開始萌芽。易繫辭傳云：「古者包犧氏之王天下也，仰則觀象於天，俯則觀法於地，觀鳥獸之文，與地之宜，近取諸身，遠取諸物，於是始作八卦，以通神明之德，以類萬物之情。」又云：「河出圖，洛出書，聖人則之。」此圖書八卦，屬於符象祭拜之一種，而爲宗教信仰時期的產物。根據學者研究結果，中國古代宗教進化之特徵爲：一、唐虞以前之宗教祭拜有偶像，唐虞以後無之；二、唐虞以前之神，多頭而不相聯屬，唐虞以後漸趨於一神；三、唐虞以前所祭拜之對象爲具體的人格，唐虞以後漸趨於抽象的原理；四、唐虞以前之宗教觀念爲自然的感情，唐虞以後爲人倫的反映。（註二二）

唐虞時代之祭拜，乃人民對於大宇宙尊敬之表示，稱神爲帝或上帝，其後不稱上帝，改稱爲天，而以「天道」、「天命」象徵之。此種天道觀與萬有在神論相似，注重神與自然萬物的交感旁通。故中國古代由儒家傳承之宗教觀念，乃由多神教演進至一神教，再由一神教演進至萬有在神教，歷代相傳，至今不衰。

方東美先生分析中國古代宗教之特徵頗具機體主義精神：「就理論層面而觀之，中國上古宗教含蘊一套饒有機體主義精神之宇宙觀，不以人生此界與超絕神力之彼界爲兩界懸隔，如希伯來或基督教所云。此外，人生界與客觀自然界亦了無間隔，蓋人與自然同爲一大神聖宏力所瀰貫，故爲二者所同具。神、人、與自然（天地人）三者合一。形成不可分割之有機整體。……此種宗教思想宜名『萬有在神論』」。（註二三）

在萬有在神論的觀念下，中國古代的祭禮含有深刻的宗教意義，值得我們重視：「吾人必須考慮祭禮的宗教意義，在哲學上如孔子及其後學所體會者。原始儒家採取另一不同之途徑，集大成於大易哲學，予以系統化之詮表而發揮之，其心中實孕育有一套『天地人一脈周流，三極一貫』之理論：生命大化流行，自然與人，萬物一切，爲一大生廣生之創造力所瀰漫貫注，賦予生命，而一以貫之。此一宇宙普遍生命表現爲天地生物，氣象萬千。試問其根本畢竟何來？曰必歸諸上天或神明。吾人之所以愛神事神者，原發乎一種對生命本身虔敬之情。神在，生命之根本，無家之源泉也。神之精神無乎不在，蓋天地自然與人皆同參化育，圓道周流，分享神聖神性之生命力，而元氣充沛淋漓。」（註二四）

易經中用「神」字有三十二次之多，除了一部分當作動詞及形容詞外，其餘多爲「鬼神」、「神明」、「神道」，當名詞使用。例如「與鬼神合其吉凶」、「況於鬼神乎」、「鬼神害盈而福謙」、「是故知鬼神之情狀」，皆指「鬼神」而言。指「神明」而言者，如「以通神明之德」、「幽贊於神明而生蓍」。指「神道」而言者，如「觀天之神道」、「聖人以神道設教」。這些當名詞用的「神」，都含有古代宗教的意義。

要之，懷氏的宗教觀與上帝觀是以歷程哲學或機體主義爲基礎而發展出來的，其萬有在神論及視宗教的本質爲道德，道德的基礎在於宗教的論旨，與大易哲學的「天地人三極一貫」的思想若合符契，所不同者，不過是所用的名相不同及有繁簡之別而已。

九、「易含三義」與「攝有三面」

大易哲學與懷氏歷程哲學相似的項目，除了前述各項外，尙有一項最爲相似，即易之三義與歷程的三面。如前所述，懷氏認爲宇宙是由無數的「實際事物」構成的，而每一實際事物之形成必須有三個要素才能進行攝受：即一、能攝主體；二、所攝對象；三、攝受法式。簡言之，即歷程之三要素為「能、所、法」，乃一體之三面。

與此相似的為「易一名而含三義」，即變易，不易與易簡。歷來易學家多解釋「易簡」為簡單容易，與易毫不相干。合理的正確解釋應為陰陽或乾坤，乃創化的兩種法式或過程，此在易傳中已有明確提示。如云：「乾以易知，坤以簡能」，「以易簡配至德」，「一陰一陽之謂道」等。此種以「易簡」代表「陰陽」或「乾坤」之說，唐代易學家孔穎達在所著《周易正義序》中已暢論無餘，其詳細論述請參閱筆者拙著《易經的生命哲學》。（註二五）

中國之大易觀謂「易含三義」，懷氏之融攝論謂「攝有三面」，兩者若合符契，天衣無縫。茲為便於比較，列表如下：（註二六）

中、懷論「易」之比較

中國先哲：易	懷德海：歷程
易含三義： 1.變易——一切變化現象顯現； 2.易簡——陰陽交替作用（一陰一陽之謂道）； 3.不易——貞常之道，名之曰理或數。	歷程或融攝含三面： 一切實際情境均為融攝並生歷程，可析為 1.能攝主體； 2.可攝對象（與件）； 3.主體攝法（即融攝法式），取法永恆法相。

現代人研究易學似宜跳出古人狹隘的範圍，運用世界相近的哲學思想與理論，來貫通易經的哲理，這就是所謂廣義的易學。我們可以用近代人的眼光來看易經，拓展視野，使傳統的理論獲得新的印證，從而促進易學的發展。本文嘗試用近代最有創意的懷德海哲學來比較易經的相關思想，發現兩者具有許多高度相似之處，值得我們深思。

十、結　論

就機體主義而言：懷氏將自然與生命溶化爲一，視爲構成實際事物的主要因素，既非唯心，也非唯物，而是心物合一的。此與中國先哲儒、道、墨各派哲學思想，大體上均能旁通統貫。而大易哲學的形上學亦可通過機體主義的整體融和廣大和諧的觀點，來闡明其動態本體論及價值中心論，以肯定生命之創造化育歷程，而生生不已，止於至善。

就「創化」與「生生」而言：「創化」是歷程哲學的終極觀念，是共相的共相，用以描述終極的事物，它統攝一與多。與大易哲學中的「生生」相似，同爲宇宙秩序及創造的原動力。「生生之謂易」，意爲「創造再創造」。宇宙中創造力分爲乾元與坤元，乾元代表大生之德，坤元代表廣生之德。歷程哲學中之「創化」，與大易哲學中之「生生」，同爲一元論。正如易傳所云「天下同歸而殊途，一致而百慮。」

就自然與生命而言：西方人常以征服自然自傲，而懷氏一掃二分法，將自然與生命融爲一體。此與易經中的「太極」相當，它是絕對的存有，爲萬象的根本。「易有太極，是生兩儀」，這是自然的最初狀況。其後「天地絪縕，萬物化生」，宇宙乃充滿了生命活力，成爲「萬物有生論」的根源。

就價值論而言：機體主義是以價值爲中心的哲學，所謂「實際事物」、「實際情境」，其本身就是價值。懷氏比較強調一般的價值，以及科學和宗教的價值，對於道德和藝術的價值雖未強調，但並不忽視。而大易哲學亦是以價值爲中心的體系，認爲宇宙乃是一個沛然的道德園地，也是一個盎然的藝術意境，尤其重視道德價值，所謂「易簡之善配至德」。

就宗教觀而言：懷氏認爲宗教是「信仰的力量，以清潔我們的內心的」，亦即視宗教爲人類道德的促進者，而宗教與科學並不相背。他的上帝觀認爲上帝並不是唯一的造物主，上帝也是被創造出來的。而近年來發展的「歷程神學」，其上帝觀是「萬有在神論」，與大易哲學的「天地人三極一貫」的思想若合符契。

就「易含三義」與「攝有三面」而言：大易生生創化之歷程，可分析爲變易、不易、易簡三方面。變易乃創化之用，不易乃創化之體，易簡乃創化之兩種法式，此與懷氏歷程之三要素——能攝主體、所攝對象及攝受法式，極爲相似。

最後，讓我們來欣賞懷氏的一則名言：「人類需要鄰人具有足夠的相似處，以便互相理解；具有足夠的相異處，以便激起注意；具有足夠的偉大處，以便引發羨慕。」（註二七）若將此理應用於比較易學，似亦未始不可。

【附註】

註一　參見方東美著《原始儒家道家哲學》，頁一六一，黎明公司，民國七十二年出版。

註二　孫智燊作《從大易生生之理看中西印思想在形上宗教與哲學人性論上之高峰統會》，載孔孟學報第四十三期，頁五，民國七十一年四月二十日出版。

註三　懷德海著傅佩榮譯《科學與現代世界》，頁六，黎明公司，民國七十年出版。

註四　參考程石泉作《易經哲學與懷德海機體主義》，載《中國哲學與懷德海》頁八，東大公司，民國七十八年出版。

註五　參考楊士毅著《懷海德哲學》，頁五〇，東大公司，民國七十六年出版。

註六　參考謝幼偉著《懷黑德的哲學》，頁一四，先知出版社，民國六十三年出版。

註七　同註六，頁二〇。

註八　見方東美著《生生之德》，頁二八四，黎明公司，民國六十八年出版。

註九　同註八，頁三六八。

註一〇　見方東美著孫智燊譯《中國哲學之精神及其發展》（上），頁一五三，成均出版社，民國七十三年出版。

註一一　閱者欲知其詳，請參閱李煥明著《易經的生命哲學》，頁二三—四三，《易經的形上學》一文，文津出版社，民國八十一年出版。

註一二　同註四，頁九。

註一三　方東美著《新儒家哲學十八講》，頁一二三，黎明公司，民國七十二年出版。

註一四　參考懷德海著傅統先譯《自然與生命》頁二七—三〇，台灣商務印書館，民國六十七年出版。
註一五　同註八，頁二七七。
註一六　同註三，頁一〇六。
註一七　同註三，頁一二〇。
註一八　同註六，頁一一〇。
註一九　同註六，頁六三。
註二〇　同註三，頁二〇八。
註二一　參考程石泉著《思想點滴》，頁一〇二，常春樹書坊，民國七十五年出版。
註二二　謝扶雅著《宗教哲學》，頁七二，東海大學出版社，民國七十年出版。
註二三　同註一〇，頁八九。
註二四　同註一〇，頁九八。
註二五　請參閱李煥明著《易經的生命哲學》，頁三，易學論衡第一篇〈易義新詮〉，文津出版社，民國八十一年三月出版。
註二六　同註二，頁三八。
註二七　同註三，頁二二六。

再論易經與懷德海哲學

近代西方哲學家中，堂廡最廣、最富創意的要算懷德海。正如李維教授在其代表作《哲學與現代世界》中所推崇的：「懷德海哲學已達到融合整個西方傳統的極峰。」（註一）不僅如此，最難得的，他的哲學思想近於東方思想，尤其是中國思想。因此，我們把懷德海哲學與中國哲學作比較研究，不但可以擴展我們的哲學視野，而且可以作爲溝通東方與西方文化的橋樑。筆者在所作拙文〈易經與懷德海哲學〉，僅發其凡，未及詳論，本文擬加以補充，以就正於讀者。

一、場有哲學

首先，讓我介紹一種新學說——「場有哲學」，它可以詮釋易經哲學及懷德海哲學。何謂「場有哲學」？它是唐力權教授所首創的哲學理論。唐教授的大著題名即爲「周易與懷德海之間」（註二）。副標題是「場有哲學序論」。何謂「場有哲學」？「我們所謂的『場』乃是依事物的相對相關性而言的。簡單的說，『場』就是事物底相對相關性的所在，也同時是此相對相關性之所以爲可能的所在。」事物的相對相關性具有各種不同的性格和方式，因此場和場性（場的性格）也有各種不同的類別。例如自然界的場性乃是由自然現象間的相對相關性而決定的，而不同的自然現象又各有不同的場性，如物理學上的重力場、電磁場等。人類的歷史文化也應該有其獨特的場性。而「場有」就是依場而有的意思，一切存有都是場的存有，研究場的存有的形上理論就是場有哲學或場有論。

易經中雖無「場」這個名詞，但易經哲學卻是一部徹底的「場論」——一部以「場」的理念來貫通宇宙觀和人生觀的「場有哲學」。易傳中的主要觀念如太極、易、生生、道、陰陽、天地、乾坤等，都是由場有觀發展出來的形上學觀念。宇宙乃是一場有，太極就是此場有之本體或「場體」，也就是構成一切事物底相對相關性的背景，而易和道則是此太極體之「場用」。太極的場用就在創造權能底生生不已與陰陽相交的歷程裏。唐教授進一步闡釋：「易傳以生生不已而言『易』（所謂「生生之謂易」），以陰陽相交而言「道」（所謂「一陰一陽之謂道」）。其實易和道都是太極之用——場有場體之場用。如以用名體，則太極也可稱爲易體、生體、或道體。體用之別乃是依場有之創造性而分的。『體』言此創造性所本之權能；『用』則言此創造權能之開顯。體與用、權能與開顯——兩者實是二而一、一而二，只不過是場有之兩面罷了。此場有之體用一如又從何而見呢？權能之體與開顯之用究竟在那裏呢？不在別的，它就在事物的相對相關性裏，在場有宇宙底無限的相對相關性裏。宇宙乃創造權能開顯的場所——一個爲事物底無限相對相關性所在的無限背景和環境；也就是周易哲學裏所謂的『乾坤』或『天地』。」（註三）

由上述的簡單分析，可知易經哲學就是場有哲學。然則懷德海哲學也是場有哲學嗎？「我們認為，周易哲學固然是場有哲學，懷德海哲學也同樣是場有哲學。場有的觀念不只是二者共有的『存有信託』(ontological commitment)，它也同時決定了它們的方法論——它們的基本思想型式。在場有論的基礎上，易傳的作者建立了一個廣大精微的生命哲學，而懷德海也以它為底子成就了他那套根本上乃是用生命的範疇來組成的宇宙論和歷程哲學體系。」（註四）

此外，從場有思想的特徵來看，亦可看出易經和懷德海哲學基本上都是場有哲學。場有思想的特徵蘊藏在相對相關性這個概念裏。相對的含義就是沒有絕對的意思，在場有思想裏，沒有絕對的一，也沒有絕對的多；沒有絕對的超越，也沒有絕對的內在；沒有絕對的創造者，也沒有絕對的被創造者，沒有絕對的主體，也沒有絕對的客體；沒有絕對的心，也沒有絕對的物——總而言之，所有相對的兩極都是互為依存，而非可以獨立的存在。所以一中有多，多中有一；凡超越者也必同時內在，凡內在者也必同時超越；創造者必也是被創造者，被創造者必也是創造者；主體本從客體來，客體本來就是主體；沒有無物之心，也沒有無心之物。（註五）

平心而論，場有哲學是一種新的學說，它把自然科學上的重力場、電磁場觀念擴充，而應用於人類的歷史文化，以易經哲學為導引，它的觀念是嶄新的。它的首創者為了從事比較哲學的研究，乃由易經的啓發，因而提出「場有哲學」的觀念。又由於懷德海哲學思想與易經哲學思想相近，乃用場有思想以詮釋易經哲學與懷德海哲學，自然水到渠成順理成章。但場有思想的新觀念倡導未久，尚未獲得國內外哲學界的普遍認同。筆者在此引述，除了贊同之外，無非想引起注意，以便共同研討。

懷德海對於語言文字特別重視，因爲他的形上學的建構是從經驗出發的，而語言文字是「儲藏人類經驗的寶庫」，因此成爲形上學的特殊題材之一。他說：「形上學的建構乃起源於對人類興趣的各種特殊題材中的可辨識的許多特殊因素的普遍化。」（註六）

二、語言觀

懷氏對於形上學曾經下一定義：「思辨哲學（意指形上學）乃是嘗試建構一套融貫、合邏輯，必然的普遍觀念系統，並藉著此系統去詮釋我們所經驗到的一切元素。」其中「我們所經驗到的一切元素」一語包含甚廣，例如日常生活經驗，各種分殊學科經驗，以及語言文字等。語言文字不但是人類日常生活所必需的工具，而且各種分殊學科（例如物理學、生物學、心理學、社會學、以及宗教、藝術等）都是透過人類的語言文字加以保存和溝通的。

在形上學中語言文字雖然非常重要，但使用語言文字時必須注意它的限制性。懷氏認爲「哲學乃是以有限制性的語言去表達宇宙的無限性的一種嘗試或企圖。」因爲人類的語言是有高度的象徵性，用以表達實際事物時，常常辭不達意，顯得支離破碎而不完整。爲補救語言的缺憾，他主張採取下列兩種辦法：一、透過語言文字的表面意義，加以「想像的跳躍」，對於形上學中觀念的意義，要盡可能擴延它所能具有的內容；二、閱讀形上學的典籍時，要能了解語言文字中的隱喻或象徵語言。

因此，他甚爲重視詩人的直覺，常常引用雪萊及華滋華斯的詩，藉以印證哲學的內容。他說：「哲學與詩相近。」（註七）

懷德海哲學中的語言觀，相當於易學中的「言意之辨」。言指言辭，意指意義或意念，言意之辨乃討論言辭和意念之間的關係。（註八）

易繫辭傳云：「子曰：書不盡言，言不盡意，然則聖人之意，其不可見乎？子曰：聖人立象以盡意，設卦以盡情僞，繫辭焉以盡其言，變而通之以盡利，鼓之舞之以盡神。」（註九）王船山注云：「書，謂文字；言，口所言。言有抑揚輕重之感，在聲與氣之間，而文字不能別之。言可以著其當然，而不能曲盡其所以然，能傳其所知，而不能傳其所覺。」（註一〇）此乃辨別文字與語言之不同。繫辭這段文字乃孔子自問自答，既然「書不盡言，言不盡意」。然則如何了解聖人之意呢（易經之含義）？方法是立象盡意，設卦盡情僞，繫辭盡言，變通盡利，鼓舞盡神。故船山云：「此乃夫子示人讀易之法。」何謂「象」？「聖人有以見天下之賾，而擬諸其形容，象其物宜，是故謂之象。」（繫辭傳）可知象是聖人所擬，以形容其「極深研幾」之所見，而象其事物之宜者。例如聖人設卦以觀象，八卦就是象，所謂「八卦成列，象在其中矣。」「聖人設卦觀象，繫辭焉而明吉凶。」一卦之中，有卦象、有爻象，言卦象者爲彖辭，言爻象者爲爻辭，彖辭爻辭都是解釋象的意義。易之所法象者多爲自然之道，尤重天象，例如乾爲天、坤爲地等是。推而至於六十四卦都各有其象。所謂「立象以盡意」，言觀象即知其意也。可見「象」就是象徵，此與懷德海視詩爲象徵語言，而詩與哲學相近，兩者若合符契，中西大哲所見略同。所不同者爲觀察的對象，懷氏所觀察者多爲近代經過科學儀器及理論所獲資料，而古易學家所觀察者多爲原始天象及社會事項。

易經之外，老莊亦曾談及言與意的關係。老子說：「道可道，非常道。」意指形而上之道是不可言說的，可以言說的道就不是常道，含有言不盡意的概念。莊子亦說：「語有貴也，語之所貴者意也，意有所隨，意之所隨者，不可以言傳也。」（註一一）意即語言有其可貴之處，語言所可貴的是意義，意義必有所指向，而意義所指向的，卻不能用語言來表達。可見老子莊子都主張言不盡意論，與孔子的主旨極爲相近。

言意之辨發展至魏晉時代，成爲玄學中重要的爭論問題。兩漢易學以象數易爲主流，採用陰陽、五行、天干、地支等理論，支離破碎，弊端叢生。王弼易學興起後，掃除象數，而以義理解易，他所持的理論就是「得意在忘象，得象在忘言」的原則。讀者欲知其詳，請參閱註八。

三、對比觀

懷氏於其鉅著《歷程與實在》第二章中，對於普遍觀念系統中的基本觀中所形成的基本架構，懷氏術語稱爲「範疇總綱」(Categoreal scheme)。此範疇總綱分爲四大部分，即終極範疇、存在範疇、解釋範疇和規範範疇。其中存在範疇是對人類所經驗到的一切存在事物加以分類，並據以討論所有的存在事物及可能的存在事物，他把存在事物區分爲八類或八個範疇，其中第八類就是對比（Contrasts)。其餘七類是實際事物、攝受、集結、主觀方式、永恒對象、命題、及多樣性，可見他非常重視對比。

何謂對比？所謂對比是指「許多實際事物或潛能在一個攝受中的綜合狀態」。由於各實際事物或永恒對象都是彼此既不相同而又相關的，因此它在綜合狀態中所表現的既差異又統一的狀態，懷氏稱之爲「對比」。

對比不僅是八大存在範疇之一，而且除多樣性外，其餘各存在範疇均有對比。對比可分爲兩種，一種是結構對比，一種是動態對比，前者乃是共時性的、結構性的，主要針對每一階段之攝受與綜合的狀態而言；後者是變時性的，指階段與階段之間的關係。懷氏透過對比的方式來描述整個宇宙的形成歷程，此即動態的歷程對比，而人類歷史之分合只是此理論的特例或說是此歷程的片斷或側面。此外，懷氏也認爲社會與社會相互間也可形成對比，這是一種結構的對比。動態對比與結構對比是同時形成的，兩者密切相關，相互融貫而不可分割。（註一二）

此外，據沈清松教授的分析，懷氏在其上帝觀之中，尚有一種終極性的動態對比：「他以上帝與世界之對比爲創新的終極對比。世界與上帝既有對立，又有共屬創新力（存有者的存有）就在此動態對比的張力中實現其最高功能，將分立的多元轉化爲共同成長的一元，將對立的差異轉化爲對比的差異。在吾人對宇宙的經驗中，有許多對立元可由直覺所把握到：樂與憂、善與惡、分與合、靜與動、小與大、自由與決定、上帝與世界，在整全的了解之下，對立始得轉化爲對比，有差異亦有統一，有距離亦有共屬，創新力便藉此進行其生生不息之歷程。在此，上帝和世界的對比不再是直覺的，卻是終極的，能提

供其他對比以終極詮釋。」（註一三）

懷德海之後，對比觀念繼續發展，在當代哲學中，結構主義、系統理論、現象學、批判理論等哲學思潮中，有許多既對立又相關的概念，如結構與意義、系統與主體、潛意識的決定與有意識的努力等相繼出現，加以現實社會中常有傳統與現代，本土與西化，已開發與未開發等既對立又相關的情境出現，要使人對於「對比」的重視，甚至有形成「對比哲學」的可能。沈清松教授曾經界定對比哲學的內涵：「對比意指統一和差異、配合與分歧，採取距離與共同隸屬之間的交互運作，藉以構成經驗、歷史、乃至存有的結構和動力。因此，對比具方法學意涵，乃經驗成長之方法；對比亦具有辯證之意涵，乃歷史進展之律則；對比亦具存有學意涵，乃存有彰顯之韻律。」（註一四）

「對」「比」二字在易經上早已各別出現使用，无妄卦象云：「先王以茂對，時育萬物。」對，配也，猶言先王以盛德配天地，而時育萬物也。易經六十四卦有比卦。說文：「比，密也；二人爲从，反从爲比。」謂相類密也，比卦繼師卦而起，序卦云：「師者，衆也；衆必有所比，故受之以比。」故唯有衆起，始必有所比，衆起而不比，則爭不止，必相親比而後能安寧。可見易經上對比二字雖未連結使用，卻含有運用之本義。

易經六十四卦之構成係依照邏輯程序發展而成。即將對立之一奇一偶疊成三畫卦，橫畫中斷者叫陰爻，橫畫不中斷者叫陽爻，由陰陽二爻分別組合便成八卦。再由三畫卦的八卦，依一定的邏輯程序組合成六畫卦的六十四卦。其中含有既對立而相關形構的邏輯必然性，相當於懷德海所謂的結構對比。繫辭傳云：「參伍以變，錯綜其數。通其變，遂成天地之文；極其數，遂定天下之象。非天下之至變，其孰能與於此。」此即指六十四卦結構中排列組合之變化無窮，其中六爻旁通之理尤其變化莫測，故謂之「至變」。

至於易經中之動態對比亦隨處可見。易經是一部遠古的歷史文獻，藉觀象設卦而闡釋人倫思想，並以自然現象比擬人事活動。原始的易經記載先人的人倫與自然的史實。例如乾坤代表天地，有天地然後有萬物；乾坤之後繼之以屯，屯卦是草昧時代建立酋長之事，蒙卦是酋長領導民衆而教誨之事，需卦是教導民衆耕種之事等。今人胡樸安認爲周易上經是草昧時代至殷末之史，下經是周初文武成時代之史（註一五），所以周易原是一部上古史，到孔子增撰「十翼」之後，才成爲一部哲理之書。繫辭傳云：「易之興也，其於中古乎，作易者，其有憂患乎。」又云：「易之興也，其當殷之末世，周之盛德邪，當文王與紂之事邪。」可見所謂中古是指文王和商紂的時代。由於文王被囚於羑里，因而演易以寄憂患之思，而這種憂患意識常被後人認爲是中國的哲學精神。

四、道德觀

懷德海的價值論，所強調的是一般的價值，以及特殊價值中的科學和宗教，對於道德和藝術則談論較少，僅偶然論及。他甚至視道德秩序爲美感秩序中的一部分。他曾說：「因而一切秩序都是美感的秩序，而道德秩序只是美感秩序之某某方面而已。」（《創造中的宗教》）

他在《論理性的職能》(The Function of Reason)一書中，將理性分為實踐的理性與玄想的理性兩種。在玄想的理性中，人類具有道德直覺，作為良好生活的終極原素之一種。他說：「有一種強烈的道德直覺，認為這是為自身之故的玄想理性，乃是良好生活的終極原素之一種。對於思想自由的熱烈要求，就是以此為根據，不像其他的道德情感，這種道德直覺是不普遍的，在大多數人類的歷史中，這種直覺是以極弱的強度閃爍著。但它卻在一連串受尊敬的特殊個人中一代一代被傳遞下來。而理性與權威之間的不斷鬥爭，也由於這種終極道德要求的情感之闖入而染上悲痛。」此種道德的起源論，與我國古代聖哲的提倡道德，不謀而合。

懷氏談論道德最多的是在所著《思想之方式》(Moods of Thought)一書中。此書第一講論「重要」，其中第七節約二頁的篇幅，曾暢論道德在歷程哲學中的重要性，道德應隨時代而進化，並以「十誡」為例詳加說明。

關於道德在歷程哲學中的地位，他說：「道德是由歷程的控制以便最高化重要性而構成。這是志在經驗在屬於它之各量向中的偉大性的，這種經驗之量向的概念，及其在每一量向中的重要性，暨其終極之重要之統一，是困難而難懂的。但只有當我們能夠略知道它時，我們纔能把握住道德的概念。道德是常志在和諧、強烈、鮮明之聯合之包含該事件的重要的完成的。規律的編訂卻把我們引出於我們自己直接而當下的洞見之外。它們是包含通常的判斷之對該時代的通常場合為有效的。對於文明它們是有用且確是根本的。」(註一六) 懷氏在這段文章中已把道德的性質及其重要性闡述無遺。道德是謀求人類關係中的和諧關係所必要的規律，爲歷程哲學中所不可或缺的要素而有利於人類文明的發展。

道德是隨時代的進化而變遷的。他說：「道德規律是對於有關宇宙之系統特性的假定爲有關的，當這些假定不適用時，則該特殊規律便是抽象的無關事件之空言。我們避免這種規律的困難之道，是保存其語言而更改其意義，即加進千百年來由社會變化所引入的意義。」他曾舉「十誡」爲例加以說明。我們眞認爲每七天休息一天是天經地義的道德律嗎？星期天不能做任何工作嗎？「顯然十誡是依常識而解釋的，換言之，它們乃是行爲的公式化，在普通情況下，這是較好的作法。」

此外，懷氏認爲人類社會的發展歷程中，越高級的社會則價值感愈強化，人們在做自由的價值選擇時，很可能越具有道德責任感，亦即道德責任感越強化，則社會越高級。又道德越強化也可能形成以道德爲中心的宗教。

易經最爲重視道德觀念。早期的易經雖主要爲供卜筮之用，但自孔子贊易後，它已成爲做人的內聖外王之道。我國固有的八德忠孝仁愛信義和平和五德仁義禮智信，都源自易經。六十四卦卦辭，三百八十四爻爻辭都是爲君子而謀，教人如何趨吉避凶，安身立命。尤其象傳都是指示君子做人的守則。例如乾卦象云：「天行健，君子以自強不息。」坤卦象云：「地勢坤，君子以厚德載物。」故乾文言傳云：「夫大人者，與天地合其德，與日月合其明，與四時合其序。」

易經是一部充滿憂患意識的書，孔子爲預防憂患的發生，特別在六十四卦中提出九卦卦德，並且一再解釋其效果與功用，即所謂「三陳九卦」。繫辭下傳第七章云：

易之興也，其於中古乎？作易者，其有憂患乎？是故履，德之基也；謙，德之柄也；復，德之本也；恒，德之固也；損，德之脩也；益，德之裕也；困，德之辨也；井，德之地也；巽，德之制也。（一陳）

履和而至，謙尊而光，復小而辨於物，恒雜而不厭，損先難而後易，益長裕而不設，困窮而通，井居其所而遷，巽稱而隱。（二陳）

履以和行，謙以制禮，復以自知，恒以一德，損以遠害，益以興利，困以寡怨，井以辨義，巽以行權。（三陳）

觀此可知易經之重視道德無以復加，我們甚至可以說，易經實際上是人世中的一部道德哲學。

五、應用與影響

懷德海的哲學體系博大精深，其聲譽日隆。逝世迄今行將半個世紀，其學說之繼續發展仍然蓬勃不已。他的弟子如哈特洵(Charles Hartshorne)、考柏(John Cobb)等的歷程哲學派，紛紛建立他們的形上學，名爲「新古典主義的形上學(neo-classic metaphysics)」。並在美國加州成立「歷程研究中心」，出版《歷程研究》(Process Studies)季刊迄今將及二十年。近年來依據懷德海與哈特洵所創的「哲學的上帝觀」(Philosophical concept of God)，發展成爲「歷程神學」(Process theology)，主旨爲使上帝擺脫「惡源」之罪名，並使人類的自由意志得以伸張。此一學說不僅在英美，在德法等國也有學者闡揚，而

形成頗大的影響。至於出版專書討論懷德海哲學的著作，正如雨後春筍，逐年增加。（註一七）

懷氏的宇宙論體大思精，他曾自稱他的宇宙論是企圖把柏拉圖在「迪冒斯」語錄（Plato's Timaeus）中的宇宙觀和輓近西方科學宇宙觀加以調和而已。「而這項調和工作必須顧到邏輯思考的融貫性（Consistency）和新的科學事實和理論。所以從西方哲學史看來，懷氏的大著《歷程與實際》乃是一項新的哲學綜合，在歷史上這是二千多年來西方哲學家發自個人的第三次偉大的嘗試。」（註一八）

懷氏在科學理論上的貢獻亦大於西方一般哲學家。例如他對於愛因斯坦「相對論」的批判，哲學家勞倫斯（Nathanial Lawrence）曾有專書闡揚懷氏理論優於愛因斯坦的理論。又如懷氏在早期著作中所言「震動」（Vibration），在最近的「理論粒子物理學」發生了強烈的迴應。現在粒子物理學家討論「弦」（string）或「超絃」（superstring），無異於討論宇宙的震動。懷氏曾說：「物理學上計量便是在計算震動」。輓近「統計物理學」因而應運而生。（註一九）

至於懷德海哲學對東方思想的影響也方興未艾。例如一九七四年十一月四日至八日在美國夏威夷大學召開了「大乘佛學與懷德海哲學的討論會」，一九七六年四月七日至十日在美國科羅拉多州丹佛市召開了「中國哲學與懷德海討論會」。一九八八年三月二十六日至二十七日在我國台灣東海大學召開了「懷德海哲學討論會」，會後出版論文集「中國哲學與懷德海」。

要之，懷氏哲學的應用是多方面的，影響是廣泛的。正如懷氏專家洛伊（Victor Lowe）所說「為了證實像懷氏那樣整全的範疇綱領，是需要好幾個世紀」。（註二〇）同樣，它的應用與影響也需要好幾個世紀。

至於易經因創始早，演變多，成爲中國學術思想的根本歷數千年之久，其影響之廣泛、應用之衆多，決非懷氏哲學所能比擬。易爲六經之首，百科之原。我國古代學術思想，以儒、道、墨三家爲主流，而儒家思想源於周易、道家思想源於歸藏易，墨家思想源於連山易，其他如陰陽家、縱橫家、法家、名家、兵家等亦皆淵源於易。（註二一）

易學內容包含數、理、象三方面，由此而導致之應用極爲衆多，茲舉其大者，如天文曆算、數理、兵略、音律、醫學、乃至工藝製造、卜筮、命學等，不勝枚舉。現今影響最大應用最廣的電腦，其發明製造所依據之原理亦與易數關係密切。

六、結　論

本文是繼續前篇，論述比較易經與懷德海哲學之異同。舉出語言觀、對比觀、道德觀、及應用與影響等行爲比較的項目，另外介紹場有哲學作爲詮釋易經及懷氏哲學的新學說。

在語言觀方面：懷氏重視語言文字的限制性，認爲哲學乃是以有限制性的語言去表達宇宙的無限性的一種企圖，故常常辭不達意。補救之道，一爲「想像的跳躍」，以擴充形上觀念的意蘊；一爲利用隱喻或象徵語言，以增進對形上觀念的了解。懷氏此種見解與易學中的「言意之辨」甚相類似。易學中的言不盡意，立象以盡意，此「象」相當於懷氏的象徵語言，而詩中富於象徵語言，故懷氏說「哲學與詩相近」。詩有賦、比、興三體，我們可用以解釋易辭。爻辭多是直陳其事的賦體，彖傳、象傳多是「言在於此，意寄於彼」的興體，而「因物喻志」的比體，如「突如其來如、焚如、死如、棄如」（離卦九四爻辭）。

在對比觀方面：懷氏哲學中的各實際事物或永恒對象都是彼此既不相同而又相關的，它在綜合狀態中所表現的既差異又統一的狀態，懷氏稱爲「對比」，爲八大存在範疇之一。對比分爲兩種：一爲結構對比，一爲動態對比，兩者同時形成，密切相關。易經中六十四卦的構成，含有既對立而相關形構的邏輯必然性，相當於結構對比。而易經又是古史文獻，藉觀象設卦闡釋人倫思想，其中含有許多動態對比的現象。

在道德觀方面：懷氏的價值論，多強調一般的價值以及特殊價值中的科學與宗教，對於道德談論較少。他認爲道德爲人類社會所必需，隨時代進化而變遷。愈進步的社會，人們的道德責任感愈強化。此與易經極端重視道德觀念稍有不同，我國固有的道德，如「八德」、「五德」都出自易經，各卦的象傳，如「天行健，君子以自強不息。」都是勉勵君子效法天德。在繫辭傳中，孔子特別「三陳九卦」，詳釋九卦的德目。

在應用與影響方面：兩者都應用廣泛，影響深遠。尤其易經歷時久遠，早已成爲我國學術思想的根本。

總而言之，我們從上述懷氏哲學與易經的比較研究中，發現兩者有許多相同之處，可以相互融貫，亦有不少相異之處，可以相互借鏡。察其同異，考其得失，這就是從事「比較易學」的學者應有的職責。

【附註】

註一　參見李維(A. W. Levi)著，譚振球譯《哲學與現代世界》(Philosophy and the Modern World)，頁六〇八。志文出版社，民國六十八年出版。

註二　唐力權著《周易與懷德海之間》，黎明文化公司，民國七十八年出版。

註三　同上，頁四—五。

註四　同上，頁六。

註五　同上，頁七。

註六　楊士毅著《懷德海哲學》，頁三〇，東大圖書公司，民國七十六年出版。

註七　懷德海著謝幼偉譯《思想之方式》，頁六一，德華出版社，民國六十五年出版。

註八　「言意之辨」請參閱李煥明著《易經的生命哲學》，頁一六七—一八六，文津出版社，民國八十一年出版。

註九　易經繫辭上傳第十二章。

註一〇　王船山著《周易內傳》，卷五，頁五二〇，廣文書局出版。

註一一　見《莊子》天道篇。

註一二　同註六，頁三二一。

註一三　參見《中國哲學與懷德海》頁二八，沈清松〈對比、懷德海與易經〉一文，東大圖書公司，民國七十八年出版。

註一四　同上。又參見《哲學與文化》第八十二期，頁四六，沈清松作〈方法、歷史與存有——一種對比的哲學思考〉。

註一五　參見胡樸安著《易經古史觀》，新文豐出版公司，民國六十八年初版。

註一六　同註七，頁一七—一九。

註一七　參見程石泉著《佛教與中西哲學思想點滴》，頁一二四，常春樹書坊，民國七十五年出版。

註一八　同註一三，程石泉《易經哲學與懷德海機體主義》一文。

註一九　同註一八。

註二〇　同註一三，頁一三九。

註二一　參考陳立夫主編《易學應用之研究》，第一輯，頁二六—三九。台灣中華書局，民國七十年四版。

易經與柏格森的生命哲學

一、前　言

作爲我國學術思想的泉源與文化的主導的易學，發展至今業已面臨一個新的轉捩點，再也不宜抱殘守缺墨守成規了。筆者淺見認爲當前易學的新趨勢，應重視「比較易學」的開拓，把易學提升至世界學術的層面。關於比較易學的概念與範圍，請參閱本書第一篇〈比較易學的開拓〉，關於比較易學的論述則請參閱本書第二、三篇，〈易經與懷德海哲學〉及〈再論易經與懷德海哲學〉。本文則以柏格森生命哲學來與易經生命哲學作一比較研究，以就正於讀者。

柏格林的生命哲學於二十世紀初曾經風靡歐洲，他的哲學著作，文辭優美，思想敏銳，使他獲得了諾貝爾文學獎的榮譽。民國初年我國張東蓀氏曾經譯介柏格森名著《物質與記憶》及《創化論》二書。方東美先生對於柏格森極爲稱許，常常讚不絕口，曾在少年中國學會所出版的《少年中國月刊》第一卷第七期（一九二〇年一月號）發表〈柏格森生之哲學〉一文。（註一）

柏格森(Henri Bergson, 1859-1941)，生於法國巴黎，長於英國倫敦，故自幼嫺習英語。三十歲獲巴黎大學文學博士學位，嗣受聘爲法蘭西學院教授，主講哲學講座達二十年之久。

柏氏著作甚多，主要爲《意識之直接與料論》（英譯爲《時間與自由意志》）、《物質與記憶》、《創造進化論》（中譯《創化論》）、《道德與宗教之二源泉》、《綿延與同時》、《形而上學導論》六種。柏氏著作說理精深，文字優美，在當時哲學界，廣受推崇，被譽爲現代生命哲學的導師。

二、柏格森生命哲學要義

柏格森生命哲學的重心，在於對時間的深入研究。他把時間分成兩種類型：自然科學的時間與我們意識的時間，前者決定歷史的客觀記事準則，後者才是我們的生命所在。

1.綿延

我們如果要瞭解宇宙及宇宙內部的生命，首先必須瞭解時間是一種累積、生長和綿延。綿延（法文duree，英文duration）是什麼？「綿延是過去的繼續進步，而且能進入將來，不斷地膨脹。」「過去的一切，無限延長到現在，而在現在之中，發生實際的作用。」時間既然是累積的，所以將來必定與過去不同，每過一剎那，就有新的一剎那增加。在柏氏哲學中，「對有意識的生物而言，生存就是變化，變化就是成長，成長就是無限制地創造自我。」人不「是」什麼，而是在「變成」什麼。在生命意義的探討中，人就是那位「將變成自己者」，人的精神不是靜止的、命定的，而是創造的、自由的。生物如此，一切事物莫不如此。換言之，一切實在與本體，都是時間的綿延、轉化與變遷。所以「生成比實有更豐富。」

(There is more in becoming than in being)。(註二)

我們通常說到時間，總有前後之分，例如去年、今年、明年、昨天、今天、明天，這是柏氏所說的第一類型的時間，他稱爲「空間化的時間」。在此種時間中，各種事物現象隨著我們的各種意識狀態，同時出現、同時消滅，故無綿延。他所說的第二類型的時間，其本體是不可分的，是一整體的，時間在一剎那一剎那的變遷，繼續不斷，此種不可分割的連續變遷，就是「實在的綿延」(duree reelle)。

我世上最爲眞實無疑的，莫過於我們自己的存在。我們認識自己的存在，應從內心深處加以體會。我們可以看到「內在的生命」在繼續不斷地變化：或饑或飽、或喜或憂、或作或息，每一狀態都在變化之中，而由此一狀態到彼一狀態，彼此交互連結，交互延伸，此在彼中，彼在此內，不能分割，亦無先後。所以我們內在的生命，實是一川流不息的長流，生生相續，新新不停，此即「自我在綿延」。(註三)

不僅我們的自我存在由綿延構成，即物質世界亦不例外。例如我要喝一碗糖水，必須忍耐等候糖塊溶化，才能飲用。我的等候時間及糖塊溶化的時間，都是一種連續的變化，也都是綿延。推而至於萬事萬物乃至宇宙，無不如此，所以柏氏說「宇宙在綿延」。因爲綿延根源於變易，所以柏氏的綿延學亦稱爲「變易哲學」。

我們的大部分時間都在社會上生活，我們的生存多展現於空間之中，我們都以年月日時以及分秒來計時，依時作息。此種在社會生活中的自我，是外在的自我，不是眞實的自我。唯有反觀我們「內在的生命」，才能看到我們的生命長流滔滔不絕，永無終始，此種「自我綿延」的自我才是眞實的自我（基本的自我）。如何方能發現眞實的自我，以及在宇宙中唯有綿延爲眞正的實在？這就要談到柏氏所主張的直覺方法了。

柏氏學說首先從知識論上建立直覺的方法，用以認識自我本體。

2. 直覺

直覺(intutition，亦譯直觀）與理智相對待，直覺能認識「實在」，故產生哲學，理智（intelligence)則能認識「物質」，故形成邏輯與科學。

從生命進化歷程來看，廣義的理智（靈知）不但人類賦有，動物亦賦有。原始人類的天賦本能往往不如動物，全賴靈知應付環境，動物則天賦本能優於人類；而靈知較少。後來人類利用理智發明種種工具，以適應生存的環境。人類的理智多與物質相連結，能把握事物的現象，並能透入事物的本質，但不能瞭解實在的綿延，不能把握生命的內涵。我們只有靠直覺才能瞭解綿延，把握生命。

柏氏所說之直覺與此詞之通常涵義不同，它是一種思維行動，一種注意行動，又是一種反省行動。此種深入的思維、注意與反省，超出一切推理程序與語言文字之外，而能直接認識實在。直覺繫於內在的綿延，是一種內在的經驗，故直覺是一不可分的連續，是內在的生命之長流，是精神之直接的洞觀或覺識。要之，直覺導引我們進於普遍的意識境界，即進入精神的境界。（註四）

人類的記憶是綿延的媒介，依賴記憶，我們的過去才能獲得保存，以便應付目前的環境。生命的範圍愈擴大，生命的遺傳及記憶也愈豐富，最後終於產生了意識。而自由意志則是重視意識的必然結果。

憑藉記憶，我們方可應用直覺體會綿延中的許多刹那，使心靈擺脫物質的桎梏，而得到自由。所謂自由，就是知道自己在做什麼。

直覺與分析相反，直覺是直接認識實在的本體，它用一種同感（同情）的本能，使人沉浸於所接觸事物的內部而認識綿延，所獲知識是絕對的；分析雖然認識事物的性質，但不能正確認識生命的綿延，所獲知識是相對的。

要之，依柏氏之見，我們要認識眞實的自我乃至宇宙的生命，惟有用直覺的方法，才能透入內在的眞際，認識生命的長流，即實在的綿延。直覺是本能昇華到不偏不倚自由無礙的一種心能作用，它能省識自身，溝通人我，獲得絕對的知識，但並不排斥理智，因爲理智是使本能而爲直覺的工具，直覺必須超越理智，才能深入物象的內部。三者交互錯綜，相應相成，柏氏乃由此進而建立創造的進化學說。

3. 創化論

自十九世紀中葉英人達爾文(Charles R. Darwin, 1809-1882)發表其名著《物種由來》(The Origin of Species, 1859)以來，進化論思想影響深遠，他把科學的研究方法應用到生物學的研究，促使有關各門科學，如古生物學、胚胎學、解剖學、地質學等迅速進步，爲其最大貢獻。但他的「物競天擇、適者生存」的原始進化學說，不免有許多漏洞，對於生物乃至宇宙眞實的進化程序，仍未能探究其眞相。他所提出的幾個原則：變化、遺傳、生存競爭、自然選擇，都尙有研討的餘地，尤其在哲學上的研究是要探本尋源的，更多見仁見智的學說出現。

自達爾文以後，哲學上的進化論經過了三個階段：第一是斯賓塞(Herbert Spencer, 1820-1903)、赫胥黎(Thomas H. Huxley, 1825-1895)、赫克爾(Hehk Haeckel. 1834-1919)的進化論；第二是柏格森的創造進化論，第三是摩根（Lloyd Morgan, 1852-1936）、亞力山大（Samuel Alexander, 1859-1938)的層創進化論。這些學說都是一方面詮釋進化的觀念，一方面以進化的觀念來建立進化的宇宙觀。

斯賓塞的進化論，以爲宇宙是一進化的歷程，此進化歷程的材料是物質、運動與力，我們所知道的世界是物質、運動與力的分配與重分配。進化就是物質與動力的聚散分合，物質的集中、分化與決定就是進化的法則，此種論點顯然陷於機械論的傾向，爲柏格森所反對。他於批評斯賓塞的學說後，進而提出自己的看法——創造進化論（法文Evolution Creatice，英譯The Creative Evolution，中譯簡稱「創化論」）。

柏氏學說的出發點是「變的實在」，一切都在不斷的持續變化之中，變化即是實在，但他所謂變，不是機械的變，「機械論不能解釋生物的進化，非承認背後有生命衝力不可。」宇宙不是既成的，所以目的論也不能解釋。宇宙是一不斷之流，是在進化中的活動。進化是不斷的，其中有進化，也有創新。進化即是創化，是一種繼續創造生命的歷程。生命是生命衝力的向上活動，物質則是向下的，物質與生命在轉變之流中成相反的傾向。一方面向上創新，一方面向下墜落。物質是生命進化的阻礙，生命所以不能絕對創造是由於物質的牽累。生命本身具有無限可能，因與物質接觸而受限制，只有靠生命衝力才能力爭上游。

所謂「生命衝力」(elan vital. vital impetus or impetus of life)乃由一代種子之發生，其間進化的路線中，有一種力量參與活動，此種力量可稱爲生命衝力，爲一切生物種類進化變異的內在原因，新種類之創造由此而起。各生物種類雖不相同，而賦有生命衝力則相同。

普通各種類生物由一共同根源分歧而出，植物的特性隨其進化的途程而增長。初分爲植物與動物兩大支，植物的特性是固定性與感覺性，而動物則相反。動物之中節足動物進化到達極點爲昆蟲類，其中以膜翅類爲代表（如蜂蟻），脊椎動物進化至極點則爲人類。動植物生命出於一源，彼此互相補充，始能繁榮滋長。

要之，柏格森認爲進化是一種轉變的歷程，是生命衝力向上的創造活動，這種創造活動是生命成長創新的泉源。進化如無創新，則進化無意義，而生命的精義即在求發展，在發展中有創新，有自由。此種生命創化的歷程即是實在，實在即是創造的進化。

三、柏格森與易經的比較生命哲學

柏格森的生命哲學，如上所述，是由「時間」研究入手，而創立「綿延」的觀念，認爲「一切皆綿延」，生命就是綿延所形成的，因爲「對有意義的生物而言，生存就是變化，變化就是成長，成長就是無限制地創造自我。」生命乃由此形成。此與易經的重視時間觀念若合符節，因爲在「生生之謂易」的創化歷程中，時間就是生命的表現。易經六十四卦都與時間有關，王弼易略例云：「卦者，時也。」又云：「爻者，適時之變也。」在各卦的彖傳中，有十二卦讚歎「時用」或「時義」的重要性。又隨卦云：「隨之時義大矣哉！」詮釋易經時間觀念最精闢周延的莫如方東美先生：「中國人之時間觀念，莫或違乎易，繫辭傳曰：『易與天地準；故能彌綸天地之道』，……易之卦爻，存時以示變，易之精義，趣時而應變者也。故言天地演化之道，生命創進之理，必取象於易。……趣時以言易，易之妙可極於『窮則變，變則通，通則久』之一義。時間之眞性寓諸變，時間之條理會於通，時間之效能存乎久。」（註五）易之精義既是趣時而應變，而變化的法則爲「窮則變，變則通，通則久」。此與柏格森的綿延根源於變易，兩者可以相通，故柏氏的綿延哲學亦可稱爲「變易哲學」。

其次，柏氏既認爲「一切皆綿延」，我們內在的生命也是綿延，他稱爲「自我在綿延」。此與易經的「生生之謂易」可以貫通。何謂「生生」？簡言之，上一「生」字是動詞，即是化生，下一「生」字是名詞，即是萬物，「生生」即是化生萬物。在化生過程中，能生生所生，所生又生能生，如此生生不息，永恆不停，所以易經的宇宙觀可以稱爲「萬物有生論」，它的要義爲：宇宙是一個包羅萬象的廣大生機，是一個普遍瀰漫的生命活力，無一刻不在發育創造，無一處不在流動貫通。換言之，宇宙並不是一個機械物質活動的場所，而是普遍生命流行的境界。所以「生生之謂易」是易經宇宙論的主旨，也是易經生命哲學的綱領，「生生」解釋爲化生萬物，只是「生生」的原始涵義，至於它的哲學涵義尚可進一步探討。

依據易經生命哲學上的「生生」，其涵義有五：即育種成性義，開物成務義，創進不息義，變化通機義，綿延長存義。此乃由易經所言而冥悟所得：「大哉乾元！萬物資始，乃統天。」故「生生」之始爲「育種成性」；「至哉坤元！萬物資生，乃順承天。」故「生生」之生爲「開物成務」；「乾，其靜也專，其動也直，是以大生焉。」故「生生」之大爲「創造不息」；「坤，其靜也翕，其動也闢，是以廣生焉。」故「生生」之廣爲「變化通機」；「盛德大業，至矣哉。」故「生生」之生生不息爲「綿延長存」。（註六）

第三，柏氏的創化論認爲進化是一種轉變的歷程，是生命衝力向上的創造活動，這種創造活動是生命成長，創新的泉源。此與易經的生命哲學極爲相似。如前所述，易經所說「天地之大德曰生」，此「生」並非僅指一度之生，乃是動態的往復歷程，所謂「生生」可解釋爲「創造再創造」，可用懷德海之術語creative creativity譯之，最爲恰當，宇宙生生不已，乃由於具有創造力，宇宙創造萬物，包括生命在內，「生命」是什麼？「生命包容萬類，綿絡大道。變通化裁，原始要終，敦仁存愛，繼善成性，無方無體，亦剛亦柔。趣時顯用，亦動亦靜。」（註七）詳言之，生命包容一切萬類，並與大道交感相通，生命透過變通化裁而得完成。若原其始，即知其根植於無窮的動能源頭，進而發爲無窮的創進歷程；若要其終，則知在止於至善。從「體」來看，生命是一個普遍流行的大化本體，瀰漫於空間，其創造力剛勁無比，足以突破任何空間限制；若從「用」來看，則其大用在時間之流中，更是馳驟拓展，運轉無窮，它在奔進中是動態的、剛性的，在本體則是靜態的、柔性的。這種普遍生命的創造力就是相當於柏格森的生命衝力。

易經不僅是以生命爲中心的哲學體系，也是以價值爲中心的哲學體系，何以見得呢？這是根源於易經的宇宙論：「宇宙的普遍生命遷化不已，流衍無窮，並且挾其善性以貫注於人類，使之繼承感應，擴大格局。人類的靈明心性虛受不滿，存養無害，如此進德修業，弘揚天賦善性，便能使宇宙價值恢宏擴大，更加完美。如此，人與天和諧，人與人感應，人與物均調，便處處都是以價值創造爲總樞紐，此所謂『體仁繼善，集義生善』。因此我們可以看出：在中國哲學裏，『宇宙』代表價值的不斷增進，『人生』代表價值的不斷提高，不論宇宙或人生，同是價值創造的歷程。」（註八）

柏格森早期的生命哲學，以時間綿延探求生命之本原，以直覺方法認識實在之眞相，以生命衝力說明創造之進化。晚年發表《道德與宗教之二源泉》鉅著，始完成其價值論的思想體系。

四、結　論

從上述簡略的比較中，柏格森的生命哲學與易經的生命哲學有幾點相似之處：第一，兩者都重視時間觀念，所謂「綿延」就是過去的繼續，而且進入將來。世界的一切都隨著時間不停的變化，對生物而言，生存就是變化，變化就是成長，成長就是無限制的創造自我。一切實在與本體，都是時間的綿延，轉化與變遷。此與易經所言極爲相似，因爲「易之卦爻，存時以示變，易之精義，趣時而應變者也。」

其次，柏格森認爲一切皆綿延，我們內在的生命也是綿延，所謂「自我在綿延」，此與易經的「生生之謂易」可以相互貫通，因爲「生生」之生生不息就是綿延長存。

第三，柏格森的「創化論」，認爲進化是一種轉變的歷程，是生命衝力向上的創造活動，此與易經的「天地之大德曰生」，而「生生」就是「創造再創造」，兩者的含義是相似的。

第四，柏格森晚年發表《道德與宗教之二源泉》後，完成其價值論的思想體系，此與易經彖辭爲價值論，繫辭爲價值完成論，雖有詳略之不同，然大體上是有相似的架構。

然而，柏格森哲學雖與易經哲學具有許多相似之處，但也有不同之處。例如柏格森經常運用二分法，使科學哲學、性質數量、時間空間、本能理智對立起來。又在辯難「空無」觀念時，認爲知覺不能反映世界的意見，實在不無詭辯之嫌。此外，柏氏的生命哲學重「變」失「常」，不免有偏頗的傾向，此與懷德海之「一方面肯定永恆的性質爲眞象，另一方面又肯定原始刹那的流變的歷程爲事實，在這樣的假設下可以避免柏氏所遭逢的許多不能克服的困難。」（註九）

在二十世紀的初葉，正當機械唯物論思想流行，柏格森卻高舉生命哲學的大纛，使哲學界重獲生機，他反對斯賓塞的機械唯物論，進而提出名噪一時的「創化論」，這是他的最大貢獻。

【附註】

註一　參見《哲學與文化月》第四卷第九期一九七七年九月號轉載。

註二　參閱吳康著《柏格森哲學》（台灣商務印書館，一九六六年），頁二五，此書爲國內介紹柏格森哲學專書，本節取材較多。

註三　參見柏格森著張東蓀譯《創化論》（先知出版社，一九七六年重印），頁二三。

註四　同註二，頁四七。

註五　方東美著《生生之德》，頁一三三。

註六　參閱李煥明著《易經的生命哲學》，頁六三，文津出版社，一九九二年出版。

註七　方東美著《中國人的人生觀》，頁四四。

註八　同註七，頁一〇三。

註九　參閱劉述先著《中西哲學論文集》，頁一七五。台灣學生書局，一九九二年出版。

易經的文學傳統

一、序論

中國文學源遠流長，我們如要瞭解它的起源，及與易經的關係，首先必須瞭解中國文字的起源、文章的形成及文學的義界。

㈠中國文字的起源

中國文字發源甚早，其前身可能爲八卦和結繩，約當西元前四千四百年。易繫辭傳云：「古者包犧氏之王天下也，仰則觀象於天，俯則觀法於地，觀鳥獸之文與地之宜，近取諸身，遠取諸物，於是始作八卦，以通神明之德，以類萬物之情。……上古結繩而治，後世聖人易之以書契。」許慎《說文解字敍》亦云：「古者庖犧氏之王天下也，仰則觀象於天，俯則觀法於地，視鳥獸之文與地之宜，近取諸身，遠取諸物，於是始作八卦，以垂憲象。及神農氏結繩爲治，而統其事。」包（或作庖）犧氏即伏羲氏，始畫八卦，神農氏結繩爲治，都在文字發明之前，故繫辭傳云：「易之興也，其於中古乎？」迨至黃帝之時，史官倉頡「見鳥獸蹄迒之迹，知分理（段注：猶文理）之可相別異也，初造書契，百工以乂，萬品以察。

……倉頡之初作書，蓋依類象形，故謂之文，其後形聲相益，即謂之字，文者物象之本，字者言孳乳而寖多也。箸於竹帛謂之書，書者，如也。」（許慎）

由此可知，伏羲畫卦爲最早，以八卦代表八種自然現象，即乾爲天，坤爲地，震爲雷，巽爲風，坎爲水，離爲火，艮爲山，兌爲澤。其次爲結繩記事。鄭玄云：「結繩爲約，事大，大結其繩，事小，小結其繩。」（周易注）到了倉頡始創書契，所謂「後世聖人易之以書契。」（繫辭傳）此爲中國文字的起源。何謂「書契」？箸於竹帛謂之書，書是寫在竹帛上的文字。契是契約，書契就是寫在竹帛上的文字，作爲契約之用。而文字的形成，起初是用依類象形和形聲相益兩種方法造字，其後又發明指事、會意、轉注、假借四種造字方法，於是文字作爲表情達意的工具至此形成，而提供了文學起源的必要條件。

(二)文章的濫觴

何謂文？繫辭傳云：「道有變動，故曰爻；爻有等，故曰物；物相雜，故曰文。」意謂無論天道、地道、人道，如有變動都可以用爻來表示，而爻有剛柔、大小、貴賤之差等，而以陰陽象之。乾，陽物也，坤，陰物也，陰陽相錯雜，故曰物，陰爻陽爻交錯以成卦，而經天緯地，故曰「文」。（左傳昭公二十八年傳曰：「經天緯地曰文」。）

文的本義，說文解字云：「文，錯畫也，象交文。」段注：「錯畫者，交錯之畫也。象交文，像兩紋交互也。紋者，文之俗字。」《釋名》云：「文者，會集衆采以成錦繡，會集衆字以成詞誼，如文繡然也。」《廣雅釋詁》云：「文，飾也。」《太玄經》云：「文爲藻飾。」由上所引，故知「文」是象形字，象兩紋交錯之形，其本義作「錯畫」解，有藻飾雜采之含意。

至於與文相連的「字」，本義為乳，即「人生子曰字」，所謂「孳乳而浸多也」。「文，字」相連，段玉裁謂：「析言之，獨體曰文，合體曰字，統言之，則文字可互稱。」

「文章」為文之引申義，猶言文辭，命其形質曰文，指其起止曰章。史記儒林傳：「明天人之際，通古今之義，文章爾雅，訓辭深厚。」文章之內涵甚廣，揚雄傳云：「實好古而樂道，其意欲求文章，成名於後世。以為經莫大於易，故作太玄；傳莫大於論語，作法言；史篇莫善於倉頡，作訓纂；箴莫善於虞箴，作州箴；賦莫深於離騷，反而廣之；辭莫麗於相如，作四賦。皆斟酌其本，相與放依而馳騁云。」可見漢代所謂文章，範圍甚廣，包括經、史、辭、賦，統稱文章。而易經中的繫辭傳及文言傳等實為文章的濫觴。

(三)文學的義界

先秦時代，「文字」與「文章」不分，而文學的涵義比文章更廣。易經言文，除天文、地文、人文之外，多言文明，如「天下文明」、「文明以健」、「文明以止」、「文明以說」，但未言文學，「文明」意為有文章而光明也。

孔子在易經中雖未提到文學，但在論語中曾一再談到文學。學而篇云：「子曰：弟子入則孝，出則弟。謹而信，汎愛眾，而親仁。行有餘力，則以學文。」雍也篇云：「子曰：君子博學於文，約之以禮，亦可以弗畔矣夫。」又先進篇云：「子曰：從我於陳蔡者，皆不及門也。德行：顏淵、閔子騫、冉伯牛、仲弓；言語：宰我、子貢；政事：冉有、季路；文學：子游、子夏。」孔子之論文，多指典籍而言，所云「文」及「文章」，亦包括文學在內。例如論語述而篇云：「子以四教：文、行、忠、信。」又如公冶長篇云：「子貢曰：夫子之文章，可得而聞也，夫子之言性與天道，不可得而聞也。」其中所稱文與文章，均指一切經籍而言。

孔子之後，諸子爭鳴，對於文學的觀念，均概括一切道術而言，例如荀子大略篇云：「人之於文學也，猶玉之於琢磨也。詩曰：如切如瑳，如琢如磨，謂學問也。和之璧，井里之厥也，玉人琢之，為天子寶。子贛、季路，故鄙人也，被文學，服禮義，為天下列士。」

漢代始將文學與文章加以區分。凡言文學雖仍含有學術的意義，但言文章則專指詞章而言，頗與現代人的文學觀相近。魏晉南北朝，進一步把文學與其他學術加以區分。文學中又區分為「文」與「筆」，「文」重在情，「筆」重在知，「文」重在美感，「筆」重在應用，幾與近人所稱純文學、雜文學相似。唐宋時代因不滿六朝文學之淫靡浮濫，而有「文以貫道」、「文以載道」的復古運動。

降至近代，西洋文學輸入後，文學的義界又為之一變，文學的內容與形式並重，內容方面須有思想與感情，形式方面注重辭藻與聲律。茲舉文學定義兩種說法如下：

章炳麟《國故論衡．文學總略》云：「文學者，以有文字著於竹帛，故謂之文；論其法式，謂之文學。」（註一）

傅庚生於所著《中國文學批評通論》云：「文學者，抒寫作者之感情、思想，起之於想像，振之以

辭藻與聲律，以訴諸讀者之感情而資存在之文字也。」（註二）

章氏是以樸學家的立場來看文學，並以文字學的見地，來確定文學的定義，乃就文學的廣義而言；傅氏是以文字爲工具，通過藝術的表現手法，將作者的思想、感情傳達給讀者，以喚起讀者的共鳴，其體裁包括散文、詩歌、小說、戲劇等純文學。

二、易經的文學思想

㈠原道

繫辭傳云：「形而上者謂之道，形而下者謂之器。」易經的形上學就是道學。道有天道、地道、人道，天、地、人謂之三才。每一才以兩爻表示，故每卦有六爻。「六者非它也，三才之道也。」又云：「道有變動，故曰爻；爻有等，故曰物；物相雜，故曰文。」所以文（包括文章、文學）是淵源於三才之道，這就是所謂的原道。

因爲道貫天道、地道、人道，而聖人爲道樞，故能與天地合德，參贊天地之化育。三才之道的內涵是：天道是陰與陽，地道是柔與剛，人道是仁與義。說卦傳云：「昔者聖人之作易也，將以順性命之理，是以立天之道曰陰與陽，立地之道曰柔與剛，立人之道曰仁與義。」（依據出土帛書易經，說卦傳前三章應歸入繫辭傳內。）

梁朝劉勰所著《文心雕龍．原道篇》云：「文之爲德也大矣，與天地並生者何哉？夫玄黃色雜，方圓體分，日月疊璧，以垂麗天之象；山川煥綺，以鋪理地之形，此蓋道之文也。仰觀吐曜，俯察含章，高卑定位，故兩儀既生矣，惟人參之，性靈所鍾，是為三才。為五行之秀，實天地之心。心生而言立，言立而文明，自然之道也。」清紀昀評云：「自漢以來，論文者罕能及此，彥和以此發端，所見在六朝文士之上。……文以載道，明其當然，文原於道，明其本然。蓋識其本乃不逐其末。」紀昀指出劉勰對於文學的根本看法，一是「文原於道」，一是標自然以為宗，都是易經的文學傳統。

如前所述，文學中之「原道」，就是重視三才之道，尤其重視人道。唐·韓愈作「原道」一文，開首即云：「博愛之謂仁，行而宜之之謂義，由是而之焉之謂道。」故李漢序《韓昌黎集》云：「文者，貫道之器也。」意謂文學是貫通人道的工具，到了宋代周敦頤更進一步說：「文，所以載道也。」程顥、程頤亦認為文能害道，甚至視為玩物喪志。宋儒重道輕文，以文章為末技，而不必重視，實是誤解了孔子的文學觀。

第一，孔子的文學觀不但主張「尚用」，還主張「尚文」。繫辭傳云：「繫辭焉以盡其言」、「以言者尚其辭」、「聖人之情見乎辭」。辭即言辭、文章、文學。易辭重視意外之言，故「其旨遠，其辭文」。左傳襄公二十五年亦引孔子語云：「志有之……，言以足志，文以足言；不言，誰知其志？言之無文，行而不遠。」可見孔子是非常重視文學的。孔子又云：「志於道，據於德，依於仁，遊於藝。」（論語述而篇）「藝」包含文學，與「道」、「德」、「仁」同等重要，後世學者卻誤解為孔子重道輕藝之意。

其次，易道中的動態形上學：「窮則變，變則通，通則久」，此種原始母題對於我國文學作品影響甚大。例如《三國演義》第一回開首即說：「話說天下大勢，分久必合，合久必分。」就是最好的例證。

第三，道亦可解釋爲主義、思想，史記孔子世家云：「吾道非耶？吾何爲於此？」文學上的原道，就是文學作品的主題思想，表達作者的主題思想是文學的主要功能。文言傳云：「修辭立其誠」，乃即功夫以見本體，用文辭以表達思想，思想爲文學四要素之一。文學作品的目的，乃在作者以想像的手段，描寫具體的事實，寓思想感情於作品之中，藉以獲得讀者的鑑賞與同情。

要之，文學中的「原道」無論指的是三才之道或人道及通變法則，都是孔子所重視的原始母題，也是文學所應有的主題思想，而成爲易經的重要文學傳統。

㈡崇尚自然

易經中的八卦原是模擬自然而畫的，繫辭傳一則云：「聖人有以見天下之賾，而擬諸其形容，象其物宜，是故謂之象。」再則云：「仰則觀象於天，俯則觀法於地，觀鳥獸之文，與地之宜，近取諸身，遠取諸物，於是始作八卦。」前者說明象是將客觀的自然物加以形容，象其物宜，後者則言明伏羲創作八卦的方法是觀察自然界的天地、山川、鳥獸、人類，而八卦所代表的八種卦象之天、地、雷、風、水、火、山、澤，都是自然現象。因此，我們認爲易經的文學觀是起源於自然，模擬自然，乃至崇尚自然。

易經的自然觀是起源於太極：「自然，顧名思義該是指世界的一切。就本體論來說，它是絕對的存有，爲一切萬象的根本。它是最原始的，是一切存在之所從出，它就是太極。太極兩字首先見之於易經一書中。易經上認為太極能生天地，又能遞生天地之間的一切的一切。」(註三) 因為自然是宇宙生命的流行，是宇宙萬物的生機，因此人和自然之間毫無隔閡，達到天人合一的境界。所以中國的自然主義能與人文主義融通無礙，它肯定在文化創造中人性的尊嚴。

在我國文學作品中，寫景時大都著重「情景交融」，將自然景物與作者情緒融成一片。例如晉代的陶潛，他的詩作悠閒自然，別有高緻。飲酒詩之一云：「山氣日夕佳，飛鳥相與還。」其中人與景物都悠遠閒逸。又「採菊東籬下，悠然見南山。」蘇東坡評云：「採菊之次，偶然見山，初不用意，而景與意會，故可喜也；若作『望南山』，是有意而望也，其格卑矣。……陶潛固隱逸詩人之宗，其行事與所作，皆出於性靈之自然也。」這就是易經崇尚自然的文學傳統。

唐代李白的詩天眞自然，大有陶潛風格。如山中問答云：「問余何事棲碧山，笑而不答心自閒；桃花流水窅然去，別有天地非人間。」就是仿照陶詩「忘言」之意而作的。

㈢眞善美——文學的最高境界

通常形容事物的最高境界多用「眞、善、美」來表示。如果依事物的性質分別言之，則科學在求眞，倫理在求善，文學藝術則以美為極詣。但在文學領域中，如果用眞、善、美來作為追求的目標，則更為恰當與難能。文學的感情要求眞，思想要求善，而形式務求其美，文學作品若能感情眞摯，思想妥善，形式優美，必然是傑作。

易經中早已有眞善美的啓示。易經中雖未出現眞字，但眞者實也，出現實字十次。大畜卦彖辭云：

「大畜，剛健、篤實、輝光，日新其德。」其中「剛健、篤實、輝光」代表了我們民族一種很健全的美學思想。（註四）篤實，意爲篤厚樸實，原指君子的意志和德性。「善」字在易經中出現十六次，其中「元者，善之長也」、「積善之家必有餘慶，積不善之家必有餘殃」、「君子以遏惡揚善」、「君子以見善則遷」、「易簡之善配至德」、「積不善不足以成名」等句之「善」皆是美好之意。至於「美」字則出現五次，都是使用本義，即美好、美善之意。坤文言傳云：「君子黃中通理，正位居體，美在其中，而暢於四支，發於事業，美之至也。」一再提到美，指出美之所在。黃是居中之色，君子通達事理，就像居中的黃色。而正位居體，內有陽剛之美，故云美在其中。人之內在美，見之於行動，施之於事業，乃是最完善之美，故云美之至也。

文學中的眞善美不宜有所偏重，如果專重形式之美，而不具感情之眞與思想之善者，亦非理想的作品。傅庚生云：「文學固藝術中之一種，由美的情緒所組成。然純美之中，必渟蓄眞善之性，眞善之裏必孳生純美之表。金玉之質堅緻而色光潤，於物爲貴；虎豹之皮斑爛而性鷙猛，於禽爲尊。金玉其外，敗絮其中者，或犬羊之質而虎豹之文者，物類之最賤而可鄙者也。故文章不宜專騖於形式之美。……文學固主感情，然亦須於思想之背後有理智以持之，眞而又善，然後美也。」（註五）故文學純美之形式，必須有感情思想之眞善與之配合，眞善與美，表裏相倚。

漢代揚雄《法言・問神篇》云：「言，心聲也。書，心畫也。聲畫形，君子小人見矣，聲畫者，君子小人之所以動情乎！」又論語八佾篇云：「子謂韶，盡美矣，又盡善也；謂武，盡美矣，未盡善也。」武樂盡美而未盡善，終遜一籌；韶樂盡美而又盡善，故孔子聞此樂以至「食而不知其味」。嘆曰：「不圖爲樂之至於斯也。」傅文至此結論云：「藝術以美爲依歸，故窮本而極變。何以明其善？曰合同而和；何以即於眞？曰著誠去僞。眞善而美，至矣盡矣，蔑以加矣，藝術臻此，歎觀止矣。」（註六）所以唯有眞善美兼具的作品才是理想的作品。傅文又云：「寫情之作，多出本色，所謂眞也；說理之篇，多有高格，所謂善也。而說理者若過儉於情，則似離去文學之蹊徑，必輔之以本色；寫情者若太貧於理，則不足語於文學之偉大，自亦必起之以高格，然後底於美也。」（註七）本色乃指性情之本眞，高格則須賴學識與理性，意謂寫情之作多有眞而不能太貧於理，說理之篇多有善而不能過儉於情，然後才有美的表現。

(四)文質並重

如前所述，孔子的文學觀，主張「言志」與「載道」並重，亦即感情與思想並重，缺一不可。此外，孔子還主張文質並重。論語雍也篇云：「子曰：質勝文則野，文勝質則史，文質彬彬，然後君子。」此章孔子原指君子應有的修養，但當作文學創作的準則，也同樣適用。意謂文章過於質樸而無文采，則像粗鄙的野人，樸實無華；文章的文采過多，而無內在的質樸，則像史官一樣，虛浮不實。必須文采和質樸兼備，表裏相稱，所謂「文質彬彬」，才是優良的文學作品。

「文質」與「史野」之辯，亦見於論語顏淵篇：衛國大夫棘子成問子貢：「君子質而已矣，何以文爲？」意謂君子只要有內在的實質即可，何必外表的文飾？子貢立即糾正他的看法：「惜乎！夫子之說君子也！駟不及舌，文猶質也，質猶文也。虎豹之鞟，猶犬羊之鞟。」外表的文采和內涵的實質，具有同等的重要性，好比虎豹的皮革，如果刮去那斑爛的毛紋，所剩下的皮革和犬羊的皮革，也就沒有什麼不同了。

後世主張把「文質並重」的觀念用於文學的創作上，見於劉勰的《文心雕龍．情采篇》：「聖賢書辭，總稱文章，非采而何？夫水性虛而淪漪結，木體實而花萼振，文附質也。虎豹無文，則同犬羊；犀兕有皮，而色資丹漆，質待文也。」此後文質並重的觀念，影響後世的文學創作與理論甚大。

孔子在易繫辭傳及象傳中亦曾提到「文」與「質」。革卦象傳：「大人虎變，其文炳也。」「君子豹變，其文蔚也。」其中「文炳」、「文蔚」，都是指的文采爛然。又繫辭傳云：「易之為書也，原始要終以為質也。」質與素同義，廣雅：「素，本也。」可見易經中之「文」「質」，其含義與論語中所說的相同，只不過未曾如論語之加以比較而已。

三、易經的文學形式

㈠注重修辭

易乾文言：「子曰：君子進德脩業。忠信，所以進德也。脩辭立其誠，所以居業也。」「脩辭」就是「修辭」，可見我們現在使用的「修辭」這一名詞，是起源於孔子的時代。乾文言所說的「脩辭」，「脩」是「修」的假借字，「修」含有「修飾」和「修治」兩種意義，一是消極的求其潔淨，一是積極的求其美妙。

辭和詞不同，不能混爲一談。「詞」是用一個或兩個以上的文字來表示一個觀念，把若干「詞」的概念加以結合，便成一個「句」的概念，把許多「句」的概念結合起來，表現我們的思想、感情和想像，就成爲篇章，這篇章就是「辭」，所以修辭，應用「辭」字，而不用「詞」字。「辭」字的本義爲「說」，原指「言辭」。文字本來是言語的符號，言語既然稱「辭」，文字自然也可稱「辭」。所以「辭」字亦指「文辭」。

依照上述的解釋，「修辭」可定義如下：「修辭，就是修治或修飾言辭和文辭所下的工夫，使表現感情、思想和想像的詞句篇章，消極的求其潔淨，積極的求其美妙。」（註八）修辭的功用有三，即盡言、明道和經世。

「脩辭立其誠」爲修辭的最高原則，自「脩辭」而「立誠」，乃即工夫以見本體，此「致曲」之道也。中庸云：「其次致曲，曲能有誠，誠則形，形則著，著則明，明則動，動則變，變則化，唯天下至誠爲能化。」（廿三章）由立誠而能化，此居業之道也。

言辭和文辭的修飾，要講求技巧，孔子云：「情欲信，辭欲巧。」（禮記表記）修辭的技巧大約表現在下列四項要求：

1.表達情意：言辭和文辭主要是用來表達情意的，孔子云：「辭，達而已矣。」（論語衛靈公篇）怎樣才能做到「辭達」呢？必須順應著情意的變化，使用輕重、緩急、繁簡、華質、洪纖、夷險、約肆等不同的辭句，表現恰到好處，才是最高的修辭技巧。

2.辨明事理：表達情意是從主觀方面而言，辨明事物則是指客觀方面而言。繫辭傳云：「夫易彰往而察來，而微顯闡幽，開而當名辨物，正言斷辭，則備矣。」易既彰明已往之生活經驗，亦體察未來之可能發展，其幽隱之幾微，則彰顯並闡明之，並要辨別事物之名類，以確定其語意，判斷其吉凶。

3.辭尚體要：尙書畢命篇云：「辭尙體要，弗惟好異。」體要就是切合與精當。要使修辭達到切合與精當之法，第一要能適時，第二要能適境，第三要能適人。

4.辭遠鄙陋：鄙陋是指醜惡和謬誤的言辭，在修辭時應予避免。尤其在使用淺近俚俗的言辭時，應注意避免醜惡和謬誤。

修辭如能滿足上述要求，便能達成修辭的目的，至於修辭的具體方法，茲就用韻、對偶等項略述如下：

㈡用韻對偶

孔子論文，不但著重修辭，而且開始用韻（協韻）與用偶（對偶），尤其易經文言傳中用得最多。清代阮元最爲推重文言傳，稱爲千古文章之祖。他在《文言說》一文中，首引孔子「言之不文，行之不遠」（左傳），說明孔子作文言傳之動機：「古人以簡策傳事者少，以口舌傳事者多，以目治事者少，以口耳治事者多。故同爲一言，轉相告語，必有愆誤。是必寡其詞，協其音，以文其言，使人易於記誦，無能增改，且無方言俗語雜於其間，始能達意，始能行遠。此孔子於易所以著文言之篇也。」（註九）

阮元接著指出：文言傳數百字幾乎句句用韻，不但多用韻，而且多用偶。例如「樂行——憂違」、「長人——合禮」、「和義——幹事」、「庸言——庸行」、「閑邪——善世」、「進德——修業」等，凡二十六次用對偶。乾文言用三十六韻字，坤文言用十一韻字，如信（眞）、謹（文）、驕（宵）、憂（幽）等是。

阮元又在所作〈文韻說〉一文中，指出文言傳不但有韻，而且有平仄聲音，例如「『口濕燥龍虎覩』上下八句，何等聲音，無論『龍虎』二句不可顚倒，若爲『龍虎燥濕覩』，即無聲音矣。無論『其德』、『其明』、『其序』、『其吉凶』四句不可錯亂，若倒『不知退』於『不知亡，不知喪』之後，即無聲音矣。」（註一〇）

由上所述，可知中國歷代文學之使用聲韻、對偶，均肇始於易經，六朝時代盛行之駢體文，既用韻，又用偶，即爲易文言傳之傳統。

㈢文章體裁

文章的體裁乃指文章的體式（文體）與作法兩方面而言。我國文章的體式，大都起源於六經。《顏氏家訓．文章篇》云：「夫文章者，原出五經（因樂經已失，故稱五經）。詔、命、策、檄，生於書者也；序說、論議，生於易者也；歌詠、賦頌，生於詩者也；祭祀、哀誄，生於禮者也；書、奏、箴、銘，生於春秋者也。」《文心雕龍．宗經篇》云：「故論說、辭序，則易統其首；詔、策、章、奏，則書發其原；賦、頌、歌、讚，則詩立其本；銘、誄、箴、祝，則禮總其端；紀（記）、傳、銘（盟）、檄，則春秋爲其根。」所以六經爲最古之文章，爲文學的本源。隨時代的進展，文體愈來愈多。蔡邕分天子令群臣之文爲四類：策書、制書、詔書、戒書；群臣上天子之文亦分爲四類：章、奏、表、駁議。曹丕論文亦分爲四類：奏議、書論、銘誄、詩賦。陸機《文賦》分文體爲十類，《文心雕龍》分文體爲二十類，蕭統《文選》分文體爲三十七類。現代的文學體式通常分爲純文學與雜文學兩大類，純文學又可分爲詩歌、小說、戲劇等；雜文學指各種散文及雜文。

至於文章作法，通常分爲紀敘、說明、抒情、辯論等。茲就與易經有關的「賦、比、興」三體，略予說明。賦、比、興原是指詩經中的三種作法或體式。鍾嶸《詩品序》云：「故詩有三義焉：一曰興，二曰比，三曰賦。文已盡而義有餘，興也；因物喻志，比也；直書其事，寓言寓物，賦也。」簡言之，賦是直陳其事，比是以彼物比此物，興是言在於此，意寄於彼。

我們如果用賦、比、興來分析易經中的文辭，對於文辭的理解甚有裨益。易經中各卦的爻辭，大都是直陳其事的歷史實錄，可視爲賦體，例如需卦爻辭都是游牧時代人們在沙漠地帶行軍的紀錄。「需于沙，小有言。」、「需于泥，致寇至。」、「需于血，出自穴。」又如明夷卦：「箕子之明夷」。既濟卦：「高宗伐鬼方，三年克之。」等都是歷史紀錄。易辭中的比體甚多，例如離卦九四爻辭：「突如其來如，焚如，死如，棄如。」又如大過卦爻辭：「枯楊生稊，老夫得其女妻。」「枯楊生華，老婦得其士夫。」都是比體。至於易辭中的興體更多，例如「天行健，君子以自強不息。」以天體之運行不息，作爲君子修養品德的榜樣。

四、結論——易經對後世文學的影響

易經，這部充滿智慧而古老的奇書，不但是群經之首，而且成爲百科之原，文學也不例外。易經的文學傳統是多方面的。作爲文學表現必要條件的中國文字，它的起源涉及八卦、結繩與書契，易經上都有明確的記載。

何謂文？易曰：「物相雜，故曰文。」文章爲文之引申義，猶言文辭。先秦時代，文章的內涵甚廣，包括一切經籍在內，而易經中的文言傳和繫辭傳實爲文章的濫觴，尤其文言傳，阮元贊爲千古文章之祖。

易經的文學思想可分爲下列四方面來研究：

㈠原道

文學中的「原道」是重視三才之道，尤其重視人道。因爲道貫天、地、人，而聖人爲道樞，故能與天地合德，參贊天地之化育。「原道」對後世的影響，發展爲「文以貫道」及「文以載道」的思想，爲孔子所重視文學上的原始母題，也是文學的主題思想，成爲易經的重要文學傳統。

㈡崇尚自然

八卦原是模擬自然而畫的，易曰：「聖人有以見天下之賾，而擬諸其形容，象其物宜。」所以易經的文學觀是起源於自然，模擬自然，崇尚自然的。影響所及，歷代文學作品中表現「情景交融」，格調高超。

(三)**真善美**

理想的文學作品，感情要求眞摯，思想要求高善，形式要求優美。易經中對於文學的最高境界——眞、善、美，都有啓示。

(四)**文質並重**

子曰：「質勝文則野，文勝質則史，文質彬彬，然後君子。」文質並重爲孔子重要的文學觀，在易經中已開始觸及，而在論語中闡發無遺，對後世的文學創作及理論影響甚大。

至於易經的文學形式，首重修辭，易曰：「脩辭立其誠」，爲修辭的最高原則。其次講究用韻與對偶，文言傳可作爲用韻與對偶的範例。六朝時代盛行之駢體文就是文言傳的最佳傳統。文章體裁方面，正如《文心雕龍》所說「論說，辭序，則易統其首。」六經爲最古之文章，實爲文學的本源，後代發展，文體繁多。至於文章作法方面，易經包含賦、比、興三體，我們可用以分析易經中的文辭，以增進對易經文辭的理解。

總之，易經在文學上的創始，有如黃河的發源地，隨著時代的進展，滔滔奔向大海，其中許多優良傳統，值得我們繼承與發揚！

【附　註】

註　一　章炳麟著《國故論衡》，頁六七，廣文書局，五十六年出版。

註二　傅庚生著《中國文學批評通論》，頁九，華正書局，七十三年出版。
註三　方東美著《生生之德》，頁二七七，黎明公司，六十八年出版。
註四　宗白華著《美從何處尋》，頁一六，駱駝出版社，七十六年出版。
註五　同註三，頁二〇四。
註六　同註三，頁二一三。
註七　同註二，頁一六五。
註八　高明著《高明文學論叢》，頁三五一，民國六十七年黎明版。
註九　《中國歷代文論選》（下），頁二七七。
註一〇　《中國近代文論選》，頁一〇三。

中國傳統的智慧寶典——

易略（長短略）、長短經及三十六計

最近書市出現一本新書，書名是《智謀新典——西方人眼中的三十六計》，是瑞士漢學家勝雅律所著，譯爲中文出版（遠流公司），頗爲吸引一般讀者注意。著者在前言中，曾經指出：三十六計中的「三十六」這個數字源自《易經》。因而使筆者聯想到，與三十六計類似的尚有「長短略」和「長短經」，都是屬於中國古代謀略學的範圍，而且都可以說是起源於易經。

本文擬先介紹「長短略」，然後略述「長短經」和「三十六計」。

甲、長短略

一、長短略的淵源

我們知道易經是中國學術思想的根源，總統府資政陳立夫先生在所主編《易學應用之研究第一輯》

（台灣中華書局印行）中的「易學導言」，曾經指出：儒家思想是來自周易，道家思想是來自歸藏易，墨家思想是來自連山易，其他各家包括陰陽家、縱横家、法家、名家、兵家，以及醫學、卜筮星相等，亦都是淵源於易經。

陳資政論及縱横家的淵源時指出：

縱横家因合縱連横而得名，其所持之術，厥爲長短略。長短略原出於易，即所謂易略，共分三百八十四章，是體察六十四卦三百八十四爻的動態，引伸而成爲政治上的策略。繫辭傳曰：「爻也者，效天下之動也」，任何一卦中的六爻，無論是往來也好，升降也好，陰陽互變也好，總歸都是在動，有的是卦本爲吉，因爻之動而轉凶，有的是卦本爲凶，因爻之動而轉吉，如泰本吉卦，但至上爻之動，則城復於隍而又轉否，否本凶卦，但至上爻之動，則先否後喜而又轉泰，動了一爻，便可變更一卦。縱横家即執此爲術，對於當前政治局勢，假使瀕於震撼危疑，於是變更政策上一種行動，就能夠轉危爲安，由凶而吉。反之，假使正在興隆旺盛之中，同樣的也可以變更政策上一種行動，而就轉盛爲衰，由吉而凶。在春秋戰國時期的縱横家，挾其揣摩捭闔，以控制諸侯，左右人國，是得之於易略。

按縱横家爲九流之一，以審察時勢游說動人爲主。漢書藝文志云：「縱横家者流，蓋出于行人之官。孔子曰：誦詩三百，使於四方，不能專對，雖多，亦奚以爲？又曰：使乎，使乎？言其當權事制宜，受命而不受辭，此其所長也，及邪人爲之，則上詐諼而棄其信。」縱横家即指主張合縱連横之士，如戰國時代的蘇秦、張儀。當時秦國西據關中，而燕、齊、楚、韓、魏、趙六國，均在山東，地亙南北。蘇秦游說六國以抗秦，叫做合縱；張儀相秦，游說六國，使背蘇秦之縱約，叫做連橫。他們對各國游說時所用的謀略稱爲「易略」，亦稱「長短略」。

談到謀略，除了縱橫家慣於使用謀略外，兵家亦極爲慣於使用謀略。當然，兵家的謀略亦淵源於易經，所以陳立夫先生在上述同一文中接著指出：

> 兵家尚詐而多變，在變之中，最重要的是「奇正」，在詐之中，最重要的是「虛實」。所謂「奇正」，是指陣勢的變化。即奇以變正，正以變奇，奇正之勢，頃刻萬殊，窮其所自，無非是卦位和卦數的變化，卦數有奇數與偶數，卦位有四維與四正，數之奇與偶，位之正與維，在宇宙運行中，都呈現變動不居的態勢，所以兵家陣勢的奇正，等於八卦六十四卦排列秩序的翻版。所謂「虛實」，是指謀略的運用，即虛以掩實，實以掩虛，虛實之用，鬼神莫測，窮其所自，無非是乾陽和坤陰的往來，「乾知大始」，乾陽爲實，「坤代有終」，坤陰爲虛，但陰極陽生，是虛而轉實，陽極陰生，又實而轉虛，在乾坤闔闢中，而陰陽莫測，也就是虛實莫測。所以兵家謀略的虛實，等於是陰陽消長原理的引伸。至於易經裡面的各卦，論及兵事，在在皆有，如師卦的「師出以律」，同人卦的「大師克相遇」，謙卦的「利用侵伐」，豫卦的「利建侯行師」等等，舉不勝舉，可見兵家的學術是脫胎於易。

要而言之，易略或稱長短略，都是早在我國戰國時代興起而流行的謀略學，無論縱橫家或兵家都喜歡採用，它們都是淵源於易經而發展出來的。筆者在此要補充的，就是易略的淵源亦可說是淵源於易經繫辭傳的「變通原理」，繫辭下傳第二章云：「易窮則變，變則通，通則久，是以自天祐之，吉無不利。」意即任何事物，發展到極點，便會有變化；有變化，便能觸類旁通。能通，便可以恒久，這樣便能得到天助，吉無不利了，爲政者如能本著窮、變、通、久之道而行之，必定能夠成功。變通不測的謀略學（長短略）當然也是淵源於此。

二、長短略述要

據筆者所知，國內當代易學界研究易略（長短略）的學者極無僅有，只有已故的周鼎珩先生在他的著作中曾經留下一鱗半爪，極有參考價值。

周鼎珩先生，字公燮，安徽桐城人，生於民國前八年，歿於民國七十三年，享壽八十有二，曾任東吳大學教授數十年。著作有《易經講話》，民國六十八年增訂第六版。其他論文及講義，就筆者所知有皇極經世擇要表解、易例、消息往來補述、易卦講習大綱、易經的對待原理與長短略等論文或講義。本文擬依據上述資料，對長短略加以有系統的介紹。

1. 長短略所依據的原理——對待原理

何謂「對待原理」？所謂對待原理就是「彼是相因」、「相待而有」。宇宙一切萬有現象沒有一件不是兩相對待以支持其存在的，一切動植物有雌性就有雄性，假使只有雌性而無雄性，或者只有雄性而無雌性，動植物的生命就不能延續。有晝便有夜，假使無晝夜寒暑，便無以遂其生化之功能。又如日常所用的電，有陰電就有陽電，假使只有陰電而無陽電，或只有陽電而無陰電，電的功用就無從產生。易經六十四卦都是兩兩對待。例如1.位置顛倒之對待：屯䷂與蒙䷃。2.本質迥異之對待：屯䷂與鼎䷱。3.一卦本身又有內外之對待及貞悔體象之對待。易經對待之起因乃基於兩儀：1.由太極判爲兩儀，兩儀即陰陽兩種氣化。2.陽氣化之性能向外奔放，陰氣化的性能則向內凝聚。3.兩者性雖相反，實則相成，因而化生萬有。

宇宙現象既然無處而不是對待，人類當然也在對待運行中發展，人不但有男女之分，而且男女在生理上及體形上均係對待。人類社會形成國家後，便有統治的政府與被統治的人民。基於對待關係，於是產生人類的意識，有是即有非，有善即有惡，有君子即有小人。

宇宙的現象既然都是由對待原理而存在發展，有這一面就有那一面，那麼我們就可以根據現象的這一面，去推知現象的那一面。例如我們聽到人類有自由的呼聲，就可以推知一定有不自由的事實存在；我們看到社會上有人提倡節約運動，就可以推知有浪費的事實存在。我國戰國時代的縱橫家和兵家就是根據這種對待原理而發展成爲一種謀略學，又叫長短略。

對待原理在哲學上有其理論的依據。茲引當代大哲方東美先生在論及莊子哲學時所寫的一段文字作爲參證：

本質相對原理(Principle of Essential Relativity)乃一包舉萬有涵蓋一切之廣大悉備系統，其間萬物各適其性，各得其所，絕無凌越其他任何存在者；同時，此實質相待性系統復爲一交融互攝系統，其中一切存在及性相皆彼是相需，互攝交融，絕無孤零零、赤裸裸，而可以完全單獨存在者；復次，此實質相待性系統更爲一種相依互涵系統，其間萬物存在均各自有其內在之重要性，足以產生有相當價值之效果，而影響及於他物，對其性相之形成有獨特之貢獻。抑有進者，在此系統之中，達道無限，即用顯體，而其作用之本身則絕無一切對待與條件限制，盡攝一切因緣條件至於纖微而無憾，然卻並非此系統之外，之上之任何個體所能操縱左右也。尤其人類個體生命，在未進入此無限系統之前，必先備嘗種種之限制、束縛、與桎梏，今妄我既喪，併其在思想方式與語言使用方面之種種偏見妄執而超脫之，更藉參與此達道之無限性，吾人自可當下重新發現聖我之本眞面目，於是豁然了悟此不可言說、不可究詰之根本原理在無限界中巍然屹立，唯其無限，故能完全擺脫一切循環定義與條件語句之虛妄構劃及其限制。（方東美著孫智燊譯：《中國哲學之精神及其發展》（上冊）頁二〇一）

由此可知，「對待原理」在哲學上實爲「本質相對原理」中的主要成分，其理論基礎無可置疑，從而由對待原理發展出來的長短略亦爲基礎穩固，毋庸置疑。

2. 長短略的形成與發展

長短略淵源於易經，亦稱易略。「長短」意指是非得失，史記魏其武安傳：「上怒內史曰：公平生數言魏其、武安長短，今日廷論，局促效轅下駒，吾并斬若屬矣。」又三國志魏孫禮傳：「禮與盧毓同郡時輩，而情好不睦。爲人雖互有長短。然名位略齊云。」「略」，計謀也，或稱謀略、策略、籌略。

長短略一稱「長短術」，新唐書藝文誌雜家著錄作長短術。書中皆說王霸經權的要略，辨析時勢，註文頗詳，多引古書，漢劉向序《戰國策》稱「或曰長短」，故以長短名其書。

又長短略亦稱「長短說」，指戰國時策士之說。史記田儋傳：「蒯通者，善爲長短說。」索隱云：「言欲令此事長則長說之，短則短說之，故戰國策亦名曰短長書是也。」

至於長短略之形成與發展似無跡可尋，原因是在皇權時代，認爲長短略是帝王掌權的手段，亦稱「帝王術」，只有皇室的親信人員才可以學習，一般平民是在被禁止之例，以致許多長短略都失傳了。

周鼎珩先生生前在易經講座上曾作長短略專題演講，他說：「長短略一稱易略，共分三百八十四則，每一爻即構成一略。爻也者效天下之動也，而吉凶悔吝生乎動，爻動得位則吉，爻動失位則凶，故言略者以爻爲據。」（參見《易經研究論集》頁二二五）在他所著《易經講話》中卻只附錄三十二則，連同他在別處所提到的四則，合計僅三十六則。也許是未遇到可傳之人，故意予以保留。（如果周先生的嫡傳弟子看到此文，希望加以補充，以供同好研究）

3. 長短略的形式與內容

長短略的命名一律採用三言式，例如「分合略」、「動靜略」。長短略的文句以四言爲主，每則十句左右，以便記誦。

在三十六則長短略中，周先生有解釋的僅八則，其餘只有口訣，而無解釋。茲先列舉有解釋的長短略如下。大部分的解釋是按周先生的文章摘要。

(1)分合略

口訣：分之合之，其形立見，合之分之，其勢立變，幸其敗也，抑之以分，圖其成也，提之以合，然所貴者，反用分合；佯爲之合，合而反分；佯爲之分，分而反合。

釋例：分合的作用，不僅是觀察現象，尤其在政治形勢上，分之合之，可以製造出很多的變化。長短略所謂「抑之以分，提之以合，合而反分，分而反合」，就是我們想瓦解一種形勢，應該從「分」的方面去發揮作用；我們要想扶植一種形勢，應該從「合」的方面去發揮作用。例如戰國時候的蘇秦張儀，所玩弄的合縱連橫那一套，不外乎分合而已。一個是將六國合起來，使令併力向秦，而保持六國的存在；一個是將六國分開來，使令彼此牴觸，而造成六國的滅亡。可是有些形勢，我們愈是分，反而促成其合，我們愈是合，反而促成其分，所以就不能不迂迴曲折，反用分合，由分以達到合，由合以達到分。例如有一對夫妻，彼此感情處得不太融洽，那最好是分別一個時期，然後夫妻之間，可能就比較融洽，也就能合作得下去。又如有甲乙二人，共同經營企業，中途發生嫌隙，有合作不了的趨向。如果不管甲乙的嫌隙如何，如讓他們繼續經營，這樣勉強的合，勢必加深雙方的嫌隙，非至決裂而分開不可。

(2)動靜略

口訣：動極則靜，靜極則動；動以成靜，靜以成動。故以靜爲動，其動日強；以動爲動，其動日弱；而以動馭靜，靜而可久；以靜馭動，動而可大。

釋例：就動靜分析泰否二卦：乾陽主動，坤陰主靜；泰卦的乾陽居內坤陰居外，就是動在內而靜在外，否卦的坤陰居內乾陽居外，就是靜在內而動在外。為什麼動在內而靜在外就成為泰，靜在內而動在外就成為否呢？一個人內心裏有計畫地在動，而外在的表現卻是安詳寧靜，儘管事情紛繁複雜，還是從容不迫，這當然可以獲得通泰的成就。假使一個人內心裏毫無計畫，只是外表顯出慌慌張張地在動，以這種態度，不論應付什麼事，十之八九都是做不通的。

人的意志是動的，就得要靜；身體是靜的，就得要動。以此類推，對於一切動的現象，我們應該處之以靜，否則就控制不了這種動；對於一切靜的現象，我們應該處之以動，否則就主宰不了這種靜。動靜略的「以靜馭動，以動馭靜，動以成靜，靜以成動」，就是從易經上的動靜原理演繹而成。

在人事現象上，往往靜極思動，動極思靜。靜極思動，是正面的向前進展，就是長；動極思靜，是反面的向後退縮，就是消。人在繁重操勞或劇烈運動以後，自然會感到疲倦而要休息，所以表現為動極思靜。經過充分休息後，又靜極思動。凡是由靜到動的階段，等於時令上的春冬兩季，萬物生機是由涵養走向蓬勃；凡是由動到靜的階段，等於時令上的夏秋兩季，萬物生機是由發洩走向凋殘。所以動靜略云：「以動為動，其動日弱；以靜為動，其動日強」，以動為動，勢必由動而變為靜，結果是秋天的凋殘，以靜為動，勢必由靜而變為動，結果是春天的蓬勃。

(3)進退略

口訣：以進為進，其進不守；以退為退，其退必敗。以退為進，退以成進；以進為退，進以成退。

進之者二，退之者一，進退相衡，尤貴機先，機先一失，則進退兩難矣。

釋例：當我們在退守的時候，對於社會上的表現，應當採取柔順的態度，而不能生硬，應當堅定收歛的心情，而不能散蕩。生硬了，散蕩了，便退守不住，結果是退而不守。有些人一遇到罷官，或事業受了挫折，就淒惶不安地煩躁起來，甚或怨天尤人，牢騷滿腹，這就是由於不明瞭陰陽進退的道理。天有晴天，也有陰天，陰天過了，仍舊是晴天。在處逆境的時候，不必煩躁，更不要牢騷，否則不但無用，而且有害，應該收歛自己，涵養生機，等到生機充足了，自然有好轉的動機。

當陽的作用正在高漲之時，我們固然應該向前進取，可不能任意地勇往直前，因爲乾卦到了最上一爻，便陷於「亢龍有悔」的逆境，而產生相反的結果。至於陽的作用到了低落之時，就要用孟子養氣的功夫。孟子說：「吾善養吾浩然之氣」，又說：「志一則動氣，氣一則動志」，人稟天地氣化而生，氣是人身的主宰，氣虛了會生病，氣停了便會死。養氣在使頭腦清新，呼吸不亂，進而使生機蓬勃，勇於進取。

⑷多寡略

口訣：衆情紛紜，以多辨寡；敵勢洶湧，以寡制多；蓋順而數之，則多爲貴；逆而數之，則寡爲尊；以多辨寡者，順用其多也；以寡制多者，逆用其寡也。

釋例：人與人的結合，依照比卦的卦象，有六種不同的結合，其中以「內比」和「顯比」最重要。內比是情志相通，是內心發生感應而結合，顯比是光明正大的結合。如果我們想要達到廣泛的結合，就是遵循顯比的途徑，如果要深入的結合，只有採取內比的途徑。例如戰國時代的蘇秦，說服六國諸侯而佩六國相印，他如何能做到？因爲他能利用「以多辨寡」的途徑造成內比結合的機會，使彼此的思維發生交叉點，而且操之在我。這就是我國古代縱橫家應用長短略的最佳例證。

(5)同異略

口訣：欲得其精，則求其異；欲成其大，則求其同；同異二者，非必自然，可意爲之，然而用之不善，同則必流，無以自主，異則必乖，不免於亂。故應同中有異，異中有同。

釋例：宇宙變化，萬象紛紜，有異就有同，有同就有異。因爲相同，所以能合，因爲相異，所以必分。魚與魚同，魚與魚就能夠相合；魚與鳥異，魚與鳥就必然是分。所謂同等於是合的竅門，所謂異等於是分的竅門。我們無論是分是合，先要知道竅門之所在，知道了相同的所在就不難合，知道了相異的所在就不難分。中國本來有漢、滿、蒙、回、藏五大種族，自古以來聚處中華，國父孫中山先生就根據相同的這點，定名爲中華民族，於是五族就結合起來了。

凡是同有先天性質上的同和後天需要上的同，凡是異有先天性質上的異和後天需要上的異。愛好文藝的人，彼此很自然地結合在一起，這是先天性質上的同；愛好文藝的人和愛好機械的人，彼此就有些格格不入，這是先天性質上的異。先天性質上的異同當然是一成不變，後天需要上的異同，那就因人因時因地而有種種變化。所以我們應付面臨的形勢，如果在先天性質上發現不出異同來，便應該從後天需要著手，製造一些異同，有了異同，分合的竅門已經瞭如指掌，就可以分之合之，而不利的形勢也就變爲有利的形勢了。

(6)虛實略

口訣：含沙射影而成疾，李廣射石而沒矢。影本虛也，以人視之，則虛者實；石本實也，以虎視之，則實者虛；故虛實因情而異，虛者實之，實者虛之，斯得之矣。

釋例：兵家尚詐而多變，變之中最重要的是「奇正」，詐之中最重要的是「虛實」。所謂奇正，是指陣勢的變化，即奇以變正，正以變奇，奇正之勢，頃刻萬殊，窮其所自，無非是卦位和卦數的變化，卦數有奇數和偶數，卦位有四維和四正，數之奇與偶，位之正與維，在宇宙運行中，都呈現變動不居的態勢，所以兵家陣勢的奇正，等於八卦六十四卦排列秩序的翻版。所謂虛實，是指謀略的運用，即虛以掩實，實以掩虛，虛實之用，鬼神莫測，窮其所自，無非是乾陽和坤陰的往來，「乾知大始」，乾陽爲實，「坤代有終」，坤陰爲虛。但陰極陽生，是虛而轉實，陽極陰生，又實而轉虛，在乾坤闢闔中，而陰陽莫測，也就是虛實莫測，所以兵家謀略的虛實，等於是陰陽消長之原理的引伸。（此段錄自《易學應用之研究》第一輯頁三八）

(7)反復略

口訣：因其所反，施之以復，已得其復，斯失其反。由水登陸，便捨其舟而御駿，由陸涉水，又脫其駿而乘舟。反復其道，固如是也。

釋例：我們都有這種經驗：一根線，左一圈，右一套，打成一個很複雜的結子，如果要解開這個結子，就只有仍舊遵循打成結子原來的頭緒，一層一層地解，才能解得開，而且先圈先套的要後解，後圈後套的要先解，程序上恰恰相反，所以反復略云：「因其所反，施之以復，已得其復，斯失其反」。凡是一種現象，不論發展到如何的程度，我們就從這種現象的源頭上，做一番相反的功夫，這種現象可能就不會存在，或是變質。

(8)假托略

口訣：此如不及，假之於彼，彼如太過，托之於此。一不可制，假之於二，二不可制，托之於三。假之於甲，資以變乙，托之於乙，資以變丙。

釋例：宇宙離不開陰陽，而陰陽又有兩極的存在，而由陰陽變化以成的任何一種現象，當然也有兩極現象的存在，老子所謂「飄風不終朝，驟雨不終日」，就是自然界的兩極現象。至於人類因受陰陽兩極法則的作用，在天賦上也具有趨向兩極的根性，由此造成社會上偏頗的形勢。例如過於勇敢的人，遇事雷厲風行，免不了粗疏，結果是僨事；過於考慮的人，遇事瞻三顧四，免不了因循弛廢，結果也是誤事。易經的六十四卦有一個共同的精神，就是「兩極均衡」，不要太過，也不要不及，這就是我國傳統的「執兩用中」的思想。執兩用中才可調節人們偏激之情，而不會走向兩極端。固然，兩極現象是不能保持長久的，我們要加強變化的因素以減少災害。例如柚子樹可以變化結成柑子，柑子樹可以變化結成橘子，這就是假托略，假托甲以變乙，假托乙以變丙，經過幾度的假托後，原有的形態就完全消滅了。

以上八略在周鼎珩先生的《易經講話》中有口訣和釋例，其餘二十八略僅有口訣而無釋例，茲一併錄之，以供參考研究。

⑼長短略

以長攻短，是為鬪力，以短攻長，是為鬪智。以敵之長，攻敵之短，以敵之短，攻敵之長，則為鬥之以神。

⑽通塞略

搖鐘伐鼓，聾者弗覺，以手喻形，其解捷矣。烈炬燃黎，瞽者弗辨，以聲相步，其趨急矣。智之所塞，而竅之所通，去其所塞，施其所通，則得之矣。

⑾取與略

物生於愛，情至亦至；物弊於玩，情去亦去。將欲取之，必固與之，與之者切，取之必豐。與之非術，怨之府也；取之以道，恩之府也。

⑿公私略

權衡之設，本為公也，有欺其輕重，資以成私，如為之防，而防之者，又以防成私。故善閉無關鍵，不以私去私。

⒀順逆略

順勿失勢，失勢則敗；逆勿犯勢，犯勢則亡。故順勢也，正以迎之。花逢春發，月至望圓。其勢逆也，側以進之。鳥遇逆風，折翼而飛，人登危坡，側身而上。

⒁是非略

陰陽對待，是非以起；是極必非，非極必是。是起於非，成之曰巧；非起於是，攻之曰竅。是中有非，非中有是，因是成非，而分彼此。以是成是，其是不顯；以非成是，其是乃著；以是破非，其非猶張；以非破非，其非必亡。

⒂利害略

利之小者，能掩大害，害之小者，能隱大利。蓋大害必有小利爲之媒，大利必有小害爲之倪，是在察乎利初，媒不能惑，晰於害後，倪不能撓。

⒃隱顯略

鬼神莫測，令人敬畏，造化無形，令人崇仰。老子曰「善行無轍跡」，故隱之即所以顯之。凡物之理，無隱不顯；凡物之勢，顯而必隱。

⒄趨避略

趨利避害，人之常情，惟聖人因避成其趨，而衆人以趨失其避。趨非直趨，避非直避，一趨一避，惟曲是尙。子產因辭邑成其受邑，晏子以辭室成其受室。曲以行之，其徑反直，直以行之，其徑反曲。

⒅寬狹略

平易則寬，寬則勢大；矜驕則狹，狹則局小。操瓢汲海，水不盈升；操畚掘山，土不盈擔。海非不闊，山非不高，器不足耳。故以爵祿羈縻天下，而矜驕自恃，不如禮德之爲愈也。

⒆視聽略

耳目以形用者，窮於一室；以神用者，偏於八荒。故聖人不以目視，而以神視，不以耳聽，而以神聽。神之所據，宇宙之理，人物之性也。

⒇專衆略

有以衆勝者，有以專勝者，譬諸於射，三軍以百矢齊發，無不中也。由基以一矢獨發，亦無不中也。衆可成專，專可當衆，故不得其衆，應求其專，不得其專，應求其衆。

㉑勞逸略

人若與驥相競走，則人不勝驥。居於車上而任驥，則驥不勝人。故爲治者，貴能以我之逸，御彼之勞，以彼之勞，成我之逸。

㉒恩怨略

害生於恩，情生於怨。管仲射鈎以殺桓公，而齊因之霸；易牙殺子以食桓公，而齊因之亂。故於恩者，應防其害，於怨者，應結其情。

㉓遠近略

遠可以觀其廣，而不及於微，近可以察其微，而不及於廣。又凡情之所牽，遠覺其觀，勢之所趨，近生其玩，故聖人以遠處近，以近處遠。

㉔馴傲略

狎獸者，乃欲掩獸者也；驅鳥者，必非羅鳥者也。故凡足恭仰承，必懷圖謀之私，倔傲相對，反具成全之德，馴宜閑之，傲宜納之。

⑵警懈略

山雀圍繞，可困猛虎，蜂蠆發毒，可死壯士。山雀固微，以其警也；壯士固勇，以其懈也。故警則雖弱而奏功，懈則雖強而招敗，唯警與懈，機之所在。

⑵甘苦略

道旁之李，其味本苦，群兒爭食，卻以爲甘，智者因之，乃甘其所苦，苦其所甘，榮之以譽，驅之於死，至死而民弗怨。

⑵錯對略

兩者相錯，可互爲用，過則入之，不及容之。兩者直對，中無迴旋，勢均力敵，必起爭執。錯之與對，枉直之道也，老子曰，枉則直。

⑵損益略

同是風雷雨露，發育成長，固由於是，摧殘削弱，亦由於是。故智者執此爲術，佯以益之，實則損之，而愚者不知，欣欣然樂而受之也。

⑵乘除略

天地之數，有乘有除，一核乘之，敷爲萬莖，萬莖除之，收於一核。大衍之數，乘數也，歸奇之數，除數也，故乘之以觀其妙，除之以觀其竅。

⑽緩急略

情境雖急，而心不急，則急而不亂；情境雖緩，而心不緩，則緩而不怠。因急而亂，必至僨事，因緩而怠，必至誤事。

⑾主客略

釣者得魚，而魚死之，弋者得鳥，而鳥死之，一得一失，主客之勢不同耳。故凡勢之得失，在握其主，勿淪於客，主則爲釣不爲魚，客則爲鳥不爲弋。

⑿前後略

火烈於前，必衰於後，水湧於前，必竭於後。盈虛消息，萬有皆然。卦至上爻，從無不變，故善計者不豪於前，謀富於後；善戰者不捷於前，謀勝於後，善治者不張於前，謀成於後。

⒀一統略

宇宙有始，始必有一，宇宙有成，成必有統。故一先於統，統成其一；不一則乖，斯喪其統。無統則亂，烏定於一？故不一不統，不統不一。天得其一，以統星辰，地得其一，以統生靈，人得其一，以統身心。故一之則統，統之則一；天一之統，統於天時，地一之統，統於地利，人一之統，統於人和。故一而震出，統而巽齊。

⒁慶弔略

慶其所樂，樂而忘形，眞情表露；弔其所悲，悲不自勝，眞情乃現；內心眞情，隱藏不露，動之以情，形其哀樂。眞情既現，不難駕馭。

⑶5闔闔略

闢是開，闔是關，一開一關，兩相對待。如同住一屋，屋有二門，一開一關，獨門出入。既便管理，又便聯繫。

⑶6鈎拒略

鈎是探討別人隱衷，拒是彌縫自己過失，一則探討，一則彌縫，兩相對待。觀察他人，聽到奉承話，眼神會向上飛揚，聽到批評話，眼神會向下沉滯，這是鈎的應用。拒則聽到他人的奉承話或批評話，自己的眼神不變，使人莫測高深。

總結上文所述，長短略是中國傳統的謀略學中的一部分，古人的眼光較爲狹仄，認爲是帝王主政之術不准一般平民研究。其實不然，長短略只是一種權術，或稱政治手腕，只要運用得當，不一定有流弊。何況長短略亦可運用於日常生活，舉凡交友處世，或經商貿易，無論商場戰場，都可供參考。易學家周鼎珩先生謂長短略共有三百八十四則，但是在他的著作中僅有三十六則，他過世後，其餘大部分都失傳了，甚爲可惜。希望他的入室弟子能加以補充，必有利於學術研究和社會應用。

乙、長短經

一、其人其書

《長短經》一書是唐代趙蕤所著，已收入四庫全書中（見台灣商務印書館影印四庫全書第八四九冊，雜家一）。《四庫全書提要》（卷一一七）云：

《長短經》九卷，唐趙蕤撰。孫光憲《北夢瑣言》載：「蕤，梓州鹽亭人，博學韜鈐，長於經世，夫婦俱有隱操，不應辟召。」《唐書・藝文志》亦載：「蕤字太賓，梓州人，開元中召之不赴。」與光憲所記略同，惟書名作《長短要術》爲少異，蓋一書二名也。是書皆談王伯經權之要，成於開元四年。……劉向序戰國策稱或題曰長短，此書辨析事勢，其源蓋出於縱橫家，故以長短爲名，雖因時制變，不免爲事功之學，而大旨主於實用，非策士詭譎之謀，其言故不悖於儒者，其文格亦頗近荀悅申鑒劉邵人物志，猶有魏晉之遺。

關於著者趙蕤的生平事跡，史書所載不太詳細，僅知他是梓州鹽亭（今四川鹽亭縣）人，字太賓，學問廣博，精研韜略，長於經世之學及縱橫之術。夫妻俱有節操，朝廷徵召任官不赴，隱居岷山。唐代開元四年（公元七一六年）撰成《長短經》一書。大詩人李白曾拜他爲師，從學年餘，交往甚密。益州長史蘇頲所作〈薦西蜀人材疏〉有云：「趙蕤術數，李白文章」，可見趙蕤在開元初甚有名望，與李白同被視爲蜀中雙璧。最値得吾人注意的，趙蕤除著《長短經》一書外，並曾注關朗《易傳》一書，可見他對易經也有研究。

《長短經》一書原有十卷，計六十四篇。現傳有兩種版本，一是《四庫全書》抄本，一是《叢書集成》本，兩種版本均缺第十卷，僅存九卷六十四篇，《北夢瑣言》云：「第十卷〈陰謀家〉，本缺，今現存者六十四篇。」

《長短經》現已出版白話版，改名《縱橫學讀本》，葛景春譯（遠流公司民國八十年初版）。各卷內容爲：第一卷大政，八篇；第二卷德行，四篇；第三卷權變，四篇；第四卷霸紀上，一篇；第五卷霸紀中，一篇；第六卷霸紀下，一篇；第七卷權議，二篇；第八卷雜說，十九篇；第九卷兵權，二十四篇，共計九卷六十四篇。

至於趙蕤著本書的主旨，在其自序中曾經指出：

「三代不同禮，五霸不同法」，非其相反，蓋以救弊也。是故國容一致，而忠文之道必殊；聖哲同風，而皇王之名或異。……故古之理者其政有三：王者之政化之，霸者之政威之，強國之政脅之，各有所施，不可易也。管子曰：「聖人能輔時，不能違時，智者善謀，不如當時。」鄒子曰：「政教文質，所以匡救也，當時則用之，過則捨之。」由此觀之，當霸者之朝，而行王者之化則悖矣，當強國之世，而行霸者之威則乖矣。……夫霸者駁道也，蓋白黑雜合，不純用德焉。期於有成，不問所以；論於大體，不守小節。雖稱仁引義，不及三王，而扶顛定傾，其歸一揆。恐儒者溺於所聞，不知王霸殊略，故敍以長短術，以經論通變者。

可見著者鑒於「三代不同禮，五霸不同法」，必須因時制變，因物成務。故古代治國有三種政治：王者之政，是以教化施民；霸者之政，是以威權施民；強國之政，是以迫脅施民。而霸者所用的是雜道，不純用德治，只期望成效而不擇手段，只論大體，不拘小節。雖然少用仁義之道，但也能強國強兵，與三王之道殊途同歸。換言之，此書是謀略之學。而闡揚權變之術，故《四庫全書提要》說：「此書辨析事勢，其源蓋出於縱橫家，故以長短爲名，雖因時制變，不免爲事功之學，而大旨主於實用，非策士詭譎之謀，其言故不悖於儒者，其文格亦頗近荀悅申鑒劉邵人物志，猶有魏晉之遺。」所以此書可稱爲縱橫學的教科書。

此書博徵經史，廣採百家，以孔子儒學爲主，雜以道、墨、名、法、兵、陰陽、縱橫等家，故四庫全書把此書歸入雜家。白話譯者葛景春跋云：「這本書從治國之道、任人之術、用兵之韜、權變謀略、歷代治亂得失之歷史經驗，以及策士遊說人主之術，遊說應對之辭等都詳加論述。書中諸子百家，無所不包；經論史籍，無所不有。是一部有理論，有實際，理論與實際密切結合，講王霸大略、經世之術、機權謀略的集大成之作，給後人提供了寶貴的歷史經驗和理論基礎。」

又本書白話譯本推薦人詹炳發亦指出：「《長短經》是謀略之學中最完備、也是最經得起歷史考驗的一部著作。它所闡揚的就是以正道爲經，以謀略爲權。從選才、用才，到領導統御；從爲君之道，到人臣之德；從政令的權變，到外交的縱橫；從做人的原則，到做事的變通——書中都有明確的發揚，不限於滯礙難行的儒家教條，但卻又不背於修齊治平的正道。一千多年之後，我們用現代管理觀念來印證其中的道理，極大部分仍然顛樸不破，值得縱橫商場的人當成管理教科書來讀。」足見本書對於現代工商業社會亦有值得參考之處。

要之，《長短經》與一般謀略學不同之處，在於以長短之術、謀略之道，來行通權達變之實，而終不背於儒學，當衰變之世，可用以撥亂反正，在太平盛世，可用以安邦立國。即使在現代工商業社會中，亦可作爲管理的參考教材。

本書引用易經之處甚多，例如第十四篇引用「天地之大德曰生。」「同聲相應，同氣相求。」「水流濕，火就燥。雲從龍，風從虎。」「二女同居，其志不同行。」「時止則止，時行則行，動靜不失其時，其道光明。」「崇高莫大於富貴。」「備物致用。」「易窮則變，變則通，通則久，是以自天佑之。」「天下同歸而殊途，一致而百慮。」第十六篇有云：「潔淨精微，易教也。」「潔淨精微而不賊，則深於易也。」第十九篇：「王公設險，以守其國。」第二十篇：「易云：湯武革命，順乎天而應乎人。」第二十九篇：「有天道焉，有地道焉，有人道焉。」「窮理、盡性，以至於命。」第三十四篇：「積善之家，必有餘慶。」由上以觀，《長短經》源於《易經》是毫無疑義的。

二、《長短經》簡介

如上所述，《長短經》內容豐富，有九卷六十四篇，涉及範圍甚廣。茲就第九卷「兵權」方面擇要介紹，尤其與謀略有關各篇和本文性質相似，茲分述如下：

1. **諜報工作（五間）**

自古戰爭多運用間諜，以探聽敵人虛實。間諜有五種：因間、內間、反間、生間和死間。五種間諜同時使用，使敵人莫測高深。

所謂「因間」，就是誘使敵方鄉人為我所用。

所謂「內間」，就是誘使敵方官吏為我所用。

所謂「反間」，就是誘使敵方間諜為我所用。

所謂「生間」，就是使我方間諜能夠活著回來報告敵情。

所謂「死間」，就是我方間諜向敵人散佈假情況，使敵軍受騙。等到眞相大白時，我方間諜不免被處死。

三軍之中，間諜最親密，賞賜最豐厚，保密最重要，不是聖智之人，不能運用間諜。諜報工作做得不機密完備，就不能得到眞實情報。這是軍中極為重要的工作，也是賢能的將帥必須留意的。

2. **為將要素（將體）**

孫子兵法說：做為將帥，必須具備勇敢、智慧、仁慈、誠信、忠實五種品質。勇敢就不可侵犯，智慧就不會混亂，仁慈就會愛護士卒，誠信就不欺騙人，忠實就對上級沒有二心。這就是做將帥必須的「五才」。

三軍之衆，百萬之師，掌握士氣的盛衰，在於將領一人，這是「氣機」（掌握士氣的關鍵）；利用狹路險道，名山要塞，十人防守，千人也不能通過，這是「地機」（利用地形的關鍵）；善於利用間諜離間敵人，分散他們的兵力，使敵人相互猜疑，這是「事機」（運用計謀的關鍵）；戰車堅固，戰船利便，士卒熟習戰陣，這是「力機」（充實戰力的關鍵）。這就是所謂「四機」（四個關鍵）。

做將帥的人要樂觀，不可憂形於色；要老謀深算，不可遲疑不決。要清廉不擾民，處事要公平，能接納諫言，熟悉民情，還要能處理艱危的複雜問題。這些都是爲將之道。

3. 預測敵情（料敵）

兩國交戰，必先偵察敵人的眞實情況。孫子兵法說：「勝兵先勝而後戰。」（勝利的軍隊，必先有勝利的把握，然後才與敵人作戰。）又說：「策之而知得失之計，候之而知動靜之理。」（認眞分析敵情，研究敵人計謀的得失；偵察敵人，以掌握敵人的行動規律。）根據實際情況來決定作戰方案，才能多打勝仗。這是用兵的要點。

4. 軍機兵勢（勢略）

孫子兵法說：「勇怯，勢也；強弱，形也。」（勇敢或怯懦，是由形勢的好壞產生的；堅強或虛弱，是由力量的對比產生的。）又說：「水之弱至于漂石者，勢也。」（激流的水勢很湍急，甚至能夠沖走石頭，這是由水勢造成的。）

兵有三勢：一爲氣勢，二爲地勢，三爲因勢，善於打仗的將領，常常求之於勢。戰勝的威風，可以使人以一當百；敗兵之卒，便一蹶不振。形勢一去，項羽有拔山之力，也只好泣別虞姬。

5. 攻心為上（攻心）

孫子兵法說：「攻心爲上，攻城爲下。」

戰國時，有人向齊王建議說：「討伐敵國，要以攻心爲上策，攻城爲下策；要以心勝爲上策，兵勝爲下策。所以聖人在伐國攻敵的時候，想盡辦法要先服其心。何謂攻心？就是除掉它心理上的依靠，這就是攻心。現在秦國心理上的依靠就是燕國和趙國，我們應當把燕、趙拉過來，派人去說服燕、趙國君，不要光說空話，一定要實利以動其心。這就是所謂的攻心。」

6. 拆敵聯盟（伐交）

孫子兵法說：「善用兵的人，能使敵國不能與其盟國結交。」（「善用兵者，使交不得合。」）

魏太祖曹操初伐關中，每有一部份賊軍到來，他都很高興。破賊之後，諸將問他高興的原因，曹操說：「關中道路遙遠，如果群賊各依據險阻頑抗，征討一、二年，說不定仍不能消滅。現在他們自動集中到這裏，人數雖多，但群龍無首，我們可以將他們一舉消滅，反而比一個個去討伐容易，所以我很高興。」

諺語說：「連雞不俱棲，可離而解。」（縛在一起的雞，不能棲在一處，牠們非奔離四散不可。）曹操深知這個道理。這就是拆散敵聯盟（伐交）的事例。

7. 攻敵必趨（格形）

孫子兵法說：「敵人安定的時候，要能想法調動它。」（「安能動之」）又說：「在敵人必去的地方攻擊它。」（「攻其所必趨」）。

三國時關羽率兵圍樊城、襄陽，曹操認爲漢帝在許昌，離關羽軍太近，打算還都。司馬懿和蔣濟（曹操部將）對曹操說：「劉備和孫權是表面親密，內心疏遠。關羽得志，孫權是不會高興的。我們可以派人勸說孫權，並許諾將江南地區封給孫權，這樣樊城之圍就會自然解除。」曹操聽從他們的意見，關羽不久便被東吳所擒。這就是「攻其所愛則動」的兵法。

8. 救援之勢（蛇勢）

孫子說：「善用兵者，指揮軍隊就像『率然』（蛇名）那樣敏捷。所謂『率然』，就是恒山的蛇。打牠的頭，尾巴就來救應；打牠的尾，頭就來救應；打牠中間，頭和尾都來救應。」有人問道：「用兵可以像『率然』一樣敏捷相互救援嗎？」孫子答道：「當然可以。譬如吳人與越人，他們是互相仇視的，但當他們同舟共濟的時候，一旦遇到危險立刻互相救援，就像一個人的左右手一樣互相配合。」

9. 先勝後戰（先勝）

孫子兵法說：「善用兵者，先爲不可勝，以待敵之可勝。」（善用兵的人，首先造成不可被戰勝的條件，以等待能夠戰勝敵人的機會。）

東漢時青州黃巾軍百餘萬入侵東平，劉岱準備攻打黃巾軍，鮑永（劉岱部將）向劉岱獻計說：「現在敵衆達百萬之衆，老百姓都很驚恐，士卒們也缺少鬥志，黃巾軍來勢洶洶，是難以相抗的。我看賊衆群出，很少輜重糧食，唯以搶掠爲生。現在如果我們先堅城固守，他們欲戰不得，攻則不勝，其勢不能久，將來必會離散。然後我們選精銳部隊，佔領要塞關口，可將他們擊破。」

劉岱不聽他的建議，後來爲敵所敗。

10. **圍師必缺（圍師）**

孫子兵法說：「圍師必缺。」（包圍敵人，一定要留有缺口。）

曹操圍壺關，下令說：「攻下城之後，將城中的人都活埋！」這樣數月，未破壺關城。曹仁獻策說：「圍城必須留個門，要開其生路。現在你卻要人必死，他們就會人人堅守，而且城堅糧足，我們勉強攻城，就會死傷許多士兵，他們堅守，可曠日持久。現在我們屯兵城下，去攻打沒有活路的守軍，這不是良策。」曹操聽從了他的計策，城中守軍很快就投降了。

11. **隨機應變（變通）**

孫子兵法說：「善動敵者形之，敵必從之。」（善於調動敵人的人，顯示某種假象，敵人就會聽從調動。）

東漢虞詡在擔任武都郡太守時，羌人率領部衆，在陳倉淆谷阻截虞詡的部隊。虞詡命令每個士兵各挖兩個灶，每隔一天灶數增加一倍。羌人見灶數日增，不敢逼近虞詡。有人問虞詡說：「孫子用減灶法，而你用增灶法。兵法上說，要日行三十里，以備不測，而現在卻每天行二百里，這是什麼道理？」虞詡說：「

羌虜的人很多，我們走得慢了，容易被他們追上。走得快一些，他們就摸不清我們的虛實。而且羌虜見我們的灶數日益增多，認爲是我們的援兵到來，就不敢追擊我們了。至於爲什麼孫子減灶示弱，而我們增灶示強，這是因爲彼此的情勢不同。

所以我們要用心揣摩敵人，用眼觀察軍機，要見機行事，因勢應變，這才是最好的辦法，這就是「隨機應變」。

12.利害之用（利害）

孫子兵法說：「陷之死地而後生，投之亡地而後存。」（把軍隊陷入「死地」，反而能得生；把士兵投在「亡地」，然後才能保存。）又說：「雜于利，而務可伸，雜于害，而患可解。」（施之以利，才能充分鼓舞士氣；施之以害，才能排除患難爭取勝利。）

曹操征討張繡。一天，曹操忽然引軍自退，賈詡（張繡部下）對張繡說：「不可追擊曹軍。」張繡不聽，後來果然被曹軍擊敗而還，這時賈詡卻對張繡說：「請趕快再追擊曹軍，這次必能打勝仗。」張繡把被擊散的兵卒重新集合在一起，又一次追擊曹操，果然戰勝了。

13.奇正變化（奇正）

太公說：「不能分移，不可語奇。」（不會機動使用兵力，就談不到出奇制勝。）孫子說：「兵以正合，事以奇勝。」（用兵總是用「正兵」與敵人對抗，用「奇兵」取得勝利。）

魏王豹反漢，漢王劉邦以韓信爲左丞相，領兵伐魏。魏王在蒲坂結集大軍，在臨晉堵住了通路。韓信故意佈置很多疑兵，陳船於臨晉關的黃河上，裝著要渡河的樣子。另外派精兵暗中從夏陽附近的黃河上，用木桶、木罐、葫蘆等渡河工具偷渡過河，攻打魏的首都安邑。魏王豹未曾料到這一招，大吃一驚，便慌忙引兵迎擊韓信，韓信遂將他俘虜，平定魏國，將魏地定為河東郡。

14. 掩護偷襲（掩發）

孫子說：「善戰者，其勢險，其節短，以利動之，以卒待之。」（善於指揮作戰的人，他所造成的形勢是險峻的，其衝擊的節奏是急驟的。以利引誘敵人，以重兵來等待伏擊它。）

燕國掃平了齊國，圍住了即墨城。在即墨城中，齊人推田單為將，抗拒燕兵。田單為了激發士氣，乃散佈流言：「我們最怕燕國軍隊將齊國俘虜割去鼻子及挖掘祖先墳墓。」燕國將領果然割了俘虜鼻子，挖掘城外墳墓。引起即墨人的憤怒。田單又以黃金送給燕國將領。燕將鬥志鬆懈。

田單收集牛隻千頭，束葦於尾，夜間縱牛出城。以壯士五千人隨後攻打，燕軍大敗，田單收復了被燕國侵佔的七十餘城。正如兵書說：「始如處女，敵人開戶後如脫兔，使敵人來不及抵抗。」

15. 勝師還朝（還師）

孫子說：「興師百萬，日費千金。」國家空虛，人民貧困，雖然外破強敵，仍須善處內政，對立功的將帥，尊其爵位，卻奪去其將兵的權勢，故諺語說：「高鳥死，良弓藏，敵國滅，謀臣亡。」因此還軍罷師是關係國家存亡的大事。人主若能精於此道，就能駕御群臣，人臣若能深曉此道，就能保住功名和安全。

著者最後總結說：「奇正之機，五間之要，天地之變，水火之道，如聲不過五聲，五聲之變，不可勝聽；色不過五色，五色之變，不可勝觀。因機而用權，不可執一也。故略舉其體之要，此皆諸兵書中語也。」意即天地之間，事物變化，錯綜複雜，應付之道，必須隨機權變，不可執一不化，才是用兵之道。戰場如此，商場亦然。

丙、三十六計

一、「三十六計」的由來

通常最爲一般人所熟悉的成語是：「三十六計，走是上計。」至於三十六計中其餘三十五計是什麼，一般人是不太了解的。考其來歷，始於《南史》卷四十五中的「王敬則傳」，記敘南朝宋將檀道濟避魏的故事：

是時上疾已篤，敬則倉卒東起，朝廷震懼。東昏侯在東宮議欲叛，使人上屋望。見征虜亭失火，謂敬則至，急裝欲走。有告敬則者，敬則曰：「檀公三十六策，走是上計，汝父子唯應急走耳。」蓋譏檀道濟避魏事也。

右引文中所謂三十六策之策，即謀也，亦即計謀也，故「三十六策」即等於「三十六計」。又宋代和尚惠洪所撰《冷齋夜話》一書中也載有「三十六計，走爲上計」的說法，但也未說明三十六計的具體內容。

王敬則傳中所述檀道濟避魏故事過於簡略，較詳細的記載爲《南史》卷十五中的「檀道濟傳」。檀道濟是南北朝宋帝劉裕的開國武將，宋文帝劉義隆即位後，封爲武陵郡公，拜征南大將軍，督師伐魏，三十餘戰皆捷，後因糧草不繼，乃行巧計退兵。《南史》云：

道濟都督征討諸軍事，北略地，轉戰至濟上，魏軍盛，遂克滑臺。道濟時與魏軍三十餘戰多捷，軍至歷城，以資運竭乃還。時人降魏者具說糧食已罄，於是士卒憂懼，莫有固志。道濟夜唱籌量沙，以所餘少米散其上。及旦，魏軍謂資糧有餘，故不復追，以降者妄，斬以徇。時道濟兵寡弱，軍中大懼。道濟乃命軍士悉甲，身白服乘輿，徐出外圍。魏軍懼有伏，不敢逼，乃歸。道濟雖不剋定河南，全軍而反，雄名大振，魏甚憚之。

從右述歷史事實，可知所謂「走是上計」，並不是單純的撤退，而是運用疑兵配合反間計謀，使魏軍不敢追逼，道濟乃能全軍安全返防。

除了「走是上計」之外，其餘三十五計史書上並無記載。傳至清代，據說洪門幫會曾據以編成一套「三十六着」，稱爲「洪門哲學」，似不可採信。依據筆者推測，三十六計並非出自一人或一代，而是歷代群衆智慧的總匯。

根據最近出版的《智謀新典——西方人眼中的三十六計》原著者勝雅律的敍述：一九四一年一個名叫叔和的人在四川成都的一條街上偶然發現一本土紙小冊子，是成都興革印制所出版的，書名《三十六計》，題下註明「秘本兵法」四字，每計都加有按語。這本小冊子是根據同年在陝西邠州（邠縣）某書攤上發現的一本手抄本翻印的。前面有前言，後面有結語，中間篇幅由三十六段文字組成，內容頗爲抽象，大部分引自《易經》，共三十六計，每計都附有一段解釋原文的古文，徵引了不少中國歷史上具體運用每個計謀的事例。此書於一九七九年首次由吉林人民出版社公開出版。其中完整地保留了原文的古文部份，並增加了無谷的白話譯文和附註。在前言中還對該書的成書年代加以推測：因爲原書大量引用《易經》，原作者可能受到過明代趙本學或其學生影響，趙本學（公元一四六五—一五五七年）是明代的軍事理論家，他運用《易經》的原理系統地闡述了戰爭的性質，並將陰陽不斷變換的思想轉化爲軍事學術語，然後用矛盾對立的形式加以表述，例如眞與僞、多與寡、強與弱、進與退、奇與正等。一九四一年發現的《三十六計》這本小冊子很可能比洪幫編的《三十六着》更早。

此外，一九六九年香港宇宙出版社出版《三十六計古今引例》，由馬森亮、張贛萍合撰，台灣某出版社曾予翻印。一九八一年北京戰士出版社曾出版《三十六計新編》。仍以叔和發現的版本爲底本，並徵引了大量近現代的用計實例。一九八二年台灣出版《三十六計秘本集解》，束涵編著，基本依據是一九七九年吉林人民出版社的版本。而勝雅律著《智謀新典——西方人眼中的三十六計》一書，於一九九〇年出版德文版後，風行各國，現已出版義、荷、英、法、西文版，而中文簡體字版（大陸）及正體字版（台灣）最近亦先後出版。可見中外人士對於中國傳統智謀寶典之重視。

二、「三十六計」源於《易經》

如前所述，長短略和長短經皆淵源於易經，而三十六計也是淵源於易經。三十六計當由兵家而來，兵家尚詐而多變，最重要的是「奇正」和「虛實」。所謂「奇正」是指陣勢的變化，來自卦位和卦數的變化；所謂「虛實」是指謀略的運用，源於陰陽消長的引伸。

其次，就「三十六」這個數字來說，就是來自易經。由數之運作可預見天下之現象。朱子《易學啓蒙》：「兩儀之上，各生一奇一耦，而爲二畫者四，是謂四象。」因爲易有四象，即老陽、少陽、老陰、少陰，其數值老陽爲九乘四等於三十六，爲數之最高者，其餘少陰爲三十二，少陽爲二十六，老陰爲二十四。所以古人以三十六代表數量之最高者。例如「三十六宮」、「三十六群」、「三十六國」、「三十六苑」、「三十六行」、「三十六陂」以及「三十六洞天」等。

第三，根據前節所述，一九八二年台灣出版東涵編著《三十六計秘本集解》，該書保留了一九七九年吉林版的大部分內容，在總論和各計中的說明均包含多量引用易經的文字。例如總論第一、二段云：

六六三十六，數中有術，術中有數。陰陽燮理，機在其空。機不可設，設則不中。

【按】解語：重數不重理。蓋理於術語中自明也，而數則在言外。若惟知術之爲術，而不知術中有數，則術多不應。且詭謀權術，本於事理之中，人情之內。若事出不經，詭異立見，欺世惑俗，機謀將泄。

右文中所謂「術數」及「陰陽燮理」都是易學中常用的術語。「術數」猶言策略計謀；「燮理」，調和之意，「燮理陰陽」是指易經中陰陽消長、相反相成的原理。

其餘在各計中引用易經、易卦的文字甚多，例如第一計中的「陰在陽內，不在陽對。太陽者，太陰也。」第三及第四計中「損卦」的運用，第五卦的「就勢取利，此剛克柔也」，第六計中「萃卦」之運用，第七計中之「少陰、太陰、太陽」，第八計中「益卦」的運用，第九計中「豫卦」的運用，第十計中之「剛中柔外」，第十一計之「損陰以益陽」，第十五計中「蹇卦」的運用，第十九計中「履卦」的運用，第二十一計中「蠱卦」的運用，第二十六計中「師卦」的運用，第二十七計中「屯卦」的運用，第三十計中「漸卦」的運用，第三十三計中「比卦」的運用，第三十四計中「蒙卦」的運用，以及第三十五卦中「師卦」的運用等等。

要之，三十六計不但根據易經的基本原理予以充分運用，而且把易經中有關的卦辭加以發揮。正如前書總論中所指出的，「三十六計的基本構想是將易經的原理應用於軍事方面」。

「三十六計」的應用以往多偏重在軍事方面，因爲它原來是從兵法演變而來的。時至今日，不但「孫子兵法」業已應用到工商企業中，「三十六計」也擴充應用到日常生活的待人處世上。此在台灣香港地區出版的三十六計書中都曾經加以強調。例如《鬥智——三十六計》的前言中云：

計謀好比無形的刀子，深深隱藏在人們的腦子裏，舍之則藏，用之則現。不僅是軍人，就是政治家、商人和學者都需要它。善於使用計謀的，能使治世變亂，亂世成治，窮變富，賤成貴，頹局可以扭轉，晴天能起風雷。這是「運用之妙，存乎一心」，無以言傳，祇可以意會而隨機應變。

人生就是戰鬥，戰鬥必有權謀。人人都站在戰鬥行列，稍一疏忽便會被人擠倒。肯動腦筋想計的人，他永遠站在主動地位，上至朝堂，下至市井，幾無處而不適。俗語說：「世事洞明皆學問，人情練達盡權謀」，儘管時代正標榜著文明，但越文明的社會，奸詐巧奪的事情越多。在這樣一個環境中，三十六計可作進取的武器，也可作自衛的準備，這是一種活用實際知識，遠勝過一般空洞無聊的幻想或枯燥乏味的教條。

筆者認為三十六計運用在日常生活的待人處世上，或工商企業社會中，上述看法未免過於極端，最低限度應該在不違紀犯法的原則下使用計謀，並做到《菜根譚》中所說的「害人之心不可有，防人之心不可無」，如此，社會才能和諧。因為正如勝雅律先生在前揭書前言中所指出的：「智謀不僅能幫助魔鬼矇騙好人，更多的情況是：一個善良的但卻處於劣勢的好人，為了維護自己的尊嚴，或者為了達到正當的目的，只能依靠智慧。這一點特別適用於傳統的中國社會，因為智謀作為一門實用性極強的知識，可以幫助一個人在命運的角逐中取得勝利。」所以智謀必須在守法維紀的前提下運用，否則便成了魔鬼矇騙好人的手段，不但無益反而有害了。但是計謀之用於軍事作戰則另當別論，因為對敵人仁慈便是對自己殘忍，與運用在日常人際關係上的情況絕對不同。

要之，三十六計源遠流長，最早可追溯到易經，其後流傳到民間。此可從一般文學作品中窺知一二，例如《三國演義》中充滿了運用計謀的故事，可說是一本運用計謀的教科書。此外，元曲中曾經提到「借屍還魂」、「暗渡陳倉」、「金蟬脫殼」，以及《西遊記》中有「調虎離山」各計名稱，而《紅樓夢》

中則提到「指桑罵槐」、「借刀殺人」之計。可見三十六計早已流傳在民間廣爲運用。

三、「三十六計」的名稱

「三十六」只是易經中的一個常數，表示數目很多而容易記憶。事實上「三十六計」之外還有其他的計，因而前述各書中互不相同。例如吉林版的三十六計名稱如左，而且六計爲一套，分成六套：**第一套　勝戰之計**：第一計　瞞天過海，第二計　圍魏救趙，第三計　借刀殺人，第四計　以逸待勞，第五計　趁火打劫，第六計　聲東擊西。**第二套　敵戰之計**：第七計　無中生有，第八計　暗渡陳倉，第九計　隔岸觀火，第十計　笑裏藏刀，第十一計　李代桃僵，第十二計　順手牽羊。**第三套　攻戰之計**：第十三計　打草驚蛇，第十四計　借屍還魂，第十五計　調虎離山，第十六計　欲擒故縱，第十七計　拋磚引玉，第十八計　擒賊擒王。**第四套　混戰之計**：第十九計　釜底抽薪，第二十計　混水摸魚，第二十一計　金蟬脫殼，第二十二計　關門捉賊，第二十三計　遠交近攻，第二十四計　假途伐虢。**第五套　併戰之計**：第二十五計　偷樑換柱，第二十六計　指桑罵槐，第二十七計　假痴不癲，第二十八計　上樓抽梯，第二十九計　樹上開花，第三十計　反客爲主。**第六套　敗戰之計**：第三十一計　美人計，第三十二計　空城計，第三十三計　反間計，第三十四計　苦肉計，第三十五計　連環計，第三十六計　走爲上策。

此外，有的書上則另有下列各計：「一箭雙雕」、「明知故昧」、「先發制人」、「落井下石」、

「虛張聲勢」、「移屍嫁禍」、「殺雞儆猴」、「扮豬吃虎」以及「激將計」等。

四、「三十六計」內容簡介

「三十六計」內容甚豐，非本文所能盡述。只能擇要簡介，以饗讀者。茲根據前述吉林本，參考其他版本，逐一介紹三十六計的原典，按語及釋文。

第一計：瞞天過海—攻擊人性弱點

【原典】備周意怠，常見不疑。陰在陽內，不在陽對。太陽者，太陰也。

【按語】陰謀作僞不能於背時秘處行之，夜半行竊，僻巷殺人者，愚俗之行，而非謀士之所爲也。昔孔融被圍，太史慈欲突圍求救，乃執鞭與彎弓自從兩騎，使各作一的持之，開門直出。圍之內外觀者並駭，圍者兵馬互出。慈遂引馬至城下塹，植所持之的而射之。射畢還，明日亦然。圍下之人，或騎或臥，如斯者再，反覆無復起者。慈終嚴行辱食，鞭馬直突其圍。比賊覺之，乃馳去數里也。

自認爲防備周全時，警戒心容易鬆弛。對於平時見慣的事象，往往不會生疑。所謂「瞞天過海」，就是以僞裝的手段引誘對方，乘機取勝的策略。

第二計：圍魏救趙—分散敵力再行攻擊

【原典】共敵不如分敵，敵陽不如敵陰。

【按語】治兵如治水，銳避其鋒如導流，弱塞其虛如築堰。如當齊之救趙時，孫子謂田忌曰：「夫解雜亂糾紛者不控捲，救鬪者不搏戟。批亢擣虛，形格勢禁，自爲解耳。」與其對集中的敵人發動攻擊，不如先分散對方的兵力再行攻擊；與其先發制人發動攻擊，不如等待敵人的挑釁再加以壓制。

所謂「圍魏救趙」，乃是戰國時代齊國軍師孫臏討伐魏國時所採取的戰略。當敵方勢力強盛時，不可正面攻擊，而要避實就虛。先分散其力量，然後乘虛而入，攻其要害。

第三計：借刀殺人—利用友軍

【原典】敵既明而友未定，則引友殺敵，自不出力，以損推演。

【按語】敵象既露，而另一勢力愈張，將有所爲，乃借此力以殺敵人。如子貢之存魯、亂齊、破吳、強晉。又如曹操借黃祖之手而殺禰衡。

敵方之動態已非常清楚，而友軍的態度卻仍游移不明，此時就要相機善用友軍，使之攻擊敵人，以免己方消耗戰力。此乃根據易經損卦的道理來運用於戰略上。

第四計：以逸待勞—掌握主動權

【原典】困敵勢，不以戰，損剛益柔耳。

【按語】此乃制敵之法也。兵書云：「凡先處戰地而待敵者佚，後處戰地而趨戰者勞。故善戰者，致人而不致於人。」

兵書之論敵，乃爲論勢，其旨不在擇地待敵，而在以簡馭繁，以不變應變，以小變應大變，以不動應動，以小動應大動，以樞應環也。

所謂「以逸待勞」，就是己方養精蓄銳，保持實力，等待敵軍疲憊、士氣低落後，再迅速發動攻擊，獲致勝利。本計乃是掌握戰爭主動權的策略。「損剛益柔」，乃易經中損卦的運用。

第五計：趁火打劫—趁敵人內憂外患時發動戰爭

【原典】敵害大，則就勢取利，此剛克柔也。

【按語】敵害在內，則劫其地；敵害在外，則劫其民。內外交害，則劫其國。

敵方有內憂時，便佔領其領土；敵方有外患時，便奪取其民眾；當敵方內憂外患交迫時，便併吞其國。所謂「趁火打劫」，原意是趁著人家失火時，便毫不顧忌地入屋掠取財物，也就是趁著敵人處於危險混亂中而加以攻擊的策略。

第六計：聲東擊西—使敵人產生錯覺

【原典】敵志亂萃不虞者，坤下兌上之象也。利其不自主而取之。

【按語】漢末，朱儁圍黃巾於宛，起土山以臨城內，鳴鼓攻其西南，黃巾悉衆赴之。儁自將精兵五千掩東北，遂乘城之虛而入。此敵志亂萃不虞也。然聲東擊西之策，可視敵志之亂否而定奪之。亂則勝，不亂則自取敗亡，險策也。

所謂「聲東擊西」，就是首先佯攻東方，若敵方固守東方，則立即攻擊西方。其重點是利用敵方的錯覺，擾亂其判斷。此策略的成功關鍵，必須在敵方指揮官平庸無能，指揮系統散漫的前提下，才有把握。「坤下兌上」指易經的萃卦。

第七計：無中生有──虛而為盈

【原典】誑者，非誑，實其所誑也。少陰，太陰，太陽也。

【按語】無而示有，誑也。誑不可久而易覺，故無不可以終無，無中生有，即由誑使眞，由虛使實。無雖不可敗敵，生有則敗敵。

如令狐潮之圍雍丘，張巡、傅藁爲人千餘，披黑衣，夜縋城下。潮兵爭射之，得箭數十萬。其後，復夜縋人，潮兵笑不設備，乃以死士五百，斫潮之營，焚壘幕，追奔十餘里。

所謂「無中生有」，就是原本沒有卻假裝爲有，使敵人難於判斷的策略。其前提條件必須敵方指揮官頭腦簡單或猜疑心重的人，才容易中計。雖然用僞裝欺敵，卻不是欺騙到底，而須由虛轉實，才易成功。「少陰，太陰，太陽」，意爲陰極易陽，由虛而實。

第八計：暗渡陳倉──迂迴作戰

【原典】示之以動，利其靜而有主。益動而巽。

【按語】奇自正出，無正不能出奇。非能明修棧道，豈能暗渡陳倉？

假裝要出兵攻擊，抓住敵方加強防備的機會，從另一個方向予以突擊。

所謂「暗渡陳倉」，乃是佯裝攻擊甲地，其實攻擊乙地的策略。此策略成功與否，取決於「聲東擊西」戰略的成功與否。「暗渡陳倉」是軍事上運用的迂迴戰略，源於韓信僞裝修築棧道，實際上卻迂迴襲擊陳倉的故事。「益動而巽」，易經益卦中的語句，意爲迂迴攻擊必能有利。

第九計：隔岸觀火—靜觀對岸起火

【原典】陽乖序亂，以陰待逆。暴戾恣睢，其勢自斃。順以動豫也，豫順以動。

【按語】乖氣浮張，逼則受擊，退而遠之，其亂自起。

昔袁尙、袁熙出奔遼東，尙有數千騎。初遼東太守公孫康恃遠不服，及曹破烏丸，或說曹征之，則尙兄弟可擒。操曰：「吾將使康斬送尙、熙之首來，不煩兵也。」九月，曹引兵自柳城還，康即斬尙、熙，傳其首。諸將問其故，操曰：「彼素畏尙等，我急之并力，緩之相圖，其勢然也。」

所謂「隔岸觀火」，就是當敵方發生內訌而相爭不下時，我方當採取「坐山觀虎鬥」的態度，等待時機來臨，藉以獲利的策略。此計在觀念上近似「漁翁得利」，就是使敵人自相殘殺，消耗其戰力，自己則保存實力，乃孫子兵法上「不戰而勝」的策略。「順以動豫也，豫順以動」乃易經豫卦中之語句。「坤，順也；震，動也。順其性而動者，莫不得其所，故謂之豫。」

第十計：笑裏藏刀—使敵人疏於防範

【原典】信而安之，陰以圖之。備而後動，勿使有變。剛中柔外也。

【按語】兵書云：「辭卑而益備者，進也。無約而請和者，謀也。」故凡敵人之巧言令色，皆殺機之外露也。

宋曹武穆瑋，任渭州知縣，號令明肅，西人憚之。一日將召諸將飲，適叛卒數千，亡奔夏境，瑋騎報至，諸將相顧失色，公言笑如平時，徐謂騎曰：「我命也，汝勿顯言。」西人聞之，以爲襲己，盡殺之。此臨機應變之用也，如勾踐之侍夫差，使之耽於安，亦如是也。

所謂「笑裏藏刀」，就是以友好的態度接近對方，以解除其戒心，然後設計偷襲敵人。實行此計時，必須先做好準備工作，才展開行動，同時勿讓敵人識破，等待時機來臨，出其不意發動攻擊。「剛中柔外」，表面上僞裝成非常柔順，其實內心非常剛強。

第十一計：李代桃僵——以小換大

【原典】勢必有損，損陰以益陽。

【按語】我與敵情，各有長短。戰爭之事難得全勝，而勝負之決，乃在長短相較，而長短相較，乃有以短勝長之秘訣。如「以下駟敵上駟，以上駟敵中駟，以中駟敵下駟」之類，誠乃兵家獨具之陰謀，非常理之可推測也。

所謂「李代桃僵」，就是犧牲李子以獲得桃子的策略。戰爭難免有所損失，此時最重要的是忍痛放棄局部的小損失，以換取全面的勝利。「損陰以益陽」，指犧牲一部分損失，以保存大部分利益。亦即用小小的代價贏取大勝利的意思。

第十二計：順手牽羊——攻擊敵方的小錯誤

【原典】微隙之在，必有所乘。微利之在，必有所得。少陰，少陽也。

【按語】大軍動處，其隙甚多，乘間取利，未必以戰，勝固可取，敗亦可用之也。

後漢獻帝被叛臣監禁於長安，因不堪虐待，乘機逃出，奔走洛陽。路上遇賊追擊，險被追上，幸老臣董承適時趕到，乃大聲喊道：「快把珠玉財寶全部丟在路上！」隨從依言將所有財物拋在路上，賊兵紛紛下馬撿拾，獻帝性命得以保全。

所謂「順手牽羊」，本意爲擅自把現場的東西隨意拿走。就戰略或戰術而言，要充分利用敵方的小錯誤，來造成我方的大勝利。其條件有三：一、有本來的目的；二、此外，還有唾手可得的利益；三、取得該項利益，並不影響本來的目的。「少陰，少陽」在此意爲利用敵方的小疏忽以獲得勝利。

第十三計：打草驚蛇──尋出隱匿之敵

【原典】疑則以實扣之，察而後動。復者，陰之媒也。

【按語】敵力未露，陰謀深沉，未可輕進，須遍探其鋒。兵書云：「軍旁險阻潢井，併生蘆草，山林翳薈，必謹索知，此伏奸所藏之處也。」

作戰時遇有可疑情況，應透過偵察而確定實情，完全掌握情況後，再採取行動。故反覆偵察乃是發現隱藏的敵人之重要手段。所謂「打草驚蛇」，含有兩層意義：一爲派人偵察對方的動向，孫子兵法說：「知己知彼，百戰不殆。」二爲藉著打草而非打蛇以了解蛇的情況。「先擊周圍，再攻主體」，就是「打草驚蛇」謀略的運用。又如偵辦大案時，先偵查周圍有關的小案，找出證據後再破大案。

第十四計：借屍還魂──凡事都可加利用

【原典】有用者不可借，不能用者求借。借不能用者而用之，非我求童蒙，童蒙求我。

【按語】換代之際，亡國之後者紛立，代其攻守者，皆此用也。

不依賴別人的力量自立者，很難加以控制或利用；反之，依賴別人的力量生存者，往往需要別人的幫助。利用此點來控制對方，乃是避免被對方利用反而利用對方的策略。每一個朝代交替時，常有保舉末世君王以擴張自己勢力的事件，這就是「借屍還魂」謀略的運用。例如三國時代曹操把漢獻帝當傀儡，利用他的權威來擴張自己的勢力，所謂「挾天子以令諸侯」，就是此計的運用佳例。「非我求童蒙，童蒙求我」，是易經蒙卦中的語句，意爲童蒙無知，必須在師父的指導下啓蒙成長。

第十五計：調虎離山—使用巧計使敵人上當

【原典】待天困之，用人誘之。往則蹇，來則返。

【按語】兵書曰：「下策攻城」。若攻堅，自取敗亡也。敵既得地利，不可以爭其地，且敵方勢大，勢大則非天人之合不能勝。

漢末羌率衆數千，遮虞詡於陳倉崤谷，詡軍不進，上書請兵，宣言俟兵而發之。羌聞之，即分抄旁縣。詡因其兵散，日夜進逼，兼行百餘里，使軍士各作兩竈，日倍增之。羌不敢逼，遂大破之。兵至則發，利而誘之也；日夜兼進，乃天時困之也；倍增其竈，乃惑之以人事也。

「調虎離山」中的「虎」指強敵，「山」指根據地。棲息於自然條件優越的山中老虎是很難對付的，要除掉牠，首先要把牠從山裏引誘出來。此即「調虎離山」之計。應用到軍事上，要設法使敵方放棄城堡或要塞。此計能否成功，要看有無一套引誘敵人的計謀。

「往則蹇，來則返」，是易經蹇卦的語句。蹇，難也，險在前也，見險而能止。不可攻擊有防備的敵人，把敵人誘出城，則對我方有利。

第十六計：欲擒故縱—假意釋放，乘其不備手到擒來

【原典】逼則兵反，縱則減勢。緊隨勿迫，累其氣力，消其鬬志，散而後擒，兵不血刃。需有孚，光也。

【按語】所謂縱者，非放之，隨之，而稍鬆懈之耳。「窮寇勿追」者，亦即此意也。蓋不追者，非不隨，不迫耳。

武侯七縱七擒，即縱而躡之，故輾轉推進，至不毛之地。武侯之七縱，其意在拓地，在借孟獲服諸蠻，非兵法也。若論戰，擒者不可復縱。

所謂「欲擒故縱」，就是若使敵人瓦解，必須暫時讓敵人鬆懈一下，也就是「欲擒先縱，欲急姑緩，待其懈而擊之」的策略。「需有孚，光也」，爲易經需卦之語句，意爲緩和局面，使敵人信服投降。

第十七計：拋磚引玉—以小易大，以賤易貴

【原典】以類誘之，擊蒙也。

【按語】誘敵之法甚多，善者不在疑似之間，而在以類同固其惑也。以旌旗金鼓誘敵者，疑似也，以老弱糧草誘敵者，即類同也。

唐代詩人常健，希望朋友趙嘏作一首詩，先在廟牆上寫了二句詩。趙嘏一來看到後接寫兩句，完成

一首絕句。後兩句比前兩句更好，後人便稱此爲「拋磚引玉」。

「凡與敵戰，其將愚而不知變，則可誘之以利，彼貪利而不知害，則設伏兵擊之，其軍可敗。法曰：利而誘之。」（百戰奇略）

所謂「拋磚引玉」，就是俗諺所說的「小魚釣大魚」策略。拋下可能使對方上當的誘餌，敵人搶著撿拾時，予以致命的攻擊。其關鍵在使敵人看不出是誘餌。

「擊蒙」是易經蒙卦的語句。「蒙」，無知之意，「擊」是使之成功之意。

第十八計：擒賊擒王—使群龍無首，瓦解組織

【原典】摧其堅，奪其魁，以解其體。龍戰於野者，其道窮也。

【按語】攻勝，利不勝取。取小遺大，卒之利，將之累，帥之害，功之虧也。全勝而不摧堅擒王者，此縱虎歸山也。擒王之法，以旌旗辨之，可察其陣中之首動。昔張巡戰尹子奇，直衝賊營，至子奇之麾下。營中大亂，斬賊將五十餘人，殺士卒五千餘人。巡欲殺子奇而不識，剡稿爲矢。中者喜，謂巡矢盡，告之子奇，巡即得其狀，使霽雲射之，中其左目，始獲之。子奇乃收軍退還。

所謂「擒賊擒王」，就是摧毀敵人的主力，捕獲其首領，便可瓦解敵人的戰力。

唐代詩人杜甫的〈前出塞〉詩云：「射人先射馬，擒賊先擒王。」又俗語說：「打蛇要打頭」，意義相同。

「龍戰於野，其道窮也」，是易經坤卦中的語句，謂陰陽決戰，陽道勝，陰道負。

第十九計：釜底抽薪—削弱敵人的氣勢

【原典】其力不敵，消其勢者，兌下乾上之象也。

【按語】水之沸力也，火之力也，陽中之陽，銳不可當。薪者火之魄也，即力之勢也，陽中之陰也，近而無害。故雖力不可當，勢尚可消。《尉繚子》曰：「氣實則鬥，氣奪則定。」奪氣之法，即在攻心。昔吳漢爲大司馬，嘗有寇夜攻漢營，軍中驚擾，漢堅臥不動，軍中聞漢不動，乃定。遂選精兵夜擊，大破之。此即不直當其力而消其勢也。

敵人聲勢強大無法一舉擊潰時，也可以削弱敵方的氣勢，這就是採取「以柔克剛」的方法，使敵人屈服。

所謂「釜底抽薪」，出於北齊魏收（伯起）的「抽薪止沸，剪草除根」，這是比喻要徹底解決問題，就是要從根本上擊破敵方的謀略。「兌下乾上」是易經的卦名，即以乾爲天，兌爲澤的履卦。「攻心」是使敵人的鬥志瓦解，「奪氣」是粉碎敵人的士氣。

第二十計：混水摸魚—乘混戰得利

【原典】乘其陰亂，利其弱而無主。隨以向晦，入而宴息。

【按語】動蕩之際，數力衝撞，弱者依違而無主，敵蔽而不察，我則隨取之。古兵書云：「三軍履驚，士卒不齊，相恐以敵強，相語以不利。耳目相屬，妖言不止，衆口相惑。不畏法令，不重其將，此弱徵也。」此「魚」者乃於混戰之際，擇而取之。

所謂「混水摸魚」，乃是乘對方內部混亂之際贏取勝利的策略，原意是指攪混水池，使魚兒昏頭轉向，乘機捕捉。

當敵方內部發生混亂，戰力削弱，指揮系統散漫無紀時，乘機加以操縱控制。凡有這種唾手可得的機會，都要乘混戰時，將其佔爲己有。例如三國時代劉備所以能獲得荊州與西川，都是運用此種策略。

第二十一計：金蟬脫殼—僞裝原有形象，暗中脫身逃遁

【原典】存其形，完其勢，友不疑，敵不動。巽止者，蠱也。

【按語】共友擊敵，坐觀其勢。若另有一敵，去而存勢，即金蟬脫殼，非徒走也，蓋爲分身之法也。故我大軍轉動，搖旗鳴鼓，原陣儼然，使敵不敢動，使友不生疑。既待他摧敵返，友、敵始知，或尚不知，然金蟬脫殼者，乃對敵之際，抽精銳以襲別陣也。

所謂「金蟬脫殼」就是佯裝停留在目前地點，其實已移動至別處的策略。

據說此計是出自漢高祖劉邦被項羽包圍時所用的計謀。劉邦的城池在項羽大軍重圍下無法動彈，終於同意投降，但他不願被俘，所以先讓婦孺從東門出城。當敵兵都集中在東門外圍觀時，劉邦便從西門逃出，項羽入城後，發覺城中空無一人，始知中計。

「巽止者，蠱也」是易經蠱卦的語句，巽爲謙讓，蠱是禍亂之意，此可解爲隱蔽前進，藉以平亂

第二十二計：關門捉賊—截斷退路再捕

【原典】小敵困之，剝者，不利有攸往。

【按語】捉賊必關門，非恐其逸，恐其逸而爲他所得也。且逸者亦不可追，恐其誘也，賊者奇兵也，遊兵也，所以勞我者也。

《吳子》曰：「今使一死賊伏於曠野，千人追之，無不梟視狼顧，何者，恐其暴起害己也。以此一人投命，足懼千夫。」追賊者，賊有脫逃之機，勢必死鬥。若斷其去路則成擒。故小賊必困之，不能，放之可也。

對弱小的敵人要包圍起來，予以殲滅。但敵人被追得無路可逃時，將拚命抵抗，我方不可窮追不捨。「剝者，不利有攸往」，是易經剝卦的語句，意爲不可窮追脫逃之敵人。

第二十三計：遠交近攻—使用謀略應配合時勢

【原典】形禁勢格，利從近取，害以遠隔，上火下澤也。

【按語】混戰之際，縱橫捭闔，各自取利。遠不可攻，以利相結，近者交之，反爲變生肘腋。范雎之謀，爲地理之定則，其理甚明也。

當戰爭陷於膠著狀態時，攻擊地理上較近的敵人較有利，絕不能越過近敵而攻擊遠方的敵人。儘管與遠方敵人政治目標相左，也應攜手合作。

與遠方的國家締交，以攻擊鄰國的戰略，這是戰國時代魏人范雎所提倡的。當時秦國憑著一股強大的國力，想征服遠方的強國—齊國，范雎認爲秦國越過鄰接的韓、魏而去攻齊，是一種非常不智的愚行，於是對秦王說：「王不如遠交而近攻，得寸則王之寸也，得尺亦王之尺也。」秦王採納他的建議當成國策，先滅韓國，然後如蠶食鯨吞般將趙、魏、楚、燕逐一呑併，最後又滅了齊國，完成統一大業。

「上火下澤」，是易經睽卦的語句，意爲火焰往上升，澤水向下流，志雖不同，但仍能暫時連合之意。

第二十四計：假途伐虢—利用小國存續心理

【原典】兩大之間，敵脅以從，我假以勢。困，有言不信。

【按語】假地用兵之舉，不可巧言而誑，其勢非受一方之脅從，必受雙方之夾擊。如此境況之際，敵必迫之以威，我乃誑之以害，利其幸存之心，得速全勢，彼不能自陣，故不戰而亡之。

對於夾在敵我兩大國間的小國，若敵人攻打此小國，我方必須出兵予以援救。如果只是口頭上承諾而不展開實際行動，就無法贏得此小國的信賴。

春秋時代，虞、虢二國相鄰，並且與晉國領土相連。晉國早有呑併二小國的野心，所以採納荀息的計策。先贈送名馬、寶玉收買虞公，虞公同意晉君借虞國境內攻打虢國。待虢國滅亡之後，虞國不久也慘遭滅亡命運。

第二十五計：偷樑換柱—悄悄地調換主力部隊

【原典】頻更其陣，抽其勁旅，待其自敗，而後乘之，曳其輪也。

【按語】陣有縱橫，天衡爲樑，地軸爲柱，樑柱以精兵爲之。故觀其陣，知其精兵之所在，其戰他敵，頻更其陣，暗中換其精兵。或竟代其樑柱，勢成陣之所塌，終兼其兵，此併敵擊他敵之首策也。

所謂「偷樑換柱」，就是與他軍聯合作戰時，偷偷地抽換聯軍的主力，使其作戰不利，乘機併吞其兵力的計謀。

秦始皇用「遠交近攻」的策略先後滅了韓、趙、魏、楚、燕五國後，又餽贈大批珠寶財物收買齊國的權臣后勝等，後來當秦軍逼近齊國都城臨淄時，齊國沒有一人反抗，因被架空而遭致亡國。

第二十六計：指桑罵槐—委婉地提出警告

【原典】大凌小，剛中應，行險順。

【按語】率衆未服者對敵，若策之不行，而利誘之，亦反啓其疑，於是故自誤，責他人之失，以暗警之，警之，反誘之也。此蓋以剛險驅之也。或曰：此遣將勸君之法也。

強大者要使弱小者威服時，應用警告的方法使對方折服，使用得宜，必能獲得效果。

所謂「指桑罵槐」，類似「殺雞儆猴，敲山震虎」的暗示手法，是達成統率部屬建立威嚴的辦法。本來是比喩不直接指責對方，而是以責備第三者來影射對方。

春秋時代，齊國的司馬穰苴陣前受命爲將，率軍迎戰，齊王寵臣莊賈任隨員，因故遲到，穰苴責問軍法官：「根據軍法，遲到者該當何罪？」軍法官答：「該處斬！」莊賈立即派人向齊王求救。但在使者回來之前，穰苴已將莊賈處斬，並告示全軍，軍紀頓時嚴肅，此即「指桑罵槐」策略的運用。

「剛中應，行險順」是易經師卦的語句，含有既強硬又有權謀的手段之意。

第二十七計：假癡不癲—裝瘋賣傻，化險為夷

【原典】寧僞作不知而不爲，不僞作假而妄爲。靜不露機，雲雷，屯也。

【按語】假作不知而實知，假作不爲，而實不可爲，或將有所爲。司馬懿假病昏誅曹爽，受巾幗，假請命以老蜀兵，所以成功也。姜維九伐中原，明知不可爲而妄爲之，即似痴，所以破滅也。兵書云：「故善戰者之勝也。無智名，無勇功。」當其機未發時，靜屯者似痴。若假癲，不唯露機，且亂動群疑。故假痴者勝，假癲者敗。

宋代南俗尙鬼，狄武襄（青）征儂智高，大軍始出桂林之南，因佯祝曰：「無以據勝負」，乃取百錢自持，與神約：「果大捷，投此錢，盡錢面。」左右諫止：「若不如意恐沮師。」武襄不聽，萬衆皆聳視，既揮手一擲，面錢皆面，於是舉手歡呼，聲震林野，武襄亦大喜，顧左右使取來百釘，乃隨錢之疏密，布地帖釘之，加以青紗籠護，手自封之曰：「俟凱旋，酬神取錢。」其後，平邕州還師，如言取錢。衆兵視之，乃兩面錢也。

寧可假裝愚蠢，不採取任何行動，絕不可假裝聰明而輕舉妄動，所謂「假癡不癲」，乃是佯裝成傻瓜，以降低對方的戒心的策略。「雲雷，屯也」是易經屯卦的語句。

第二十八計：上樓抽梯—斷其後路，置之死地

【原典】假之以便，唆之使前，斷其援應，陷之死地。遇毒者，位不當也。

【按語】唆者，以利使之也，雖以利使之，若不先為之使便，倘且有不行之者。故抽梯之局，宜先置梯，或示之以梯。

故意露出破綻，引誘敵人前進，待敵人深入我方包圍之後，切斷前進部隊與後衛部隊的聯絡，逼使敵方全軍陷入死地。

「上樓抽梯」含有三種意義：一、引誘敵軍猛進，然後截斷其退路，加以殲滅。二、自斷退路，布下背水一戰計策，激勵士卒必死之決心，作戰到底。三、自已得地利之先機，不讓後繼者續至，此計與「過河拆橋」相似。

例如項羽往鉅鹿營救同盟軍，率軍渡過黃河時，下令將所有船隻鑿沉，燒毀營帳，只准士兵攜帶三日糧。士兵抵達鉅鹿後，果然以一當十，奮勇作戰。這就是項羽的「破釜沉舟」之計，此計正是「上樓抽梯」的應用。

第二十九計：樹上開花──假裝無所不能

【原典】借局佈勢，力小勢大。鴻漸遠，以其羽為儀。

【按語】此樹本無花，可使樹有花，剪綵粘之，不細察者，不易覺。花樹交相輝映，玲瓏成局也。此蓋言佈精兵於友軍之陣，完其勢以威敵人。

利用他軍的陣勢造成有利於己的形勢時，縱使兵力弱小，也可顯示出強大的陣容。

易經漸卦卦辭云：「鴻漸逵，以其羽為儀，吉也。」意為利用他軍之力，偽裝成堂皇的陣勢，這好比雁鳥張開大翅般的頓生有威嚴。

所謂「樹上開花」，就是佯裝兵力強盛以威脅敵人的策略。孫子兵法云：「強而避之」。

第三十計：反客為主—爭取主動控制權

【原典】乘隙插足，扼其主機，漸之進也。

【按語】為人所驅使者為奴，為人所尊敬者為客。不善立足者為暫客，善為立足者為久客，久客而不善主事者為賤客，善主事漸握機要者反為主。故反客為主之局，可於第一步爭客位，第二步乘隙，第三步插足，第四步握機，第五步即成主。為主則併人之軍，此漸進之陰謀。

只要有機可乘，就要趁隙而入，掌握其主要部分，巧妙運用，依次漸進。

所謂「反客為主」，就是以客人的立場反居於主人座位的策略，亦即原本屬於被動狀態者，卻奪取了主導權。

例如劉邦、項羽分別進軍咸陽，劉邦雖首先攻下咸陽，卻因兵力較弱，在「鴻門宴」中險遭不測，只好遷駐漢中。不久，乘項羽疏忽之際，舉兵侵入關中，最後取代項羽而擁有天下。這就是劉邦的「反客為主」策略的成功。

「漸之進也」，是易經漸卦的語句，意為用漸進的方法，依序前進，奪取主權。

第三十一計：美人計。砲彈不如肉彈，槍頭難敵枕頭

【原典】兵強攻其將，將智伐其情。將弱兵頹，其勢自萎，以利禦寇，順而相保。

【按語】兵強將智，不可以敵，勢必事之。事之以土地，以增其勢。如六國之事秦，策之最下也。事之以布帛，以增其富，如宋之事遼、金，策之下也。唯事之以美人，以佚其地，以弱其體，以增其下之怨耳，如勾踐之事夫差，即可轉敗爲勝。

敵人兵力強大時，要將目標放在敵方將帥身上，使其意氣沮喪，鬥志薄弱。所謂「美人計」，就是利用美女使對方失去鬥志的策略，將帥鬥志薄弱，部隊士氣消沉，敵人勢力自然削弱，若能乘機操縱敵人，便能使情勢好轉。

歷史上用美人計例證甚多，例如晉獻公爲了攻打虞、虢二國，除送名馬、寶玉外，並送女樂十六名，三國時孫權使其妹許配劉備，以及越王勾踐送西施給吳王夫差。

「以利禦寇，以順相保」，是易經漸卦語句。

第三十二計：空城計——虛虛實實，困惑敵軍

【原典】虛者虛之，疑中生疑。剛柔之際，奇又奇也。

【按語】虛虛實實，兵無常勢，虛而示虛，自諸葛後不乏其人。如齊祖珽之爲北徐州刺史，至州偶有陳寇，百姓多反。珽不關城門，使守埤者皆下城靜坐，街巷禁斷行人，雞犬不亂鳴吠，賊無所見聞，不測所以。疑惑人走城空，不設警備。珽又使人大叫，鼓噪聒天，賊大驚，登時走散。

己方防守軍力薄弱時，故意裝成毫無防備，以迷惑敵人的判斷，在兵力居於劣勢時用此計，可收意想不到的效果。此種作戰目的，並不在戰勝敵人，而在爭取時間迴避敵人的攻擊。此計每用於緊要關頭

或死裏求生時。

「剛柔之際」可解為敵眾我寡的時機，易經解卦：「象曰：剛柔之際，義无咎也。」

第三十三計：反間計──知己知彼，百戰百勝

【原典】疑中之疑也。比之者自內作，自不失也。

【按語】間者，使敵自相疑忌也。反間者，因敵之間而間之也。如燕昭王薨，自惠王為太子時，不快樂毅，田單乃縱反間曰：「樂毅與燕惠王有隙，畏誅，欲連兵為齊王。齊王未附，故且緩攻即墨，以待其勢，齊人唯恐他將來，即墨殘耳。」惠王聞之，即使騎劫代之，毅遂奔趙。又如周瑜利用曹操之間諜，使間其將，亦疑中疑之局也。

疑陣之中，再設疑陣，以自然形態造成敵人內訌而獲勝，以減少我方損失。所謂「反間計」，就是傳播假情報，離間敵人，或使敵人難於判斷的策略。有二個方法可供採用：一、收買敵方間諜，散佈假情報；二、故意裝作未發覺，使其接受假情報。「比之自內，不自失也」，是易經比卦的語句，由於援助來自敵人的內部，所以必須迅速行動。

第三十四計：苦肉計──殘害己身以博取信任，再陰謀顛覆

【原典】人不自害，受害必真，若以真為假，以假為真，得以間行。童蒙之吉，順以巽也。

【按語】間者，使敵人相疑也。反間者，因敵人之疑，實其疑也。苦肉計者，蓋假自為間，以使間人也。凡遣與己有隙者以誘敵，約使響應，或約使協力者，皆苦肉計之類也。

所謂「苦肉計」，即傷害自己身體，以取得敵人的信任，使反間活動成功的策略。例如三國時代周瑜打黃蓋，黃蓋假裝投降曹操，使曹操中了周瑜火攻之計。

「童蒙之吉，順以巽也」，是易經蒙卦語句，意指利用敵人弱點，像兒童一樣隨意玩耍得勝。

第三十五計：連環計—連鎖反應激起衝突

【原典】將多兵眾，不可與敵，使其自累，以殺其勢。在師中吉，承天寵也。

【按語】龐統使曹操戰艦勾連，縱火焚之，使不得脫，即連環計，其法在使敵自累而後圖之，蓋一計累敵，一計攻敵，兩計扣用，以摧強勢也。

如宋之畢再遇，每引敵與戰，且戰且卻，數至四，視日已晚，乃以香料煮黑豆布於地，復前搏戰，佯敗走，敵乘勝追逐，其馬已飢，聞豆香即食，鞭之不前，遇率師反攻之，遂大勝，此連環計也。

所謂「連環計」，就是使用二種以上策略使敵人互扯後腿，減緩其行動，然後發動攻擊的策略。當敵人兵力強大時，不要逞強作戰，應該運用謀略，使敵人內部互相牽制，以削弱其戰力。

「在師中吉，承天寵也」，是易經師卦語句，意為將帥卓越，指揮靈巧，便能如得天助，戰勝敵人。

第三十六計：走為上策—脫險之上策

【原典】全師避敵，左次無咎，未失常也。

【按語】敵勢全勝，我不能戰，必降，必和，必走。降則全敗也，和則半敗也，走則未敗也，未敗者，勝之轉機也。

如宋畢再遇與金人對壘，一夕拔營而去，然旗幟留營，預縛生羊懸之，置前二足於鼓上，羊不堪倒懸，以足擊鼓有聲。金人不覺，相持數日，始覺之，乃既遠，可謂善走者。

當敵方軍力有壓倒性優勢，而我方毫無戰勝的可能時，只有投降、講和與退兵三條路可行。投降是全面性失敗，求和則是半敗，退兵卻非落敗，而是轉敗爲勝的關鍵。

王敬則在《南齊書》中說：「檀公三十六策，走爲上計。」在一般情況下，「走」是不得已的計策，有時卻是最高的計策。從另一角度來看，在三十六計中，「走」計最能直接解除眼前的困境。其優點在於雖無法取勝，也不致於戰敗，還可保存實力，作下場戰爭的準備，亦即仍有反敗爲勝的可能。孫子兵法云：「退而不可追者，速而不可及也。」「不勝速走，……退還務速。」所以當敵強我弱時，退走不失爲上計。

善於用兵的曹操，偶然也會採用「走」計。例如他在漢中與劉備決戰時，劉備防守嚴密，使魏軍陷於苦戰，曹操乃與其參謀說：「雞肋，雞肋！」意即雞的助骨，食之無味，棄之可惜，不如撤退爲宜。不久，曹操果然放棄漢中，慶幸能全師而歸。

丁、總　結

回顧以上所述，長短略、長短經及三十六計，每項都是我國先哲由經驗中提煉的結晶，充滿著智慧與謀略，值得我們體會與採行。

其次，長短略、長短經及三十六計都是直接或間接淵源於易經，易經乃是我國古老文化發展的源泉，於此又獲一明證。

第三，人生即戰場。以上三項表面上偏重於軍事作戰的應用，其實，商場乃至一般社會的人際關係無不適用。

第四，在運用計謀時要避免弄巧成拙，例如運用「釜底抽薪」計時，要避免「引火燒身」的不良後果。

鑒於近年來日本人研究我國謀略學（或稱縱橫學）不遺餘力，並且應用於工商社會頗收成效，最近瑞士勝雅律教授亦從事研究「三十六計」，所著《智謀新典》一書雖不完全（目前該書僅有三十六計中之十八計），但已引起西方人士的普遍興趣。站在發揚中華文化的立場，我們似應加強研究發展，把中國傳統的智謀寶典加以整理，並應用到工商企業及日常生活中。

中國養生學概要

中國養生學是我國博大精深傳統文化的一大瑰寶。它的起源和發展，綿延數千年，歷久不衰，而且年代愈久愈顯示出燦爛的光輝。它是以中國古代哲學爲理論基礎，與中國醫學相結合發展而成的，匯集了我國歷代各民族養生保健的智慧和方法，並吸收了現代科學有關的研究成果，所形成的一門獨特的學科，值得我們的重視和研究。

一、「養生」一詞的來源與涵義

「養生」一詞，起源甚早。最初談到「養生」的是管仲，《管子·立政九敗解》云：「人君唯無（註：無，慣也。）好全生，則群臣皆全其生，而生又養生，養何也？曰：滋味也，聲色也，然後爲養生。」意謂君王提倡養生，則群臣亦講究養生，而當時所講的養生內容主要爲飲食、男女。

《呂氏春秋·節喪》云：「知生也者，不以害生，養生之謂也。」此僅指消極方面不要有妨害養生的行爲。又積極方面，《盡數》篇云：「故凡養生，莫若知本，知本則疾無由至矣。」

《莊子·養生主》於敘述庖丁解牛的故事後，文惠君曰：「善哉！吾聞庖丁之言，得養生焉。」意在說明養生之道應順乎自然。

《孟子．盡心下》云：「養生莫善於寡欲。」孟子主張清心寡欲以養生。《荀子．修身》云：「凡治氣養心之術，莫徑由禮，莫要得師，莫神一好。夫是之謂治氣養生之術也。」此處所述爲「治氣養心」之養生方法。又《儒效》篇云：「以養生爲己至道。」

其餘古書談到「養生」一詞的，例如《淮南子．原道訓》云：「雖以天下爲家，萬民爲臣妾，不足以養生也。」又如《抱朴子．內篇極言》云：「養生以不傷爲本。」至魏代以後，乃有嵇康的《養生論》，高平的《養生要集》，及陶弘景的《養生延命錄》等專題論著。此外，談到養生方法而未標明「養生」二字的古人，那就更多了。

養，從食，羊聲，本義作供養解，乃造食物供餐之意，故從食。又以羊性馴順，有美善之意。生，指生命，生存，生活。「養生」，一般指生命的衛護和保養，使能健康長壽。古人養生之術，於無病時用於預防，生病時用於治療，病後用於康復，以達到不老輕身，延年益壽的目的。

「養生」一詞的涵義，起初專指攝生以保長壽。《老子．五十》「蓋聞善攝生者，陸行不遇兕虎，入軍不被甲兵。」河上公注云：「攝，養也。」亦即以身體的保健爲主要內容，其後乃發展至身心兼顧，甚至包括德性的修養在內。

二、中國養生學的哲學基礎

中國養生學在形成和發展過程中，先後吸收了中國古代哲學思想作爲理論基礎。易經爲我國古代學術思想的泉源，養生學的思想理論自非例外。養生學中所引用的哲理約有下列各點：

㈠生命哲學

易經的宇宙觀認爲宇宙是一個生命流行的境界，絕不是物質的機械系統，它充滿了生機，時刻都在化育創造。天爲大生，萬物資始，地爲廣生，萬物咸亨，合此天地生生之大德遂成宇宙。易傳云：「大哉乾元，萬物資始，……至哉坤元，萬物資生。」「天地感而萬物化生。」「天地之大德曰生。」「生生之謂易。」易經以乾坤兩卦象徵萬物化生的根源。推而至六十四卦，都是象徵生命的變化與發展。由此而形成的哲學體系便是生命哲學。

至於生命哲學的體系內涵，當代大哲方東美先生曾經指出：「中國向來是從人的生命來體驗物的生命，再體驗整個宇宙的生命。中國的本體論是一個以生命爲中心的本體論，把一切集中在生命上，而生命的活動依據道德的理想、藝術的理想、價值的理想，持以完成在生命的創造活動。因此，周易的繫辭傳中，不僅形成一個本體論系統，而更形成以價值爲中心的本體論系統。第一是以生命爲中心的哲學體系，第二是以價值爲中心的哲學體系。」（參見方東美著《原始儒家道家哲學》，頁一五八。）因此，易經的生命哲學包含一系列的原理：生之理、愛之理、化育之理、原始統會之理、中和之理及旁通之理，欲知其詳細內容，請參閱拙著《易經的生命哲學》（文津出版社）。

生命哲學在養生學上的應用，首先是重視生命的本身，因而珍惜生命，維護生命和延續生命。其次是發揮生命的價値，可從三方面努力以赴，就是建立道德觀念，完成藝術理想和達成大同世界。

至於易經的乾卦大象傳：「天行健，君子以自強不息。」是勉勵君子要效法天體的運轉永不休止，充實德性，以參贊天地之化育。又頤卦之「自求口實，觀其自養」、「養正則吉」、「愼言語，節飮食」及渙卦的「渙其血，遠害也」，以及其他卦辭之趨吉避凶，以維護安全和健康等，均爲古人養生的具體指示，値得重視。

㈡陰陽平衡

我國古人認爲萬事萬物可以歸納爲陽剛陰柔兩大類，天是陽剛，地是陰柔。男是陽剛，女是陰柔，其他一切事物莫不皆然。由於陰陽相對立而發生變化的特性，可應用於一切事物的發生、發展和變化。又陰陽之中還可分陰陽，即陰可分爲陰中之陰與陰中之陽；陽也分爲陽中之陰與陽中之陽，這是陰陽的可分性。又陰與陽互相依存，不能脫離對方單獨存在，這是陰陽的互根互用的關係。又陰與陽在一定條件下，也可以互相轉化。所謂一定條件乃指「極限」。這種相互制約的作用，使陰陽的運動變化處於相對平衡的協調狀況，成爲動態的平衡。於是古人乃把宇宙間萬事萬物的陰陽平衡觀念應用到醫學和養生中，來說明人體的生理和病理現象。認爲人體內部也有陰陽相對兩方面，只要能保持人體內陰陽的平衡關係，便能維持人體的健康狀態。

陰陽平衡的原理應用於中國醫學上是多方面的。例如人體的組織器官可劃分爲陰陽對立的兩部分：腹部屬陰，背部屬陽；五臟屬陰，六腑屬陽；血屬陰，氣屬陽；筋骨屬陰，皮膚屬陽等，推而至於人體的生理功能和病理現象，均可劃分其陰陽屬性。更重要的，中醫所謂「八綱辯證」，乃是以陰陽爲總綱，八綱是指陰、陽、表、裡、寒、熱、虛、實，其中表、熱、實證屬陽；裡、寒、虛證屬陰。推而至於致病的邪氣（風、暑、燥、火爲陽邪，寒、濕爲陰邪，中醫稱爲六淫）和藥物的性味、功用也可分陰陽。

㈢五行生剋

「五行」最早見於《尙書·洪範》中的九疇，其第一範疇就是五行：「一曰水，二曰火，三曰木，四曰金，五曰土。水曰潤下，火曰炎上，木曰曲直，金曰從革，土爰稼穡。潤下作鹹，炎上作苦，曲直作酸，從革作辛，稼穡作甘。」五行原意是指水、火、木、金、土五種自然原素，含有各種物理化學性質，即水性潤下，火性炎上，木性外揚，金性內斂，土性靜止。當時所講的五行只單純指五種自然原素或民生實用的五種資材，與人事毫無關聯。到了戰國時代才與陰陽觀念合流，應用於星象曆數，和聲製譜，協律作樂，公羊史觀，春秋論政，乃至診斷行醫等。例如在自然界有五音：角、徵、宮、商、羽；五味：酸、苦、甘、辛、鹹；五色：青、赤、黃、白、黑；五氣：風、暑、濕、燥、寒；五方：東、南、中、西、北。而在人體有五臟：肝、心、脾、肺、腎；六腑：膽、小腸、胃、大腸、膀胱；五官：目、舌、口、鼻、耳；形體：筋、脈、肉、皮、骨；五志：怒、喜、思、悲、恐；五液：淚、汗、涎、涕、唾。

五行學說不單指事物分別歸屬五類，更重要的是它們之間的相生相克的關係。五行的相生，乃指一事物對其他事物的促進、助長等作用，其規律和順序爲：木生火、火生土、土生金、金生水、水生木。五行的相克，乃指一事物對其他事物的抑制、約束等作用，其規律和順序是：木克土、土克水、水克火、火克金、金克木。五行相生相克的關係乃被應用於醫學上，分析各臟腑、經絡之間和各種生理功能之間的關係，以闡釋病理和病情。至於五行學說在養生學中的應用，乃按五行相生相克的關係，加以調控，以促進人體機能，而達到健康長壽的目的。

三、中國養生學的源流

中國養生學源遠流長。自古以來，我國人民就非常重視防病保健。從茹毛飲血到鑽木取火，從樹棲穴居到結茅爲舍，古人就在艱困的生活條件下，爲防病保健與自然作艱苦的搏鬥。即使從有文字的記載算起，也可追溯到殷商時期。從現存的甲骨文中，已發現很多有關調理生活、預防疾病的記載。當時的疾病記載有足疾、肘疾、骨疾、五官及口腔等的疾病。當時人們患病多歸咎於天譴，只知卜筮、祭祀與祈禱。其後隨著生活的改善文明的進步，乃逐漸講求飲食衛生與醫藥保健。此爲養生思想的萌芽。

中國養生學的歷史發展，可劃分爲五個階段，分別簡述如下：

㈠先秦時期（公元前二〇六年以前）

西周時人民對四時氣候與疾病的關係，已經有相當認識。《周禮》記載：「四時皆有癘疾：春時有痟首疾（按指頭痛），夏時有癢疥疾（按指皮膚病），秋時有瘧疾，冬時有嗽上氣疾。」朝庭設有「食醫」，掌管貴族飲食，指導「六飲」、「六膳」、「百饈」、「百醬」等飲食問題；「疾醫」，掌管治病，以「五味、五谷、五藥養其病」。此外，設有掌管環境衛生的職官：「翦氏掌除蠹物，壺涿氏掌除水蟲。」可見當時對防治疾病及飲食衛生已有相當認識。

春秋戰國時代，由於文化的發展，學術上出現「百家爭鳴」的局面。諸子對於養生保健各抒高見：老子主張順應自然，少私寡欲，清靜無爲，知足常樂。莊子主張動靜結合以養神，用庖丁解牛的故事說明養生須順乎自然。孔子除了在易傳方面指出養生的原則外，並著重動靜結合，剛柔相濟，注意飲食衛生。孟子主張清心寡欲，積極用腦，養生而不苟生。荀子主張治氣養生，強本而節用。管子主張益氣保精。《呂氏春秋》認爲精、氣、神是生命的根本，較注重精神的保養。《黃帝內經》是集先秦醫療及養生經驗大成之巨著，主張順應四季氣候以養生，要「飲食有節，起居有常，均適寒溫，不妄作勞，愼節房室。」要調攝精神與形體，提高適應環境，避免外邪侵襲的能力。

由上所述，可知先秦時期是中國養生學的濫觴，奠定了養生學的理論基礎。主要觀念爲順應自然，清靜安閒，動靜結合，節欲保精。《黃帝內經》的養生理論對後世影響甚大，尤其是中醫的寶典。

㈡漢唐時期（公元前二〇六——公元九六〇年）

自秦漢至隋唐千餘年間，爲中國養生學集大成時期。在精神修養方面，他們多服膺老莊學說，主張順應自然，清靜無爲；在實際行動方面，多注意導引吐納，甚至煉丹服食。秦始皇、漢武帝都是長生不老的熱烈追求者，在他們的倡導下，一些自稱有長生術的方士以及得道的「神仙」，進而推波助浪，於是煉丹術、服石法、神仙術以及房中術等的養生方法風行天下。

前述著名的《黃帝內經》成書於西漢時期，長達十四萬言，總結了先秦時期的醫學理論和實際經驗，也是養生學集大成的巨著，對後世具有深遠的影響。其主要的養生觀點爲：「上古之人，其知道者，法於陰陽，和於術數，食飲有節，起居有常，不妄作勞，故能形與神俱，而盡終其天年，度百歲乃去。今世之人不然也，以酒爲漿，以妄爲常，醉以入房，以欲竭其精，以耗散其眞，不知持滿，不時御神，務快其心，逆於生樂，起居無節，故半百而衰也。」

西漢初年，一些崇奉老莊思想的學者和方士，提倡導引、吐納等養生方法，如張良從赤松子游，「乃學辟穀導引輕身」（《史記・留侯世家》）；李少君、東方朔等也倡行「導氣養性」之術（《論衡・道虛》）。到魏晉時代卻有些人加入迷信色彩，追求長生不老。直至魏末嵇康與張湛分別著《養生論》，重申老莊學派的養生思想，重視調攝，形神共養，防止過用病生，注意積微成損。葛洪著《抱朴子》，主張養生以不傷爲本，寶精行氣，創胎息功法，動以養形，吐納練氣。東漢時華佗醫道高明，尤其擅長外科。齊梁時代著名醫家陶宏景著《養生延命錄》，認爲壽夭與先天因素有關，但調攝將養更爲重要。

佛家養生法在漢明帝時隨佛教傳入，至隋唐時代始盛行。唐代孫思邈著《千金要方》和《千金翼方》，內載天竺練身法。其後尚有達摩易筋經、天台宗六妙法門及西藏密宗金剛拳等，均爲佛家的養生術。

㈢宋元時期（公元九六〇——一三六八年）

兩宋金元時期，醫學流派與道家內丹術同時盛行，對養生學的發展有很大的貢獻。這時出現了大批養生著作。《聖濟總錄》是北宋時由政府召集著名醫學家共同編撰，內容十分豐富。養生方面特別重視氣的生理作用，認爲養生當「以導引爲先」，因爲導引能「行氣血，利關節，辟除邪氣，使不能入」。

《蘇沈良方》爲北宋蘇軾、沈括所著，其養生觀點主張「和與安」，即和合天地，順應四時，安於物變，聽其所爲。《壽親養老新書》爲元代鄒鉉編次，主要爲針對老年人的生理認識，提出相應的養生方法。元代邱處機著《攝生消息論》，依據《內經》四時養生之旨，結合老年生理而發揮其養生之法。又元代王珪著《泰定養生主論》，論述婚後至育嬰、童年、壯年、老年各階段的生理調攝、疾病治療，頗有創見，並提倡藥食養生。

宋元時期的養生學，繼承了《黃帝內經》的養生思路，進一步發展，明確提出「攝生者先須洞曉病源，知其所犯」。對老年生理有正確的認識，主張養生要依婚孕、嬰幼、童壯、衰老不同階段的生理病理特點爲依據，並進一步發展了藥食調養的觀點。

(四)明清時期（公元一三六八—一九一一年）

養生以保養精、氣、神爲首要，長壽或夭折與先天後天有關，這些觀念爲明清養生家的共識。此一時期有關養生著作甚多，其中最重要的有下列三種：一爲張景岳所著《景岳全書》，主張壽夭與先天、後天有關，治形必以精血爲先，中年開始抗衰老，虛靜以養心神，防止過用病生，示人勿困於酒、色、財、氣、功名及庸醫之中。次爲李梴著《素問》，以內經的養生原則爲正宗，一切以精神內守爲前提，並闡述飲食「能甘淡薄」與壽夭的關係。三爲明代李時珍的藥學專著《本草綱目》，提供有關飲食營養的大量資料，保存了不少食療佚文，登錄很多食療方法。

明清時期是中國養生學的鼎盛時期，也是集養生之大成時期，不但在理論上繼承了歷代的精華，並且在實際上普及到民間，發揮了健康長壽的促進功能。

以上簡略地介紹了中國養生學的起源、發展的演進過程，其中有許多極具價值的養生理論與方法，值得我們繼續發揚光大，但也間或有不足爲訓的偏見，我們必須明辨，擇善而從。

四、中國養生學的特徵

如上所述，中國養生學經歷了四五千年的演變，在中國文化的薰陶下，吸收了中國古代哲學和無數先民的經驗累積，形成了獨特的體系，確是構成中國文化不可或缺的重要的一環。

中國養生學的特徵，約可分爲下列各點：

第一、形神兼養。形是指人的形體，包括人體中的各種生理機能；神是指人的精神思維。古人所說的形神，猶如現代人所說的身心。我們的精神和肉體，同樣需要講究養生，兩者相較，精神比肉體更加重要。嵇康的《養生論》說得很透徹：「是以君子知形恃神以立，神須形以存，悟生理之易失，知一過之害生。故修性以保神，安心以全身，愛憎不棲於情，憂喜不留於意，泊然無感，而體氣和平，又呼吸吐納，服食養身，使形神相親，表裡俱濟也。」身體的鍛鍊有賴運動和勞動，精神的修養則要做到清虛靜定，少私寡欲。

第二、適度調節。中國養生學處處講究適度，凡事適可而止，此可從三方面看出：即精神情志活動的適度，飲食五味的適度，和體力房事的適度。人皆有七情：喜、怒、憂、思、悲、恐、驚，七情過度必傷身心。所以歷代養生家均主張和喜怒以安神氣，少思慮以養神氣，去憂悲以悅神氣，防驚恐以攝神氣。至於飲食的適度也極重要，飲食不要過量，過量必致病，飲食不要偏嗜，偏嗜則營養不均衡也會致病。此外，飲食過冷過熱也不適宜，應做到飲食有節，寒溫適中。體力房事的適度，則指運動及勞動要適可而止，做到「營逸結合」，唐代孫思邈說：「養生之道，常欲小勞，但莫大疲及強所不能堪耳。」又房事的適度也是歷來醫家所重視，尤須切戒「醉以入房」。

第三、重視調攝。早在漢代末年，王充在《論衡》中已指出人的壽夭與遺傳有關：「夫稟氣渥則體強，體強則其命長；氣薄則其體弱，體弱則命短。」但是先天的遺傳不可靠，後天的保養才重要。明代張景岳曾說：「先天強厚者多壽，先天薄弱者多夭；后天培養者壽者更壽，后天斫削者夭者更夭，兩天俱得其全者，耆艾無疑也。」、「先天之強者不可恃，恃則並失其強矣；後天之弱者常知愼，愼則人能勝天矣。所謂愼者，愼情志可以保心神，愼寒暑可以保肺氣，愼酒色可以保肝腎，愼勞倦飲食可以保脾胃。……但使表裏無虧，則邪疾何由而犯，而兩天之權不在我乎。」（《景岳全書》）可見後天調攝對於長壽之重要。

第四、年齡差異。孔子曾說：「君子有三戒：少之時，血氣未定，戒之在色；及其壯也，血氣方剛，戒之在鬥；及其老也，血氣既衰，戒之在得。」這是最早依年齡生理的不同提出的養生原則。明代張景岳主張中年人就應該開始抵抗衰老：「故人於中年左右，當大爲修理一番，則再振根基，尙餘強半。」到了老年更須設法延緩衰老。在精神修養方面，元代王珪說：「蓋年老養生之道不貴求奇，先當以前賢破幻之詩，洗滌胸中憂結，而名利不苟求，喜怒不妄發，聲色不因循，滋味不耽嗜，神慮不邪思，無益之書莫讀，不急之務莫勞。」此外，老年人也要講求怡情悅志之法，以免有孤獨感，而且要「常用腦，可防老」。

第五、順應自然。這有兩種含義：一是指順乎自然界的變化以養生，即《素問》所說的「和於陰陽，調於四時」；二是指順乎自然之理以養生，也就是莊子庖丁解牛故事中悟出的養生之道。前者要順乎自然界的季節轉變以養生，身體才不會致病；後者要順乎自然界的陰陽規律，以保護生機，心情才能愉快。

五、中國養生方法簡介

我國歷代相傳的養生方法，種類繁多，內容豐富，對於保健延壽防病治病貢獻極大。我們如要從事修煉，首先必須瞭解各種養生方法的主要功用，其次要瞭解自己的體質適合修煉何種養生方法，然後再來研究選擇養生的方法，循序漸進，持之以恒，才能收到最佳的效果。

依據《實用中國養生全書》（一九九三年護幼社出版）所載，我國歷代相傳的養生方法，可以分成下列八大類：

㈠**情志調攝養生法**：情志亦稱情緒，人皆有七情，如何調攝使能保持心理平衡，達到延年益壽的目的極爲重要。常用的情志調攝方法，例如將養生與修身養性相結合，注重道德修養，順應四季的「四時養生法」，形神兼養法，以及各種娛樂項目，例如書畫、音樂、弈棋、蒔花、集郵等。

㈡**飲食調理養生法**：飲食養生是指調整飲食規律，注意飲食宜忌，飲食有節，因人因地因時制宜，養成良好的飲食習慣，以達到保健強身的目的。此外，還要研究各種保健食譜及藥膳養生方法。

㈢**生活起居養生法**：《素問》將「起居有常」與「食飲有節」同等重視。起居有常是指生活要有規律，不可過勞。生活起居的有關內容包含居住環境、服飾、睡眠、沐浴、理髮、戒煙、少酒，以及克服不良習慣等。

㈣**房事調諧養生法**：乃指對性生理、心理的認識，節制房事的意義與方法，以及有關性功能障礙及性傳染病的防治等。

㈤**勞動運動養生法**：勞動和運動能使人體魄健全，精力旺盛，但要兼顧形神兼練，適度不疲，勞逸結合及持之以恒等原則，古代健身運動有五禽戲、易筋經、八段錦及太極拳等，現代健身運動更多。

㈥**氣功調攝養生法**：氣功是我國傳統文化中的珍品，不但可以防病治病，還可以增益智能、陶冶性情。氣功的流派甚多，有吐納派、禪定派和導引派等。其基本內容不外是保健功、鬆靜功和肢體動功三個部分。

㈦**經絡穴位養生法**：這是運用針刺、艾灸、按摩等方法，刺激經絡、穴位，以達到調和氣血增進健康的養生法。其中針灸一項已經發展成爲中醫療法的專門醫術。

㈧**藥物調理養生法**：服食藥物是養生保健防治疾病的重要方法。中藥多是天然物質，較爲安全。藥物調理的原則是預防爲先，調補爲主，辨證用藥和因時因地因人制宜。中藥學也已成爲中醫的專門學科。

六、中國養生學面臨新情勢

中國養生學演進到現代已經面臨一個新的局面，受到西方科技文化的挑戰後，如何將我國固有的精髓部分經過鑑定無誤吸收補充後使其繼續向前邁進，而將其糟粕及不合時宜不合科學部分予以拋棄，實爲當務之急。尤其是關於中醫與西醫方面，更須中西結合，走出一條康莊大道來。

例如關於人類的衰老和抗衰老的研究，中國和西洋自古以來就有許多不同學說。我國的精、氣、神學說可作代表。西方中古時代有溫熱說、磨損說、自體中毒說等。現代醫學的養生理論則有遺傳說、內分泌說、免疫說、精神心理衞生說和自由基說等。如何融貫中西，取精棄粕，使中國養生學成爲既古老又尖端的學科，實是我們當前的要務。

又如中國養生法中的針灸和氣功都經得起現代科學的考驗，爲西方人士所推崇，應該發揚光大。但是憑藉陰陽五行建立的十二經脈和五臟六腑說，是否有存在的價值就要重新檢定了。

再如中藥科學化問題也急待澄清。自神農氏嘗百草，至今已累積了無數的經驗良方，但是鑑定藥物的質量方式應由科學的檢驗方式取代，傳統的丸、散、膏、丹等製作方式，應改爲研發各類片劑、沖泡劑、糖漿、膠囊、口服液及注射劑等，以適應時代的需要。

關於推展改進傳統中醫藥方面，近年來台灣的中國醫藥學院已經做了不少研究工作，但在質量上仍然不夠。中國大陸方面較爲積極，自一九五〇年以來，推行中西醫結合，已經收到相當成效，值得重視。

七、結　論

在中國五千年的文明史中，中國養生學從萌芽到茁壯以至發展，始終一脈相傳，就像滾雪球，愈滾愈大，直到現在已經成爲具有中國特色的養生健身的法寶。中國養生學自先秦時代起就吸收了古人的「重人貴生」的哲學思想，秉著「天地之大德曰生」以及「天人合一」的理念從事養生保健益壽延年的追求。在漫長的追求過程中，曾經獲致無數的養生方法與技術，值得我們去繼承與發揚。在現代的科學洗禮下，如何鑑定改進，使中國養生學精益求精，也是我們的責任。

最後，謹錄魏代養生大家嵇康（公元二二四—二六三年）所著《養生論》中之一段，作爲養生座右銘，願與閱者共勉：

善養生者，則不然矣。清虛靜泰，少私寡欲。知名位之傷德，故忽而不營，非欲而強禁也；識厚味之害性，故棄而弗顧，非貪而後抑也。外物以累心不存，神氣以醇白獨著。曠然無憂患，寂然無思慮。又守之以一，養之以和，和理日濟，同乎大順。然後蒸以靈芝，潤以醴泉，晞以朝陽，綏以五弦，無爲自得，體妙心玄，忘歡而後樂足，遺生而後身存。若此以往，庶可與羨門比壽，王喬爭年，何爲其無有哉！

易之「曲成萬物而不遺」與老子「曲則全」新詮

甲、釋「曲成萬物而不遺」

易經繫辭上傳第四章云：「範圍天地之化而不過，曲成萬物而不遺」，此言易理之用，就天道而言，能包容天地而不違越天地之道；就地道而言，能盡萬物之性而無一物遺之於外而不被其所化者也。其實後者也包括人道而言。其中「不過」是不要有過甚或超越之患，「不遺」是不要有遺漏或不及之弊。

「曲成萬物而不遺」中之「曲成」兩字極爲精要。它與《中庸》裏的「致曲」及《老子》中的「曲則全」均可相通。明代憨山大師就曾經用易經這句話來注解中庸裏的「致曲」兩字。在他所著《中庸直指》中有云：「曲乃曲成萬物而不遺之曲，謂委曲周帀之意。譬如陽春發育萬物，雖草芥纖悉無不克足，但有一草一葉不克足者，則不能遂其生，則是於物有所遺棄，而我之誠則有不至矣。」

又《荀子．天論篇》中，則把這個曲字引伸到治道上，如：「其行曲治，其養曲適，其生不傷」

其實，眞正把這種曲成萬物的道理發揮得最透徹的乃是《老子》一書，例如老子第二十二章的「曲則全」（詳見本文乙段）。

按《中庸》第二十二章論「至誠」云：「唯天下至誠，爲能盡其性；能盡其性，則能盡人之性；能盡人之性，則能盡物之性；能盡物之性，則可以贊天地之化育；可以贊天地之化育，則可以與天地參矣。」第二十三章接著說：「其次致曲，曲能有誠，誠則形，形則著，著則明，明則動，動則變，變則化，唯天下至誠爲能化。」朱子注云：「形者，積中而發外；著，則又加顯矣；明，則又有光輝發越之盛也；動者，誠能動物；變者，物從而變；化，則有不知其所以然者。蓋人之性無不同，而氣則有異，故惟聖人能舉其性之全體而盡之。其次則必致其善端發現之偏，而悉推致之，以各造其極也。曲無不致，則德無不實，而形著動變之功，自不能已，積而至於能化，則其至誠之妙，亦不異於聖人矣。」其中所謂「曲無不致，則德無不實」與《老子》之「曲則全」，實有「異曲同工」之妙，都是指做人做事的涵養工夫。

乙、釋「曲則全」

——《老子》「抱一」章新詮

老子所著《道德經》（亦稱《老子》）一書，五千餘言，義蘊豐富，其智慧之光震古爍今，實爲我國古代文化寶典之一。然而成書至今二千餘年，注疏者不下數百家，立場各異，各有所偏，幾令人無所適從。有的站在道家立場，如河上公，多養生家之言；有的站在玄學家立場，如王弼，多虛玄之言；有的站在法家立場，如韓非，多權謀之言。各注疏家所採用之方法，不外考據和義理二個層次，注重考據者多不重義理，注重義理者多不重考據，所以注疏家雖多，而能得老子眞傳者寥寥無幾，更難有所發揚（繼往）與創造（開來）了。

現代西洋哲學中發展出來一種新的哲學方法，名叫詮釋學(hermeneutics)。它起源於聖經的詮釋，亦稱「詮經學」，其研究對象爲傳統宗教的經典與思想，嗣後經過海德格(Martin Heidegger, 1889-1975)及其高弟加達瑪(H. G. Gadamer)加以充實發展後，已成爲重要的哲學方法論之一。近年來再經過傳偉勳教授加以修正擴充，改稱創造的詮釋學(creative hermeneutics)，既能繼往（批判的繼承），又能開來（創造的發展）。其內容可以概括爲下列五個辯證的層次：（註一）

一、**「實謂」層次**：原思想家（或原典）實際上說了什麼？——關涉原典的校勘、版本的考證與比較，具有客觀性，可稱爲前詮釋學的原典考證。

二、**「意謂」層次**：原思想家要表達什麼？或他所說的意思到底是什麼？——通過語言澄清、脈絡分析、前後文表面矛盾的邏輯消解，及原思想家時代背景的考察，作同情的了解，可稱爲依文解義的析文詮釋學。

三、**「蘊謂」層次**：原思想家可能要說什麼？或原思想家所說的可能蘊涵是什麼？——涉及思想史的理路線索、原思想家與後代繼承者之間的前後思維聯貫性的探討、已有的原典詮釋等，可稱爲歷史詮釋學。

四、**「當謂」層次**：原思想家（本來）應當說出什麼？或創造的詮釋學者應當爲原思想家說出什麼？——

——設法在原思想家教義的表面結構底下發掘深層結構，批判的考察「蘊謂」層次所找到的蘊涵，可稱為批判詮釋學。

五、「必謂」層次：原思想家現在必須說出什麼？或為了解決原思想家未能完成的思想課題，創造的詮釋學者現在必須踐行什麼？——批判地超克原思想家的教義局限性或內在難題。不但要消解原思想家的難題與矛盾，而且進一步完成原思想家未能完成的思想課題。這可稱為創造的詮釋學。

本文擬應用詮釋學的新方法，詮釋《老子》第二十二章的義蘊。

一、「實謂」層次

茲先錄《老子》第二十二章原典如下：

> 曲則全，枉則直，窪則盈，敝則新，少則得，多則惑。是以聖人抱一為天下式。不自見，故明；不自是，故彰；不自伐，故有功；不自矜，故長。夫唯不爭，故天下莫能與之爭。古之所謂「曲則全」者，豈虛言哉！誠全而歸之。

《老子》一書的版本甚多，迄無定本。通常以通行之王弼本為主，遇有疑義，再參照其他版本（如河上公本）。一九七三年十二月湖南長沙出土的甲乙種《老子》帛書本，成為後來居上的年代最早的本子。帛書本的次序，德經在前，道經在後，與通行本相反。帛書本共有五、四六七個字，與唐代四、九九九個字的流行本相比較，多了四百餘字。（註二）唯第二十二章帛書本文字與流行本比較無甚出入。

至於敦煌《老子》寫本約有四、五十種，第二十二章文字亦無不同。唯北宋晁公武著《郡齋讀書志》卷三之上云：「《老子》指歸十三卷，嚴君平撰，谷神子注。其章句頗與諸本不同，如以『曲則全』章末十七字爲後章首之類。」（註三）章末十七字即「古之所謂曲則全者，豈虛言哉，誠全而歸之。」按此乃本章之結論，當非二十三章之首段，而且這是孤證，不足採信。

由上所述，在「實謂」層次中，對於版本之考證及原典之校勘，均無助於本章之詮釋。現在且讓我們進入第二層次。

二、「意謂」層次

在這個層次中，我們要把本章文字的語意加以澄清。

「曲則全」：曲，收縮委屈之意；全，保全也。謂能委曲而後能保全也。

「枉則直」：枉，彎曲也，謂屈己而伸人，久自得直也。

「窪則盈」：窪，深也，小坑也，低窪之處則能容衆水之充盈也。以喻謙卑處下，則天下歸之也。

「敝則新」：敝，敗也，壞也，盡也。敝舊才能生新，破敝矣則求更新。以喻身受垢辱，則榮寵可至。

「少則得」：少取反而多得，謂少思寡欲也。

「多則惑」：貪多則迷惑於自滿。物欲多，則心意迷亂。

「是以聖人抱一爲天下式」：一指道而言，抱一，守道也。式，法式，範式。所以聖人守道，作爲天下事理的範式。

「不自見，故明」：見與現通，不自我表現，不自我炫耀，則人不妒而能彰明之。

「不自是，故彰」：彰，明也，著也，不自以爲是，則必謙虛受教，故明其理也。

「不自伐，故有功」：伐，誇也。不自己誇張，別人才會歸功於你。

「不自矜，故長」：矜，驕也，長通張，揚也。不自己驕傲，人必禮而敬之，爲之表揚，故其名遠揚也。

按《老子》第二十四章有「自見者不明，自是者不彰，自伐者無功，自誇者不長」，與本章所言，句形不同而句義可相成。

「夫唯不爭，故天下莫能與之爭。」：爭，競取也，因爲他不和人爭，所以天下沒有人能和他爭。

「古之所謂曲則全者，豈虛言哉！誠全而歸之。」：誠，信也，眞也，表性態。古人所說的「曲則全」等語，怎會是空話呢？那是由於眞能依「道」而行應有的結果。

茲依上述註釋，用現代語言將本章詮釋如下：

委曲可以保全，屈己才能伸人；低窪得以充盈，破舊始能生新；少取則可多得，貪多使人迷惑；所以聖人守道，作為天下事理的範式。

不求表現，別人才認為你高明；不自以為是，別人才會表彰你；不自我誇張，別人才會歸功於你；

不自我驕傲，別人才會承認你的長才。

因為他不和人爭，所以天下沒有人能和他爭。古人所説的「委曲可以保全」等語，怎麼會是空話呢？那是由於真能守道，而應有的結果。

在脈絡分析方面：「抱一為天下式」中之「一」，何以知其指「道」而言？四十二章云：「道生一，一生二，二生三，三生萬物。」王弼注：「一，少之極。」又「數之始。」蘇轍云：「夫道非一非二，及其與物為偶，道一而物不一，故以一名道。」呂吉甫云：「道之在天下，莫與之偶者，莫與之偶，則一而已矣。故曰道生一。」（註四）又三十九章云：「昔之得一者：天得一以清，地得一以寧，神得一以靈，谷得一以盈，萬物得一以生，侯王得一以為天下貞。其致之。」王弼注云：「昔，始也。一，數之始而物之極也。各是一物，所以為主也。物皆各得此一以成，既成而舍一以居成，居成則失其母，故皆裂、發、歇、竭、滅、蹶也。」又云：「各以其一，致此清、寧、靈、盈、生、貞。」由此可知，「抱一」即抱「道」也。

聖人對於萬事萬物，不但要守道為天下式，在做人方面還要「不自見、不自是、不自伐、不自矜」，亦即不自我表現，不自以為是，不自我誇張，不自我驕傲，方能顯出自己的高明與才幹。

又王弼用原典的後四句來解釋前四句，甚為切合。即於「曲則全」注云：「不自見，則其明全也。」於「枉則直」注云：「不自是，則其是彰也。」於「窪則盈」注云：「不自伐，則其功有也。」於「敝則新」注云：「不自矜，則其德長也。」但於「少則得，多則惑」則詳注為：「自然之道，亦猶樹也。轉

（愈）多轉遠，其根（本也）轉少，轉得其本，多則遠其眞，故曰惑也；少則得其本，故曰得也。」以自然之道比擬，甚爲恰當。

在邏輯分析方面：原典「夫唯不爭，故天下莫能與之爭。」乃本章的主旨。我們做人所以要「不自見、不自是、不自伐、不自矜」，就是要「不爭」，因爲不與人爭，所以天下的人都不能和他爭，正如孫子兵法所說的不戰而勝人之兵，才是最高明的策略。

又《老子》各章中曾經出現八次「不爭」二字，可見老子對於「不爭」的重視。第三章云：「不尚賢，使民不爭。」意爲不標榜賢名，可以使人民不起爭心。第八章云：「上善若水，水善利萬物而不爭。」上善的人好像水一樣，水善於滋潤萬物而不和萬物相爭。第七十三章云：「天之道，不爭而善勝。」意爲自然之道，是不爭奪而善於得勝。第六十八章云：「善勝敵者，不與，善用人者，爲之下，是謂不爭之德。」善於戰勝敵人的，不用對鬥，善於用人的，對人謙下，這便是不和人爭的道德。所以在八十一章最後兩句特別下結論云：「聖人之道，爲而不爭。」可見老子對於「不爭之德」的重視。

在層面分析方面：「抱一」的「一」是「道體」，道體是不變的，「抱一」是守道，「曲則全」等是「道用」，「道用」是可變的，因爲「道」能使曲而全、枉而直、窪而盈、敝而新、少而得，所以聖人守道而爲天下事物之範式。

在作者生平及時代背景方面：關於老子其人其書的年代問題，當代學者有許多歧見，異說紛紜，筆者認爲徐復觀先生的考證最爲週延，他在〈老子其人其書的檢討〉一文中提出結論云：一、由先秦有關資料全面考查的結果，大體上我回到史記老子列傳中「正傳」的說法；而將列傳中的兩個「或曰」，認爲這是由司馬遷「疑以傳疑」的史學方法所插入進去的「附錄」。這兩個附錄，在先秦有關資料中沒有找出有力的支持，所以由此所產生的各種推測，皆不能成立。二、就現行《老子》一書詳加分析的結果，認爲其中有一部分是老子原始思想的紀錄；此外，則是由他的學徒對他的原始思想所作的疏釋。（註五）

依照徐復觀先生的結論，認爲《史記》老子列傳大部分是正確的，即老子是楚國苦縣（在今河南省鹿邑縣東）人，姓李氏，名耳，字聃，周代守藏室的史官。他脩道德，其學以自隱無名爲務，無爲自化，清靜自正，著書上下篇，言道德之意五千餘言。至於《史記》兩個「或曰」，一爲或曰老萊子，一爲或曰儋即老子，均不足採信。至於老子的生卒年代，大約爲公元前五六一－四六七年，比孔子早生二十年，約當周靈王時代。

老子生當春秋時代，周室自平王東遷，王權式微，各封建諸侯互相攻伐兼併，戰爭頻仍，社會不安，生民流離。究其原因，主要爲人君暴虐，貪得無厭。老子目睹其情，乃針對時弊，倡導清靜無爲，無私寡欲，謙卑柔弱，不爭之德，冀以挽救頹風，而拯萬民。此與儒家所倡修齊治平之道，實有異曲同工之妙。

三、「蘊謂」層次

在蘊謂層次首先要談到的是思想史的理路線索。本章末段有「古之所謂曲則全者」一句，可見「曲則全」乃是古人相傳的成語，並非老子或其弟子的話，而是老子或其弟子引用古人成語來證明自己的主張。

我們若進一步考察「曲則全」的歷史淵源，則知它是淵源於《易經》，易繫辭傳云：「範圍天地之化而不過，曲成萬物而不遺。」宋代程伊川《易傳》云：「委曲，成就萬物之理而無遺失。」今人程石泉先生云：「曲者『隱秘不宣』之意。易以乾策二百十六，坤策一百四十四，合計三百六十策，以當周天之數，以當一年之日。總六十四卦合計萬有一千五百二十，當萬物之數，故謂『曲成萬物而不遺』，蓋以策雖有盡，但其數足以賅括萬物，故謂之爲不遺。不遺者，不遺漏也。」（註六）又今人劉百閔先生云：「曲成萬物而不遺，曲，與中庸『其次致曲』相同，曲成則能盡萬物之性，而無一物遺之於外，而不被其所化者也。」（註七）按《中庸》二十三章云：「其次致曲，曲能有誠，誠則形，形則著，著則明，明則動，動則變，變則化，唯天下至誠爲能化。」大意爲「至誠」以次，便是「致曲」，雖然不是至誠，但能曲曲折折地使之做到誠，所以說曲能有誠。故朱熹注云：「其次則必致其善端發現之偏，而悉推致之，以各造其極也。曲無不致，則德無不實，而形著動變之功自不能已，積而至於能化，則其至誠之妙，亦不異於聖人矣。」可見《老子》「曲則全」的說法，與《易經》及《中庸》均有關連，正所謂所見略同也。

此外，《易經》尙有「曲言」之說。繫辭傳云：「其旨遠，其辭文，其言曲而中。」曲成萬物而不遺，故曰「曲而中」。曲言猶婉言也。子華子云：「太古之聖人，所以範世訓俗者，有直言者，有曲言者。直言者直以情責也；曲言者，假以指喻人。」又《莊子．天下篇》云：「人皆求福，己獨曲全。曰：苟免於咎。」意即人人都求福，他獨自委曲求全，說：但求避免禍害。

四、「當謂」層次

我國學者林語堂先生著有英文《智慧的老子》一書，他認爲了解《老子》的最好方法，便是配合研讀《莊子》，因爲莊子畢竟是老子的傳人，都是道家的代表人物。「一般說來，老莊思想的基礎和性質是相同的，不同的是：老子以箴言表達，莊子用散文描述；老子憑直覺感受，莊子靠聰慧領悟；老子微笑待人，莊子狂笑處世；老子教人，莊子嘲人；老子說給心聽，莊子直指心靈。」（註八）這種比較甚爲恰當。林語堂先生將《老子》第二十二章題名爲「爭之無益」，指出《莊子》序文（按指天下篇）中將「曲則全」列爲最有代表性的老子思想。並引用《莊子》支離疏以奇醜而享年，櫟樹以不材而長壽（均見人間世篇），王駘形殘而德全（德充符篇）等寓言，說明無用爲用乃自全之道，與「曲則全」、「不爭」同爲老子的對反論。

五、「必謂」層次

《老子》第二十二章的涵義及其有關哲理，經過上述四個層次的闡釋，當已不難了解，本節擬在應用方面予以進一步闡釋。

老子所說的「抱一」是最高原則，「曲則全」和「不爭」是總綱，「不自見、不自是、不自伐、不自矜」是行爲的法則。無論我們對人處事只要遵照老子的指示去做，必有成功的把握。

例如我們在處理人際關係上，有「理直氣壯，義正辭嚴」的說法，認爲最好的態度與做法。檢討起來這是十分錯誤的，因爲沒有考慮對方是否能夠接受。如果改爲「理直氣和，義正辭婉」，便有不同的效果，因爲態度謙和，言辭委婉，對方必樂於接受，有利人際關係的增進。這便是老子「曲則全」和「不爭」方法的應用。

現在再舉出一件歷史事實，作爲「曲則全」的例證。漢武帝有個乳媽，仗著漢武帝是她的乾兒子，常常在外面做犯法的事，漢武帝知道了，大發雷霆，要將她依法嚴辦。乳媽無可奈何，只好求救於東方朔。東方朔是一個很幽默的人，漢武帝很喜歡他。他聽了乳媽向他求情的話，向她說道：「這件事情很嚴重，並非用言語爭論所能解決的。當皇帝下命令要辦你的時候，一定叫人把你拉下去，這時候你什麼都不要說，你只要走兩步便回頭看看皇帝，再走兩步又回頭看看皇帝，表示依依不捨的樣子。千萬不可要求說：皇帝！我是你的乳媽，請原諒我吧。或者還有萬分之一的希望，可以保全你的性命。」東方朔對乳媽吩咐好了，當皇帝叫乳媽來問：「你在外面做了許多壞事，太可惡了！」叫左右拉下去法辦。這時乳媽就照著東方朔的吩咐，走兩步就回頭看看皇帝，鼻涕眼淚直流，做出很可憐的樣子。東方朔站在旁邊說：「你這個老太婆太可惡了！皇帝已經長大，還要靠妳餵乳吃嗎？妳就快滾吧！」漢武帝聽東方朔這樣說，心就軟了，於是下令赦免乳媽的罪。（註九）

「少則得，多則惑」則是由「曲則全」引申的箴言。現在亦講一個故事作爲例證。當清末民初的時期，有一位山西省的商人，生意做得很大，財產很多。可是這位商人一天到晚打算盤，親自計算盈虧，雖然請有帳房先生，但總帳還是自己計算，每天直到深夜，非常操勞，以致經常失眠，加以年紀漸老，痛苦不堪。他的隔鄰卻住了一戶很窮的人家，兩夫妻做豆腐維生，每天一早起來做豆腐，賣完豆腐後便有說有笑，快活似神仙。富商夫人就說：「老爺，看來我們太操心了，還不如隔壁賣豆腐的兩口子，他們儘管很窮，卻活得很快活。」這位富商聽了便說：「這有什麼奇怪，我明天就叫他們笑不出來。」於是他將一錠十兩重的金元寶，從牆上扔了過去。那對夫妻正在做豆腐，而且說說笑笑，非常快活，忽然聽到門前「撲通」一聲，開門一看，發現地上有一個金元寶，認爲是天賜橫財，於是悄悄地撿了回來。心想現在發財了，以後不必賣豆腐了。但是這個金元寶藏在那裏都覺得不安全，打算怎麼運用，更是傷透腦筋，豆腐也做不成了，笑也笑不出來了。兩夫妻商量了三天三夜，仍然得不到結果，連覺也睡不安穩。三天以後，富商對他夫人說：「妳看！他們不能再笑了吧。」（註一〇）

「曲則全」的原則在藝術方面的應用，也非常廣泛而重要。就中國文學方面而論：「有人說夢窗的詞，好像是七寶樓臺，但是摘下來不成片斷。所以吳夢窗的詞，就還抵不上北宋的幾個大家。他只是能夠裝點門面，就是從不同的印象湊合起來，但裏面沒有眞正的統一。所以摘下來不成片斷。那就是因爲他『曲』還沒有到家，所以他把握的知識部分還不是全體。因此眞正哲學上的『全而歸之』，是要把一切細膩的方面都能夠體會了，都能夠瞭解了，然後再從細膩的、曲折的瞭解裏面把握住全體。這就是中國所謂藝術家的精神——『提其神於太虛而俯之』，然後再拿統一的精神來統攝宇宙裏面委婉曲折的方

面；這樣才能把宇宙的各方面都會歸到哲學智慧的統一裏面，形成一體不可分割的整體。」（註一一）

至於中國書畫方面，「曲線美」的應用最爲普遍。「愛因斯坦的『空間曲線論』，指出空間的本身是曲線的。書法家筆觸在長、寬、厚的三度空間運行之際，又依存於四度空間的時間。……所有藝術型構，全賴點線配合及空白；型構成份的微波，也各有其韻律；型構是空間，韻律是時間。書法筆觸中呈透的時空模形，不像大自然雕塑的日月星辰一樣，有其定則；所以筆端的曲意，可變性極高。而書法上的曲線美，卻縈繞在直線的內外，有神意可感，不一定有形跡可尋。（註一二）中國畫的用筆是根據書法的用筆，所以中國畫家總是把練習書法當作基本功夫，這樣才能在繪畫中表現曲線美。

結論

西洋哲學中新近發展出來的「創造的詮釋學」，對於古代經典的詮釋，有其獨到之處。分爲五個層次，逐層深入分析，以獲致較爲客觀可靠的結論。本文嘗試採用此法詮釋《老子》抱一章，以就正讀者。

依據上述五個層次分析的結果，我們可以獲得下列結論。

在「實謂」層次中，我們得知《老子》一書版本甚多，內容出入頗大。最近出土的帛書本比流行本多出四百餘字（五、四六七字），其編排次序德經在前，道經在後，與流行本相反。而帛書本第二十二章與流行本比較，內容並無差別。又敦煌《老子》寫本，該章文字亦無不同。所以在「實謂」層次中，所作版本之考證及原典之校勘，均無助於本章之詮釋。

在「意謂」層次中，我們已把本身原典的語意逐句加以澄清。並作脈絡分析、邏輯分析及層面分析。在脈絡分析方面，指出「抱一爲天下式」中之「一」，乃指「道」而言。聖人對於萬事萬物都要抱道爲天下式，在做人方面則要「不自見、不自是、不自伐、不自矜」。在邏輯分析方面，指出原典「夫唯不爭，故天下莫能與之爭」乃本章的主旨所在。在層面分析方面，指出「抱一」的「一」是「道體」，是不變的；「抱一」是守道，「曲則全」等是「道用」，道用是可變的。因爲「道」能使曲而全、枉而直、窪而盈、敝而新、少而得，所以聖人守道而爲天下事物的範式。又在作者生平及時代背景方面亦有所考定。

在「蘊謂」層次中，由思想史的理路線索中，指出「曲則全」淵源於《易經》的「曲成萬物而不遺」，而與中庸所言「其次致曲，曲能有誠，誠則形，形則著，著則明，明則動，動則變，變則化，唯天下至誠爲能化。」互相貫通。又《易經》中的「其旨遠，其辭文，其言曲而中」與《老子》中的「曲則全」亦可貫通。

在「當謂」層次中，介紹林語堂先生「以莊解老」的說法，引莊子寓言三則，說明無用爲用乃自全之道，與「曲則全」、「不爭」同爲老子的對反論。

在「必謂」層次中，將老子所主張的「抱一」（最高原則），「曲則全」「不爭」（總綱）和「不自見、不自是、不自伐、不自矜」（行爲法則），應用於對人處事，以及藝術、文學、書畫各方面，並詳舉歷史實例加以說明。

【附註】

註一 參見傅偉勳著《從創造的詮釋學到大乘佛學》，頁一〇，民國七十九年，東大圖書公司出版。

註二 參考鄭良樹著《老子論集》，頁二，民國七十二年，世界書局出版。

註三 同註二，頁一四七。

註四 參見陳鼓應註釋《老子今註今譯》，頁一五九，六十七年商務版。

註五 徐復觀著《中國人性論史先秦篇》，頁三二六，六十八年商務版。

註六 程石泉著《易學新探》，頁一六七，六十八年文行出版社。

註七 劉百閔著《周易事理通義》，頁八一二，民國五十五年，世界書局。

註八 參見林語堂著王玲玲譯《智慧的老子》，頁一六，七十年德華版。

註九 劉向著《說苑》云：「漢武帝乳母，嘗於外犯事，帝欲申憲，乳母求東方朔。朔曰：此非唇舌所爭，而必望濟者，將去時，但當屢顧帝，愼勿言此，或可萬一冀耳。乳母既至，朔亦侍側，因謂曰：汝癡耳！帝今已長，豈復賴汝哺活耶？帝悽然，即敕免罪。」

註一〇 轉引自南懷瑾著《老子他說》，頁二七九，七十六年，老古公司出版。

註一一 參見方東美著《原始儒家道家哲學》，頁二一五，七十二年，黎明公司。

註一二 參見史紫忱著《書法美學》，頁三六，六十五年藝文館。

易經是中國文化之本源

首先我們要問：文化是什麼？中國文化的特質是什麼？

「文化」一詞，一般人以爲來自西方，譯自英文Culture，其實乃源自易經。賁卦彖傳：「觀乎天文，以察時機；觀乎人文，以化成天下。」意爲觀察天文，可以知時令的變遷；觀察人文，可以知聖人治民之道。故後人解釋文化爲文治教化之意。

至於文化的定義，中外學者言人人殊。一般人較能接受的定義是：「所謂文化者，並不只是指狹義的文藝、文物與文學等而言，乃是涵蓋了民族的精神、思想、心理、志節，以及政治的制度組織、社會的風氣習尙、與倫理秉彝的道德，乃至人民的生活言行，以及青年的灑掃、應對、進退、鞠躬，皆在文化範疇之內，而且莫不受其民族文化之影響。而文化的化字尤當注意，比如古訓所謂『所存者神，所過者化』，又曰『小德川流，大德敦化』，以及『聖神功化之極』諸說，就都在說明文化者，乃存神過化，日新又新之意，而決非保守復古，墨守成規，執一不化者所得稱爲文化。」可見文化的範疇甚廣，凡是在人類求生過程中，因而形成的一切精神和物質的文明都包括在內。舉凡歷史、文物、典章、制度、道德、信仰、哲學、科學、法律、藝術，乃至風俗習慣等等的綜合體，只要與人類生活有關的，都可稱爲文化。

我們中國有悠久的歷史，我們祖先創造了光輝的文化，自伏羲畫卦作易，現出文化的曙光，至今已歷六千五百年，嗣經歷代聖哲繼承發揚，中華文化的承傳從未中斷，雖有異族的入侵，終被我固有文化的力量所同化，雖有外來文化的衝擊，但並未被外來文化所取代，反而增加固有文化的滋養，而形成新的文化。究其原因，乃由於我中華文化有特具的凝聚力和親和力所致。根據陳立夫先生的意見，中國文化的特質有三：一爲人本，二爲德本，三爲中道。（參見陳立夫作「確認中華文化的精神，達成國學研究的目的」及「易與儒家之中道思想」二文，解說詳後。）

其次，我們要問：易經是一部什麼樣的書？

易經是天下第一部古書：世界上沒有一部書如此古老，從開創到流傳竟有六千五百年之久。在文字發明之前，伏羲早已用八卦的符號系統，來表達人類的思想。八卦爲上古時易的圖式時代，也是易經的原始。

易經也是天下第一部奇書：內容宏富，包羅萬有。從天文、地理，到人事日用，從哲學、科學，到占卜術數，它所蘊涵的萬有概念，成爲中國傳統文化的先導，一切學術思想的泉源。

易經更是天下第一部寶典：易經含有許多基本理念，尤富有形而上的義理，不但是儒家的最重要的經典，而且是諸子百家的根源。

因此我們可以肯定地說：易經是中國文化之本源！

以下讓我們進一步舉證來加以說明：

第一，從易經的演進來看：易經的歷史與中國文化同樣悠久，早在六千五百年前，我國上古第一大聖人伏羲氏即以八卦符號來表達其觀察宇宙人生的哲理思想。繫辭傳云：「古者包羲氏（亦作伏羲氏）之王天下也，仰則觀象於天，俯則觀法於地，觀鳥獸之文，與地之宜，近取諸身，遠取諸物，於是始作八卦，以通神明之德，以類萬物之情。」八卦是一種圖式，也是一種文化的雛型。它比六千餘年前的「刻劃文化」爲早（據近年大陸上所發現六千餘年前的石器、陶器，已有刻劃文字及幾何圖形，早於後出之書契文字）。由此可證我中華文化早在伏羲之世已開其先河。

第二，從易經的作者來看：易經不是一人一時的作品，而是經歷長時間多人的集體創作。班固在漢書藝文志中謂「人更三聖，世歷三古」，只是指其大概而言，事實上自伏羲氏畫卦後，相傳尚有神農氏作連山易，黃帝作歸藏易，降及三代，夏則祖述神農而宗連山，殷則祖述黃帝而宗歸藏，周則祖述堯舜而名周易。周禮云：「太卜掌三易之法，一曰連山，二曰歸藏，三曰周易。」周易特重乾坤序列，由文王作卦辭，周公作爻辭，通行於周代，故稱周易。其後連山、歸藏失傳，只存周易，孔子乃繼文王、周公之後作「十翼」（指繫辭、文言、彖、象、說卦、序卦、雜卦等十篇傳）以贊易，於是有經有傳，體例大備，可見易經之成書，前後經過十大聖人——伏羲、神農、黃帝、唐堯、虞舜、夏禹、商湯、文王、周公、孔子的創作，始成今日易之經傳十二篇。而此十大聖哲也是中國古代文化的開創者和締造者。

第三，從易經的地位來看：易、詩、書、禮、樂、春秋六經，古稱六藝，而易經居首，爲各經的本源。漢書藝文志云：「六藝之文，樂以和神，仁之表也；詩以正言，義之用也；禮以明體，明者著見，故無訓也；書以廣聽，知之術也；春秋以斷事，信之符也。五者，蓋五常之道，相須而備，而易爲之原。故曰：『易不可見，則乾坤或幾乎息矣。』言與天地爲終始也。」易爲六經之原，自孔子贊易後，乃成爲儒家最重要的經典。不僅如此，其他諸子百家亦多淵源於易。例如墨家的苦行節用，乃取法於「成始成終」；法家的剛決精嚴，乃取法於「明罰勑法」，陰陽家的躔度推步，乃取法於「卦氣爻辰」，其他如兵家之奇正，名家之異同，縱橫家之長短，道家之窮變化，均無不淵源於易經。

由上所述，無論從易經的演進、作者及地位來看，更與中國文化發展的軌跡密不可分。如前所述，中國文化的特質有三，即人本、德本與中道。此三特質皆淵源於易經。

首先，所謂人本，即以人爲本的立場，來進行人類的一切活動，而建立人類所爲的法則。繫辭傳云：「易之爲書也，廣大悉備，有天道焉，有人道焉，有地道焉。」此三才之道，以人道爲主，人能參贊天地之化育，創造崇高的價值。中國文化即以人爲本而建立人與人的關係。人與人的關係首推家庭中的關係：父母與子女、夫與婦、兄（姊）與弟（妹）的關係，然後再推及君與臣、朋友與朋友的關係，即所謂五倫，要做到父慈、子孝、夫和、婦順、兄友、弟恭、以及君義、臣忠、朋友有信。家人卦彖傳云：「女正位乎內，男正位乎外，男女正，天下之大義也。家人有嚴君焉，父母之謂也，父父、子子、兄兄、弟弟、夫夫、婦婦，而家道正，家正而天下定矣。」這一段話對於家庭中父子、夫婦、兄弟的關係說明得非常清楚，如能做到父慈、子孝、兄友、弟恭、夫婦相敬如賓，則能使家庭步入正軌，國之本在家，家正必能國治，故云「家正而天下定矣。」

其次，所謂德本，即以道德爲本。道德不僅是個人應有的操守，也是社會必要的生活規範。中國文化特重德本，孔子說：「志於道，據於德，依於仁，遊於藝。」（論語述而篇），道德爲一切事功之首要條件。易經處處教人進德脩業，以至乎君子和聖人的境界。各卦的大象辭大多以修德來勗勉君子。例如「君子以厚德載物」、「君子以果行育德」、「君子以懿文德」、「君子以儉辟難」、「君子以振民育德」、「君子以常德行」、「君子以自昭明德」、「君子以反身修德」、「君子以順德」、「君子以居賢德善俗」等。最重要的，繫辭下傳第七章特別提出履、謙、復、恒、損、益、困、井、巽九卦爲修德的目標，並且一再指出九德之重要、效果及功用，所謂「三陳九卦」。繫辭傳云：「是故履，德之基也；謙，德之柄也；復，德之本也；恒，德之固也；損，德之脩也；益，德之裕也；困，德之辨也；井，德之地也；巽，德之制也。」此言成德之重要。又云：「履和而至，謙尊而光，復小而辨於物，恒雜而不厭，損先難而後易，益長裕而不設，困窮而通，井居其所而遷，巽稱而隱。」此言成德之效果。更云：「履以和行，謙以制禮，復以自知，恒以一德，損以遠害，益以興利，困以寡怨，井以辨義，巽以行權。」此言成德之功用。此外，易經尚提示解憂防患之道，主要在於「進德脩業」，並且進一步更要「崇德廣業」和「開物成務」。

再其次，所謂中道，即中正之大道。中道思想也是中華文化的締造者伏羲畫卦開始。八卦由下、中、上三爻組成，下爻代表地，中爻代表人，上爻代表天，人爲宇宙的中心，故稱爲「以二爲中」。由六爻組成的六十四卦，則以初、二兩爻代表地，以三、四兩爻代表人，以五、上兩爻代表天，也是以人爲宇宙的中心，而稱「二、五之中」，即下卦以二爲中，上卦以五爲中。易經「中」的要義尚有因「時」、「位」而得中。例如蒙卦彖傳「蒙亨，以亨行時中也。」又蹇卦彖傳：「蹇利西南，往得中也；不利東北，其道窮也。」此處「時之中」有把握時機之意。又如需卦彖傳：「位乎天位，以正中也。」訟卦彖傳：「利見大人，尚中正也。」此處之「位中」得正位之意。六十四卦中有的稱「中行」，有的稱「得中」，也有的稱「中正」或「正中」，與後儒所談的中道思想脈絡相通。如堯以「允執厥中」四字語訣傳舜，舜又以「人心唯危，道心唯微，唯精唯一，允執厥中。」十六字語訣傳禹。其後儒家要亦言中道，孔在論語中曾引用「允執厥中」（堯曰篇）。中庸把易經的中道思想發揮得最爲透徹：「喜怒哀樂之未發謂之中，發而皆中節謂之和。中也者，天下之大本也；和也者，天下之達道也。致中和，天地位焉，萬物育焉。」孟子亦說：「孔子不得中道而與之，必也狂獧乎，狂者進取，獧者有所不爲也，孔子豈不欲中道哉？不可必得，故思其次也。」（孟子盡心篇）宋儒則把易經中正之道發揚而爲「大中至正。」張載正蒙中正篇云：「大中至正之極，文必能致其用，約必能感而通。」王夫之注云：「大中者，無所不中；至正者，無所不正，貫天下之道者也。」

以上所言，主要是中國文化淵源於易經的形而上部分，至於形而下部分則有事實可證。伏羲畫卦的目的在於「通神明之德，類萬物之情。」故有關於生民的器具、制度、禮俗、書契，莫不取象於易，而製作出來以供民用，在上古期中，取象於易而發明的事物有罔罟、耒耜、衣裳、舟車、杵臼、弓矢、宮室、棺廓、書契等。此外，尚教民漁獵、畜牧、農耕、交易，使人民進入文明的生活天地。

總之，易經一書創始於上古，演進於後世，體大思精，日新又新，正如孔子所贊「易與天地準，故能彌綸天地之道。」「精義入神，以致用也。」我中華文化之源遠流長，易經之啓迪，功不可沒。當此吾人從事中華文化復興之際，對於中華文化之本源的易經，允宜加以發揚，並應用於啓發學術思想，而作更大的貢獻。

易何以為五學之原

六藝的學術性質

我們如欲探究易經在六經中所佔的地位，必須先瞭解六經的特質及其功能。六經是我國最早的典籍，所謂六經即易、詩、書、禮、樂、春秋六種學術古籍。六經亦稱六藝，但六藝有前六藝和後六藝之別。前六藝是指禮、樂、射、御、書、數，後六藝就是六經，前六藝相當於現在的術科，周禮地官保氏云：「養國子以道，乃教之六藝。」即指以禮、樂、射、御、書、數六種技能培養人才。後六藝相當於現在的學科。漢書儒林傳云：

古之儒者，博學乎六藝之文。六學者王教之典籍，先聖所以明天道、正人倫、致至治之成法也。

其中所說「六藝」、「六學」皆指六經而言。班固認爲六經是王教的典籍，先聖用以明天道、正人倫、致至治之成法，古代儒者必須博學而貫通之。

歷來學者對於六經的學術性質和功能論列甚多，皆於經旨有所宏揚。茲擇其要者引述如下。莊子天下篇云：

其在於詩書禮樂者，鄭魯之士搢紳先生多能明之。詩以道志，書以道事，禮以道行，樂以道和，易以道陰陽，春秋以道名分。

簡要地指出了六經的性質。荀子勸學篇云：

學惡乎始？惡乎終？曰：其數則始於誦經，終乎讀禮。……故書者，政事之紀也；詩者，中聲之所止也；禮者，法之大分、類之綱紀也。故學止乎禮而止矣。夫是之謂道德之極。禮之敬文也，樂之中和也，詩書之博也，春秋之微也，在天地之間者畢矣。

荀子之勸人爲學，僅言詩、書、禮、樂、春秋五經，未言易經。揆其用意，初學至此已足，至於高深的易經，屬於深造之階段。荀子在大略篇曾引易經小畜卦初九爻辭云：「復自道，何其咎？」又云：「善爲易者不占」，可見他是深於易者，並非不重視易經。

六藝的教化功能

關於六經的教化功能，禮記經解篇說得最爲詳盡：

孔子曰：入其國，其教可知也。其爲人也：溫柔敦厚，詩教也；疏通知遠，書教也；廣博易良，樂教也；絜靜精微，易教也；恭儉莊敬，禮教也；屬辭比事，春秋教也。故詩之失，愚；書之失，誣；樂之失，奢；易之失，賊（當作執迷不悟或迷信解）；禮之失，煩；春秋之失，亂。其爲人也：溫柔敦厚而不愚，則深於詩者也。疏通知遠而不誣，則深於書者也。廣博易良而不奢，則深於樂者也。絜靜精微而不賊，則深於易者也。恭儉莊敬而不煩，則深於禮者也。屬辭比事而不亂，則深於春秋者也。

他把經教對於正反兩方面的影響，都說得很清楚。史記太史公自序則說明六經的特質與治國的功能：

易著天地陰陽四時五行，故長於變；禮經紀人倫，故長於行；書記先王之事，故長於政；詩記山川谿谷禽獸草木牝牡雌雄，故長於風；樂樂所以立，故長於和；春秋辯是非，故長於治人。是故禮以節人，樂以發和，書以道事，詩以達意，易以道化，春秋以道義。

又史記滑稽列傳亦有類似的說法：

六藝於治一也。禮以節人，樂以發和，書以道事，詩以達意，易以神化，春秋以義。

董仲舒春秋繁露玉杯篇指出六學皆大，而各有所長：

六學皆大，而各有所長。詩道志，故長於質；禮制節，故長於文；樂詠德，故長於風；書著功，故長於事；易本天地，故長於數；春秋正是非，故長於治。

劉勰文心雕龍宗經篇則以文章的觀點，說明六經的內涵和各種文體的淵源：

夫易惟談天，入神致用。故繫稱旨遠辭文，言中事隱，韋編三絕，固哲人之驪淵也。書實記言，而訓詁茫昧，通乎爾雅，則文意曉然。故子夏歎書，昭昭若日月之明，離離如星辰之行，言昭灼也。詩主言志，詁訓同書，摛風裁興，藻辭譎喻，溫柔在誦，故最附深衷矣。禮以立體，據事制範，章條纖曲，執而後顯，採掇片言，莫非寶也。春秋辨理，一字見義，五石六鷁，以詳略成文，雉門兩觀，以先後顯旨；其婉章志晦，諒以邃矣。尚書則覽文如詭，而尋理即暢；春秋則觀辭立曉，而訪義方隱。此聖文之殊致，表裏之異體者也。……故論說辭序，則易統其所；詔策章奏，則書發其源；賦頌歌讚，則詩立其本；銘誄箴祝，則禮總其端；紀傳銘檄，則春秋爲根。並窮高以樹表，極遠以啓疆，所以百家騰躍，終入環內者也。

從上面所引各家對於六經的說明與評價，使我們明瞭六經的內容、特質、運用與功效。尤其對於易經的內涵，獲得明確的概念。諸如「易以道陰陽」、「絜靜精微，易教也」、「易著天地陰陽四時五行，故長於變」、「易以道化」、「易以神化」、「易本天地，故長於數」、「易惟談天，入神致用」等。

班固的卓見

上引各說，大都把六經平行論述，指出各經的要義，換言之，六經同等重要，不分軒輊。究竟易在六經中居於何種學術地位，我們尚難以分辨，要等到讀到班固漢書藝文志的下引一段文字後，我們才會了解易經在六經中實是佔著主導的地位。漢書藝文志六藝略云：

六藝之文：樂以和神，仁之表也；詩以正言，義之用也；禮以明體，明者著見，故無訓也；書以廣聽，知之術也；春秋以斷事，信之符也。五者，蓋五常之道，相須而備，而易爲之原。故曰：「易不可見，則乾坤或幾乎息矣。」言與天地爲終始也。至於五學，世有變改，猶五行之更用事焉。

班固對於六經的看法實是高人一籌。他把六經分爲兩類：一類是樂、詩、禮、書、春秋，爲五常之道所從出，即可培養仁、義、禮、智、信五德；另一類是易，爲人類的最高大德所從出，即乾坤之德。因爲易是推天道以明人道，古人有云：「在天成道，在人成德」，道、德同出一源。乾卦象傳云：「天行健，君子以自強不息。」坤卦象傳云：「地勢坤，君子以厚德載物。」人之諸種德性，莫不秉之於天。所以班固說「五（經）者，蓋五常之道，相須而備，而易爲之原。」明白指出了易爲群經的本原，而且指出易與天地爲終始，具有永恒性，至於其他五經，則世有改變亦隨之改變。

大易哲學

但是，班固以樂、詩、禮、書、春秋五經配五德而以易經爲五學之原的說法，僅指出了易爲五學之原的一部分理由，而且是特殊的理由，至於普遍的理由尚待吾人探究。筆者認爲易爲五學之原的最大理由，乃是由於在學術性質上易爲哲理之學——哲學，而詩、書、禮、樂、春秋則爲文史之學（廣義的）。

易經是一部最古老的講哲理的書，也是中國哲學的泉源。早在西元前四千七百年左右的遠古時代，我國第一位聖人伏羲氏開始畫卦，以乾、坤、震、巽、坎、離、艮、兌八組符號，分別代表天、地、雷、風、水、火、山、澤八種自然現象。此種思想就是原始的宇宙論。經過三千五百年，到了殷周之際，周文王被囚羑里，乃演周易，重八卦爲六十四卦，並作卦辭，爲了以神道設教，此時易卦兼作占卜的工具。文王之後又五百年，到了孔子時代。孔子五十歲以後熱衷於研究易經，讀易竟至「韋編三絕」，於是作「

十翼」以贊易，解釋易的義理，使易經哲學獲得進一步的發展。由此可知，易經過了長期的演變，正如漢書藝文志中所說的「人更三聖，世歷三古。」成為我國第一部哲學典籍。

「十翼」中，以「繫辭傳」、「文言傳」、「象傳」所含哲理最為豐富，為易建立了「普遍形上學」，既可作為文化創造的指標，亦可作為一切學術的理論基礎。易的形上學要點為：易乃形而上之道，包括天道、地道、人道，而人實為「道樞」。「生生之謂易」，生生乃天地創化之歷程，所生生能生，能生又生所生，「天地之大德曰生」，而其所生者必為「陰陽合德」，「剛柔有體」。故繫辭傳云：「一陰一陽之謂道（生生之道），繼之者善也，成之者性也。」所以易之形上學乃由天道以明人事，包括了宇宙論與價值論。這就是中國生命哲學的根源。

與孔子同時的老子，亦曾致力發展易學，其所著五千言道德經，實涵蘊豐富的易學思想，他在伏羲、文王的易學基礎上，向上發展，建立了道家易的玄學思想體系。

孔、老二家易學思想的出發點，都是「乾元始動」。孔子由此開始，下落「坤元」之順承而生物生人，然後由人上行窮理盡性以至於命。老子也由「乾元始動」出發，由「有」推「無」推「道」，由「道」到「自然」，然後再由「自然之道」下行，而說明宇宙萬物之生成。兩人的思想體系都是一上一下或一往一復的雙軌路線（參閱高懷民著：《大易哲學論》頁一二）。

無論儒門易或道家易都是中國哲學的泉源。其所建立的易之形上學可作為一切學術發展的理論基礎。這就是易為五學之原的最大理由。

劉百閔的事理學

近人劉百閔先生則主張易爲事理學，含有根本原理、體系原理和實踐原理，而詩、書、禮、樂、春秋則講天下的萬事萬物，萬事萬物的「理」都包含在事理學中，所以易爲五學之原。

何謂事理學？劉氏說：「今夫社會學、倫理學，言人與人間之學也。今夫心理學，言人與心間之學也。而獨事理學，言人與事間之學，則尙付缺如。萬事當前，人將何以處之？動靜、進退、辭受、取與，皆易之所謂『兼兩』與『貳』者也。易則『因貳以制民行』，『執其兩端而竭焉』，此則事理之所以成其爲學也。」（參見劉百閔著《易事理學序論自序》，下同）

易何以爲事理學？劉氏說：「凡學之成其爲學，必有其根本，有其體系，有其實踐者也，而易則整然具備。易有太極，則謂易有其根本原理；兼三才而兩之，謂之兼兩律；生生之謂易，謂之生生律；皆易之根本原理也。六爻之動，三極之道也。所謂三極，所謂三才，所謂天道、地道、人道，皆易之體系原理也。定之以中正仁義而主靜，立人極焉。所謂人極，所謂中正仁義，皆易之實踐原理也。具此三原理，而繫辭傳作者則又爲之界曰『通變之謂事』。宇宙萬事萬物森然並陳，皆事也；而易則通其變──變，事也；通，學也；此易之所以爲事理之學也。」

劉氏於引章學誠「六經皆史也。古人不著書，古人未嘗離事而言理。六經皆先王之政典也。」之後得結論云：「予則曰：詩、書、禮、樂、春秋五學，皆先王之政典也，亦即事也；而易一學，則言其理。言事則理在其中，故曰『由顯以之隱』，猶今言由具體而抽象也；言理則事亦賅焉，故曰『由隱以之顯』，猶今言由抽象而具體也。英哲斯賓塞以學有具體之學、抽象之學、具體抽象間之學，則詩、書、春秋具體之學也，禮、樂具體抽象間之學也；而易則抽象之學也，抽象之學爲具體之學之原，故曰易爲五學之原也。」

案劉氏所創之「事理學」雖言之成理，然而「事理學」之名究嫌大而無當，不切實際，其內容實即易學，不如逕稱易學爲宜，大可不必另創此生硬之名詞。至於其所持易爲五學之原的理由，即抽象之學爲具體之學之原，講理之學爲講事之學之原，則並無新意。事實上乃由於易有哲學內涵，哲學爲抽象之學，亦爲講理之學，而其所說的易有三大原理——根本原理、體系原理、實踐原理，實即大易哲學中應有的內容。所以與其稱易爲事理學，不如採用大易哲學之名較爲合宜。

結論

六經是我國古代典籍的精華，亦是民族文化的精神產物。古人依六經的內涵，分別稱爲易、詩、書、禮、樂、春秋，實是我國最早的學術分類。歷來學者對於六經的性質及其功能論列甚多，除本文已引者外，近人馬浮之說乃綜合前人之說加以精鍊者，頗值參考。馬浮云：

詩以道志而主言，在心爲志，發言爲詩。凡以達哀樂之感，類萬物之情，而出以至誠惻怛，不爲膚泛僞飾之辭，皆詩之事也。書以道事，事之大者，經綸一國之政，推之天下，凡施於有政，本諸身加諸庶民者，皆書之事也。禮以道行，凡人倫日用之間，履之不失其序不違其節者，皆禮之事也。樂以道和，凡聲音相感，心志相通，足以盡懽忻鼓舞之用，而不流於過者，皆樂之事也。易以道陰陽，凡萬象森羅，觀其消息盈虛變化流行之跡，皆易之事也。春秋以道名分。凡人群之倫紀大經大法，至於一名一器，皆有分際，無相陵越，無相紊亂，各就其列，各嚴其序，各止其所，各得其正，皆春秋之事也。（馬浮復性書院講錄學規第三）

馬浮又在他處曾說：「易爲六藝之原，其爲書廣大悉備，得其一義，並足名家，故說易之書較群經爲最多。」班固謂易爲五學之原，所謂五學乃指易經之外的五經；馬浮謂易爲六藝之原，似有語病，而且並未指明易爲五學之原的理由。

本文探討易何以爲五學之原，除班固所持理由外，試以大易哲學觀點來詮釋，謂自孔子作「十翼」後，建立了易的形上學，可作爲一切學術的理論基礎，故易成爲五學的本原。

易緯乾鑿度研究

緯書之由來

易緯乃緯書之一類，乾鑿度則爲易緯之一種。

何謂「緯書」？乃對經書而言，易、詩、書、禮、樂、春秋，稱爲六經。六經之名首見於莊子天運篇：「孔子謂老聃曰：丘治詩、書、禮、樂、易、春秋六經，自以爲久矣。」至漢武帝置五經博士（樂經未立博士）以後，經書之名才確定而流行。緯書則爲西漢末年隱名之士所作，假託經義，多言符籙瑞應之事。當時有七緯，即易緯、詩緯、書緯、禮緯、樂緯、春秋緯及孝經緯。

經書、緯書之命名含有時代的意義。說文：經，織縱絲也；緯，織橫絲也。故經書可代表縱貫各時代之思想，爲不易之常道；緯書則代表某一時代思想潮流之橫切面，用以解釋經書的義理。

緯書之演變：緯書最早見於孔子春秋之緯篇。到西漢元、成帝以後，至東漢光武帝喜好讖緯之學，緯書遂盛行於東漢，雖大儒鄭玄亦爲之作注。當時經書、緯書並爲世所重，惟孔安國、賈逵等人竭力反對緯書。至南朝宋大明中始予禁止。隋煬帝主張復古，曾遣使於四方，搜焚讖緯之書。故今所傳者皆非完本，除易緯獨存外，其餘皆已散佚。清代學者視易緯爲奇書，收入四庫全書中。

關於緯書之由來及其演變，近人杭辛齋曾有簡要論述：

周官太卜所掌，三易與三夢三兆並列，原非一書，亦不盡爲一家之言。旣因卜筮之用，幸免秦火，則西漢流傳尚多。惜其時書盡在官，或世祿之家，尚有簡冊著錄，若編氓庶戶，得書甚難，令甲旣祇取孔子十二篇之易，列之學官，注本祇施讎、孟喜、梁丘賀三家，餘皆爲私書，而三代相傳別本之易，自不能與十二篇並稱爲經，則與他經之異文逸義概稱之曰緯，所以別於官立之經，此易緯與春秋，孝經諸緯之名所由來也。以旣非官書，自無攷覈，遠近鈔傳，不免訛奪，而作僞者乘隙臆造，於是眞僞雜出，莫從辨別。逮元、成而後，王莽假造圖讖，覬覦神器，亦托名緯書，於是緯書遂大爲世所詬病，禁令搜燬，玉石不分，三代之遺，掃地盡矣。

（見杭辛齋《易學筆談讀易雜識》頁七）

可知緯書本爲周代以前之其它易學典籍，到漢代盛行讖緯之學，乃以緯亂經，所謂讖緯學，乃指讖錄圖緯占驗術數之學，爲聖賢所不言。然而其中易緯所含精義甚多，我們不能因爲易緯眞僞雜出、玄奧難懂，乃一筆抹煞，斥爲邪說。現存易緯中通於十翼發明易旨之處不少，宜加探討，作爲宏揚易學之一助。

易緯之概要

現存之易緯四庫全書本計有八種十二卷，即：乾坤鑿度二卷，乾鑿度二卷，稽覽圖二卷，辨終備一卷，通卦驗二卷，乾元序制記一卷，是類謀一卷，坤靈圖一卷。茲將各書內容大要列后：

易緯乾坤鑿度：言宇宙之生成，八卦之由來，四門四正，取物取象，天地卦爻蓍策之數，以及坤元之性、體、變化等。

易緯乾鑿度：言易之三義，八卦與四時方位之應，以卦生之理推論萬物之生，以卦爻之數合曆法歲紀等。

易緯稽覽圖：言卦氣、六日七分之法、推軌之術。

易緯辨終備：言易與天象、時變、災異之應。

易緯通卦驗：言人天相應與卦氣之徵驗。

易緯乾元序制記：言消息、六日七分法、寒溫風雨、五音、時節之應。

易緯是類謀：言讖祥推驗，並及於姓輔名號之說。

易緯坤靈圖：以天地之道、星象、災異解釋卦義，今僅存乾、无妄、大畜三卦。

上列各書的作者，除乾坤鑿度在卷首標明「庖犧氏先文，公孫軒轅氏演古籀文，蒼頡修爲上下二篇」，則其主文可能是出自上古遺書，但亦有後人依托者。其餘七種均未標明作者，僅題「漢鄭康成注」。四庫全書提要云：「乾坤兩鑿度，撰不知誰氏，矯稱黃帝，言蒼頡爲修飾。以余觀，作者蓋後於莊子。⋯⋯言易祖繫辭，頗覺近乎理，靈圖測陰陽，乃或述讖緯，有純亦有疵，稽古堪資耳。」（見《易緯》首頁，民國七十年老古文化公司出版），僅言作者後於莊子，並未指明朝代，蓋揭其依托部份耳。內容祖述孔子的易繫辭傳，或言陰陽，或言讖緯，有醇有疵，稽古堪資，倒是中肯之言。

易緯的作者雖不得而知，易緯的注者則可確定爲鄭康成無疑。這不僅可從各書的標明注者得知，亦可從鄭玄傳中得到反證。按康成爲鄭玄之字，他是東漢時代的通儒，生於漢順帝永建二年（西元一二七年），卒於建安六年（西元二〇〇年）。旁通六藝，兼綜諸家。師事馬融，早年即已嶄露頭角：「融門徒四百餘人，升堂進者五十餘生。融素驕貴，玄在門下三年不得見，迺使高業弟子傳授於玄。玄日夜尋誦，未嘗怠倦。會融集諸生，考論圖緯，聞玄善算，迺召見於樓上。玄因從質諸疑義，問畢辭歸，融喟然謂門人曰：鄭玄今去，吾道東矣。」（見〈鄭玄傳〉）由此可見當時馬融、鄭玄都是一流的學者，均擅圖緯之學。又鄭玄戒子益恩書中云：「吾家舊貧，不爲父母昆弟所容，去廝役之吏，游學周秦之都，往來幽并兗豫之域，獲覲乎在位通人、處逸大儒，得意者咸從捧手，有所授焉。遂博稽六藝，粗覽傳記，時睹秘書緯術之奧。」因爲鄭玄精通六經，兼擅緯術，其著作等身凡百餘萬言。除廣注各經外，並注易緯八卷。據今人高明教授考證云：

> 隋志載康成注易緯八卷，唐志載宋均注易緯九卷，皆不詳其篇目。唐章懷太子注後漢書樊英傳始舉七緯之名，謂易緯有稽覽圖、乾鑿度、坤靈圖、通卦驗、是類謀、辨終備六種，此當即爲康成所注者。宋志別列易乾鑿度注、易緯稽覽圖注及易通卦驗注，則爲其時單行之本，直齋書錄解題別載之易稽覽圖三卷，四庫總目謂：「似後人掇拾緯文，依託爲之者，非即康成原注之本」，是

也。至乾坤鑿度，姚應績以爲宋人依託爲之；乾元敍制記，後漢書樊英傳注列舉易緯之名而不及之，當亦爲僞作，非鄭所注也。明嘉靖中范欽刊范氏奇書，有乾鑿度二卷附周易乾坤鑿度二卷，鄭玄注，則明時其書尚存。清修四庫全書，於永樂大典中輯出乾坤鑿度二卷、周易乾鑿度二卷、易緯稽覽圖二卷、易緯辨終備一卷、易緯通卦驗二卷、易緯乾元序制記一卷、易緯是類謀一卷、易緯坤靈圖一卷，共八種，皆殘缺不全，且有漢魏以後人羼雜附益之迹，易緯及鄭注之本來面目，蓋不可見矣。然清人視之爲奇書，刊之者紛紛。

（見高明作〈鄭玄學案〉，載《高明傳記文輯》，六十七年黎明版）

七緯除易緯外早已焚燬散佚，而易緯獨存，亦云幸矣。雖有後人羼雜附益，不能見其本來面目，然微言精義有足多者，馬鄭諸儒去古未遠，所注各經每多采錄，故四庫全書視爲要籍，時至今日，實仍有其存在價值。

乾鑿度之內涵

據上所述，現存四庫全書本易緯八種，既殘缺不全，且有漢魏以後人羼雜附益之跡，不可盡信，惟其中乾鑿度一書較爲完整，發明易旨之處較多。四庫提要云：「今考宋志有鄭康成注易乾鑿度三卷，而不及乾坤鑿度，說者稱其書出於先秦，自後漢書南北朝諸史及唐人撰五經正義李鼎祚作易傳徵引最多，皆於易旨有所發明，較他緯獨爲純正。至於太乙九宮、四正四維，皆本於十五之說，乃宋儒戴九履一之圖所由來，朱子取之列於本義圖說。故程大昌謂漢魏以降，言易老者皆宗而用之，非後世所託爲，誠稽古者所不可廢矣。」其實「戴九履」之說，大戴禮明堂篇及漢末徐岳之「數術記遺」一書，皆已明言之，如記遺稱：「九宮者，即二四爲肩，六八爲足，左三右七，戴九履一，五居中央。」（詳見易數淺說二〇八頁）。則宋儒洛書九宮圖說，非本一家之言耳。可見乾鑿度爲八種易緯之冠，內容較爲純正，影響後世較大，後世徵引最多，當非後人所依託。

首先讓我們來探討一下「乾鑿度」命名的由來。緯書內容深秘玄奧，詞句詰屈聱牙，不易瞭解，就連署名「乾鑿度」一名究作何解，頗費推敲。四庫提要引莊子應帝王篇儵忽鑿七竅寓言，謂「儵忽鑿七竅，竅通渾沌死，乾坤即儵忽，渾沌實太始，乾坤既鑿開，太始斯淪矣。」此頗合於道家的宇宙觀，也許就正是本自乾鑿度。故「乾鑿度」似可解釋爲：從乾元向上，鑿開宇宙的奧秘，而深入推度之意。

以下擬按照乾鑿度之內容，談談它對易旨的發明及其影響。

第一、乾鑿度對易學最大的貢獻，就是戰國時人附益的「易緯乾鑿度」或「周易乾鑿度」的「易之三義」。乾鑿度開宗明義即云：「孔子曰：易者，易也，變易也，不易也。管三成爲道德苞籥。」鄭康成注云：「管、統也；德者得也；道者理也；籥者要也。言易道統此三事，故能成天下之道德，故云包道之要籥也。」下文接著詳釋易之三義。茲引原文如下：

孔子曰：易者，易也，變易也，不易也。管三成爲道德。苞籥。

易者，以言其德也。通情無門，藏神無內也。光明四通，俲易立節，天地爛明，日月星辰，布設八卦，錯序律歷，調列五緯，順軌四時，和粟孳結，四瀆通情，優游信潔，根著浮流，氣更相實，虛無感動，清淨炤哲，移物致耀，至誠專密，不煩不撓，淡泊不失，此其易也。

變易也者，其氣也。天地不變，不能通氣，五行迭終，四時更廢，君臣取象，變節相和，能消者息，必專者敗。君臣不變，不能成朝，紂行酷虐天地反，文王下呂九尾見。夫婦不變，不能成家，妲己擅寵，殷以之破，大任順季，享國七百。此其變易也。

不易也者，其位也。天在上，地在下，君南面，臣北面，父坐子伏，此其不易也。

故易者天地之道也，乾坤之德，萬物之寶。至哉！易一元以爲元紀。（乾鑿度卷上）

這段文字雖短，有起有結，條理分明，對於易旨確有發明。孔子繫辭傳言「生生之謂易」，係指變易而言，並未明言易有三義。鄭玄即根據乾鑿度言易有三義，略加修正，作易贊及易論云：「易一名而含三義：易簡一也，變易二也，不易三也，故繫辭云：乾坤其易之蘊邪，又云易之門戶邪，又云夫乾確然示人易矣，夫坤隤然示人簡矣，易則易知，簡則易從，此言其易簡之法則也。又云爲道也屢遷，變動不居，周流六虛，上下無常，剛柔相易，不可爲典要，唯變所適，此言順時變易出入移動者也。又云天尊地卑，乾坤定矣，卑高以陳，貴賤位矣，動靜有常，剛柔斷矣，此言其張設布列不易者也。」從此以後易有三義乃爲世所公認，姑不論乾鑿度對易三義的解釋偏於道家易，但其創意之貢獻則無人能夠否認。

第二、乾鑿度提出有系統的宇宙萬物生成說。乾鑿度卷上云：

昔者聖人因陰陽，定消息，立乾坤，以統天地也。夫有形生於無形。乾坤安從生？故曰有太易，

> 有太初，有太始，有太素也。太易者，未見氣也，太初者，氣之始也，太始者，形之始也，太素者，質之始也。炁形質具而未離，故曰渾淪。渾淪者言萬物相渾成而未相離，視之不見，聽之不聞，循之不得，故曰易也，易無形畔。易變而爲一，一變而爲七，七變而爲九，九者氣變之究也，乃復變而爲一。一者形變之始，清輕者上爲天，濁重者下爲地。物有始有壯有究，故三畫而成乾，乾坤相並俱生。物有陰陽，因而重之，故六畫而成卦。

乾鑿度將宇宙萬物之生成分爲三大段落：一是太易以上爲道之清明純淨狀態；二是由太易至太素，太易爲氣之始，太始爲形之始，太素爲質之始，均爲形上義，三者相渾而不相離，故名渾淪，又名易；三是由渾淪即易以下，由陽數之七、九之變開始，化生天地萬物。第一段爲未見氣的純淨清明界，第二段爲氣化界，第三段爲天地萬物之現象界。其中所謂「渾淪」之義與老子之「恍惚」，莊子之「渾沌」相當，惟以氣化立說，以氣言「渾淪」之形成，則與老、莊不同。（參考高懷民著《大易哲學論》頁四九五）

又上引乾鑿度宇宙萬物生成說一段原文，亦出現在列子天瑞篇中，僅有少數字句更改。據高氏推斷，列子之文係抄襲乾鑿度而來，列子之作者乃屬於易緯一派的道家思想，亦可見乾鑿度對於道家思想之影響。（註：高氏謂「今所見列子一書乃世所傳張湛注本，學界已一致認爲出於魏晉之時，非漢志列子八篇之古本。」前書頁四九二）

第三、闡明聖人作易以垂教之本意。乾鑿度卷上云：

孔子曰：方上古之時，人民無別，群物無殊，未有衣食器用之利。於是伏羲乃仰觀象於天，俯觀法於地，中觀萬物之宜，始作八卦，以通神明之德，以類萬物之情。故易者所以經天地、理人倫，而明王道。是故八卦以建，五氣以立，五常以之行，象法乾坤，順陰陽，以正君臣父子夫婦之義，度時制宜，作罔罟，以畋以漁，以贍人用。於是人民乃治，君親以尊，臣子以順，群生和洽，各安其性。

此即闡明易繫辭下傳第二章之主旨。按唐代孔穎達周易正義序中曾引用此段文字，以說明聖人作易垂教之本意。其言曰：「易理備包有无，而易象唯在於有者，蓋以聖人作易本以垂教，教之所備本備於有，故繫辭云：形而上者謂之道，道即无也，形而下者謂之器，器即有也。……且易者象也，物无不可象也，作易所以垂教者即乾鑿度云：（即上引之文）此其作易垂教之本意也。」

第四、乾鑿度促進漢代象數易之發展。易緯與漢代象數易關係密切，影響甚大，不但孟喜、焦延壽、京房等人的卦氣占驗與之互通聲氣，而且影響後來的鄭玄、魏伯陽及管輅等人的易學。茲舉數例如下：

乾鑿度言三才之道，六爻貴賤之位云：

孔子曰：易有六位，三才天地人，道之分際也。三才之道天地人也。天有陰陽，地有柔剛，人有仁義，法此三者，故生六位，六位之變，陽爻者制於天也，陰爻者繫於地也，天動而施曰仁，地靜而理曰義，仁成而上，義成而下，上者專制，下者順從，正形於人，則道德立，而尊卑定矣。此天地人道之分際也。天地之氣必有終始，六位之設皆由上下，故易始於一，分於二，通於三，

□於四，盛於五，終於上，初爲元士，二爲大夫，三爲三公，四爲諸侯，五爲天子，上爲宗廟，凡此六者，陰陽所以進退，君臣所以升降，萬人所以爲象則也。

乾鑿度言六爻貴賤之位，鄭玄亦採用此說法以注易。例如訟九二註云：「小國之下大夫。」觀卦注云：「九五天子之爻。」困卦注云：「二爲大夫有地之象。四爲諸侯有明德受命當王者。」

又如乾鑿度有以爻配辰的說法：

天道左旋，地道右遷，二卦十二爻而朞一歲。乾陽也，坤陰也，並治而交錯行，乾貞於十一月子，左行陽時六，坤貞於六月未，右行陰時六，以奉順成其歲，歲終次從於屯蒙，屯蒙主歲，屯爲陽，貞於十二月丑，其爻左行，以間時而治六辰，蒙爲陰，貞於正月寅其右行，亦間時而治六辰。歲終則從其次卦。……三十二歲期而周六十四卦，三百八十四爻，萬一千五百二十析，復從於貞。

（卷下）

案乾鑿度以爻配辰之法，即爲京房之爻辰法，而鄭玄之爻辰法亦大同小異，可能均受乾鑿度之影響。

第五、乾鑿度爲宋儒戴九履一之圖所由出。四庫提要云：「至於太乙、九宮、四正、四維，皆本於十五之說，乃宋儒戴九履一之圖所由來。朱子取之列於本義圖說。」案朱子周易本義卷首有「洛書圖」，並說明云：「洛書蓋取龜象，故其數戴九履一，左三右七，二四爲肩，六八爲足。」而十五之說則來自乾鑿度：「陽動而進，陰動而退，故陽以七陰以八爲象，易一陰一陽合而爲十五之謂道。陽變七之九，陰變八之六，亦合於十五，則彖變之數若一。陽動而進，變七之九，象其氣之息也，陰動而退，變八之六，象

其氣之消也。故太一取其數以行九宮，四正四維皆合於十五。」(卷下)

第六、乾鑿度首創八卦方位之說。乾鑿度卷上有云：

孔子曰：易始於太極，太極分而爲二，故生天地。天地有春秋冬夏之節，故生四時。四時各有陰陽剛柔之分，故生八卦。八卦成列，天地之道立，雷風水火山澤之象定矣。其布散用事也，震生物於東方，位在二月，巽散之於東南，位在四月，離長之於南方，位在五月，坤養之於西南，位在六月，兑收之於西方，位在八月，乾制之於西北方，位在十月，坎藏之於北方，位在十一月，艮終始之於東北方，位在十二月。八卦之氣終，則四正四維之分明，生長收藏之道備，陰陽之體定，神明之德通，而萬物各以其類成矣。皆易之所包也。至矣哉！易之德也。

要之，乾鑿度一書，去古未遠，而其內涵豐富，以上隨宜舉例，即可見其發明易旨之處甚多。漢代大儒鄭玄爲之作注，並引以注經，無怪鄭氏易學受乾鑿度之影響甚多，至於影響宋儒易學更不在話下，清代學者視爲奇書，收入四庫，良有以也。

結論

從易學發展史上看，先秦易學發展到孔子、老子時代，形成了儒門易、道家易及術家易三支。其後秦始皇焚書，易以卜筮之書獨存，然易學至此盛極而衰。迨至漢代受了陰陽五行思想的影響，象數易興起，而且三支易學或多或少均帶有數術的傾向。「三支易學的這一總趨勢，到先秦以下乃由隱而顯：透過董仲舒的春秋繁露，儒門易的趨勢明朗化；透過淮南子，道家易的趨勢明朗化；透過占斷災異之學，術數易的趨勢明朗化。而最後三支易學匯於象數易與易緯一書。象數易與易緯實爲一路之學，其學一方面尊伏羲、文王、孔子之易學道統，一方面發道家易之論，一方面又採術家易之術，眞是非儒、非道、非卜筮，亦儒、亦道、亦卜筮，是爲三支易學的混血兒。」（見高懷民著《先秦易學史》頁三六九）可見易緯一書與儒門易、道家易、術家易三支易學皆有關係，尤其與象數易關係密切，實爲易學要籍。

緯書乃對經書而言，以解釋經書義理爲主，古代經書爲官立，緯書則多爲民間私藏，因雜有圖讖占驗之術，往往爲世所詬病，南朝及隋代曾予禁止。雖易緯獨存，亦殘缺不全。易緯八種中以乾鑿度較爲純正。吾人以今日眼光看來，仍有研究價値。本文乃對乾鑿度之初步研究，指出它對易學之貢獻與影響，目的在抛磚引玉，倘有謬誤，敬希指教。

五行與易經的關係

黃仁宇先生著《中國大歷史》中本文於八十二年十月在台出版後，一度成爲暢銷書，各家書評，褒貶不一。著者乃作〈大歷史帶來的小問題〉一文（參見八十三年一月十日、十一日聯合報副刊）作爲辯解。其中曾論到易經與五行的關係，頗多誤解，本文擬予澄清。

《大歷史》關於易經與五行的原文爲：

他（漢武帝）朝中博士（董仲舒）認爲五行（木、火、土、金、水）和東西南北中之五方、五種基本之色彩、五聲之音階、五種個人之德性，甚至五項施政之功能都互相配合而融會貫通。例如火，色赤，見於夏季，與用兵有關。這種觀念源於一種信仰，它認爲人世間任何「物」，不管是實際物品，或是人與人間的一種關係或交往，都出自某種類譜上相關價值，所以可以用數學方法操縱之，其根源出於《易經》，它是一種來歷不明的古老經典。（頁五二至五三）

著者的辯解說：「以上所說確定的指出其觀念及信仰來自《易經》。至於易經的五行的關係，讀者可以參考司馬遷在《史記》內〈太史公自序〉。內云：『易者天地陰陽四時五行，故長於變；經記人倫，故長於行；書記先王之事，故長於政，詩記山川谿谷禽獸草木牝牡雌雄，故長於風……。」

由上所述，可以總括爲下列三個問題：一、五行的觀念是否來自易經？其演變如何？二、漢代董仲舒的五行學說與易經的關係是什麼？三、易經是否「一種來歷不明的經典」？茲分釋之。

我國古代原始儒家留下兩大哲學文獻：一是尙書，二是易經。「五行」的最初觀念是出自尙書，並不是易經。尙書中的洪範九疇，其第一範疇就是「五行」，原意是指水、火、木、金、土五種自然原素，含有種種物理化學性質，例如水性潤下，火性炎上，木性外揚，金性內歛，土性靜止。所以五行除爲自然原素外，還可爲我們所親驗感受，成爲各種感覺經驗，但與人事完全無關。

五行說，在原始儒家的孔子、孟子、荀子的著作中都未談論，而且也不重視。左傳中有「五行之官，是爲五官」，乃指管理民生用品的官。國語有云：「故先王以土與金木水火雜，以成百物」，此處的五行指的是民生實用的五種資材，決不是後來所說的五行的意義。

後代流行的陰陽五行觀念，其演變各有不同的線索，到了戰國時代，五行說才與陰陽觀念合流，其演變經過情形可綜述如下：「戰國之際五行說已與陰陽家哲學交織合流，表現爲科學萌芽思想及擬似科學型態，僭入自然科學，以及星象曆數，和聲製譜，協律作樂，公羊史觀，春秋論政，乃至診斷行醫等，莫不奉之爲圭臬。自秦及漢，五行說更滲透學術界全域而籠罩之，支配一切理論思想學說。其深文周內，居然蔚成體系，蓋始俑於呂不韋，紹續於劉安，造撰於伏勝與劉歆，而集大成於董仲舒。」（註一）而五行觀念與陰陽觀念之分合演進則如下述：「凡先秦諸子及秦漢之際的典籍中，有五行一詞者多有陰陽；而有陰陽一詞者多無五行。這即說明在陰陽觀念中可以不要五行的觀念；而五行觀念，則非附麗於陰陽觀念不可。五行觀念之流行，乃在於把它組入於陰陽觀念之後。凡此，可以說明，陰陽觀念之發展，有其必然性，進步性；而五行觀念之發展，則只是偶然地，沒有什麼意義的產物。」（註二）

後人把陰陽與五行觀念湊在一起立說的始於漢代的鄒衍，易經原有陰陽消息的思想，但絕無五行思想。據史記鄒衍列傳云：「乃深觀陰陽消息，而作怪迂之變，終始大聖之篇」，他開始用五行與陰陽相配合，創為「五德轉移，治各有宜」之說。他所說的五行，已不是五種具體的自然原素或資材，而是五種氣。五德是指金、木、水、火、土的五氣所發生的五種作用。「五德轉移」，即每一朝代與五行中的某一德相應，亦即受某一德的支持，到了某一德的勢力已衰，即由另一有剋制前者之德取而代之。由此演變而為後來相剋、相生說法，實是毫無理論根據的學說。

繼鄒衍之後將陰陽五行說繼續發展的是呂不韋，他在「呂氏春秋」中把五行配上春、夏、秋、冬四時，更配上與四時相應的政令與思想，從此建立了以陰陽五行為依據的宇宙、人生、政治的特殊構造。「此一特殊構造，予漢代思想以重大的影響，尤其是董仲舒（公元前一七九—一〇四年）所受的影響最為深刻，他由此而把陰陽五行的氣，認定是『天』的具體內容，伸向學術、政治、人生的每一角落，完成了『天』的哲學系統，而形成漢代思想的特性。」（註三）從此之後，兩千餘年以來，陰陽五行之說深入於民間社會，成了廣大的流俗人生哲學，醫、卜、命、相無不以陰陽五行為依據，可見其影響之深遠。

董仲舒在所著《春秋繁露》書中提倡「天」的哲學，其要義有三：一、將陰陽與五行結合為一體，認定「天地之氣，合而爲一，分爲陰陽，判爲四時，列爲五行」。二、強調天人的感應，認爲「天有陰陽，人亦有陰陽。天地之陰氣起，而人之陰氣應之而起。人之陰氣起，而天地之陰氣亦應之。」三、強調陽尊陰卑，以立三綱之道。他以五行配仁、義、禮、智、信之五常。要之，董仲舒的學說是把洪範中的實用性的五行，變質爲生化性的五氣，並進一步把五氣的五行與洪範中的貌、言、視、聽、思的五事關連起來，以使其受到天意通過災異的考驗，進而使皇帝的一舉一動皆受到天的干預。這就是天的哲學的最大目的。（註四）

由上所述可知五行的觀念並非來自易經，而是來自尙書，經過長期的演變，與陰陽四時等相結合，乃形成了漢代董仲舒之天的哲學。至於《大歷史》的著者指易經是「一種來歷不明的古老經典」，只說對了一半，易經始於伏羲作八卦，距今五、六千年，的確古老，但決不是來歷不明。易經是古聖先賢的集體創作，由伏羲畫卦始，繼之以文王作卦辭，周公作爻辭，孔子作繫辭傳，載在史籍，歷代學者均無異議。

又〈大歷史帶來的小問題〉一文中，作者黃仁宇先生勸告讀者接受李約瑟博士對易經的評價。按李約瑟博士乃英國劍橋大學教授，以著《中國之科學與文明》聞名於世。書中有一節討論「易經的體系」，重要觀念大體正確無誤，但在細節上難免偏頗，有欠正確。本人曾作〈李約瑟博士易說的商榷〉一文（參見拙著《易經的生命哲學》一書，文津出版社出版）可供參考。其實一般人如欲略窺易經門徑，坊間有許多書均可流覽，例如方東美先生著《中國哲學之精神及其發展》，程石泉先生著《易學新探》，以及孔孟學會出版的《易經研究論集》等。

【附註】

註一　參見方東美著孫智燊譯《中國哲學之精神及其發展》（上冊），頁七二，成均出版社，七十三年初版。
註二　參見徐復觀著《中國人性論史．先秦篇》，頁五六七，台灣商務印書館，六十八年五版。
註三　參見徐復觀著《兩漢思想史》卷二，頁二九六，台灣學生書局，六十八年再版。
註四　參考同註二，頁五七八—五八一。

論以史說易

清代著名史學家章學誠撰《文史通義》，有「六經皆史也，古人不著書，古人未嘗離事而言理。六經皆先王之政典也。」的說法。按六經——易、詩、書、禮、樂、春秋爲我國現存早期用文字記載的典籍，亦是古聖先賢智慧的結晶。六經所記載的事物都是先民文化的遺蹟，可以說是古史資料的寶庫。莊子天運篇曾說：「夫六經，先王之陳迹也。」所謂陳迹，即是史料而記載政典的官書，所以章學誠有六經皆史之說。其實，孔子整理六經早已有史家的眼光與修史的事實。故龔定庵有云：「天生孔子，不後周而先周也，存亡續絕，俾樞紐也。史有其官而亡其人，有其籍而亡其統。史統替夷，孔統修也。史無孔，雖義何待，孔無史，雖聖何庸，準斯以談，則史實爲孔子所用，孔子固不欲以史自居，而良史又豈足以盡孔子哉。」這是六經皆史的最好說明。

六經之首的易經何以是史？易經的那一部份是史？歷來學者有不同的看法。章學誠並未確切指明，龔定庵僅謂「六經者，周史之宗子也，易也者，卜筮之史也。」沈竹礽撰《周易餘說》釋履云：「大傳曰：易之興也，其當文王與紂之事耶？是故其事危，危莫危見虎，九卦處憂患，故以履爲首。此以紂爲虎，人，即文王自謂也。」其所云史者，僅是紂與文王之史。

章太炎亦謂周易實歷史之結晶，其說如下：「至於周易，人皆謂是研究哲理之書，似與歷史無關，不知周易實歷史之結晶，今所稱社會學是也。乾坤代表天地，序卦云：有天地然後有萬物，故乾坤之後，繼之以屯。屯者，草昧之時也；即鹿无虞，漁獵之徵也；匪寇婚媾，掠奪婚姻之徵也。進而至蒙，如人之童蒙，漸有開明之象矣，其時取女，蓋已有聘禮，故曰：見金夫不有躬，此謂財貨之勝於掠奪也，繼之以需，則自游牧而進於耕種，於是有飲食燕樂之事。飲食必有訟，故繼之以訟，以今語釋之，所謂麵包問題，生存競爭也，於是知團結之道，故繼之以師，各立朋黨，互相保衛，故繼之以比，然兵役既興，勢必不能人人耕種，不得不小有積蓄。至於小畜，則政府之濫觴也。然後衆人歸往強有力者，以爲團體之主，故曰：武人爲于大君，履帝而不疚，至於履，社會之進化，已及君主專制之時矣。泰者，上爲陰，下爲陽，上下交通，故爲泰。否者，上爲陽，下爲陰，上下乖違，故爲否。蓋帝王而順從民意，上下如水乳交融，所謂泰也。帝王而拂逆民意，上下如冰炭之不容，所謂否也。民爲邦本之說，自古而知之矣，自屯至否，社會變遷之情狀，亦已了然，故曰：周易者，歷史之結晶也。」雖較具體，仍不完全。

以史釋易較爲周延者尙有今人胡樸安，他著有《易經古史觀》一書，認爲周易上經是草昧時代至殷末之史，下經是周初文武成時代之史，自稱「於六十四卦之卦辭，爻辭、彖辭、象辭，除乾坤爲緒論，既濟未濟爲餘論外，皆是歷史記事之文，無一字不解，無一句不說，並非模糊影響之言，亦無牽強附會之語」。（參見該書自序二）因其頗具創見，玆錄各卦史事如附註，以供參考。

以上各種以史說易的說法雖各有所見，但都不免偏狹，未能探賾索隱，從易之原始及其性質著眼，故成就有限。現在我要談到當代哲人方東美先生的看法。他認為易經不但是一部哲學的書，而且是一部古代歷史的書。他說：「易經一書是一部體大思精而又顛撲不破的歷史文獻，其中含有一套歷史發展的格式，其構造雖極複雜，但層次卻有條不紊。」（《生生之德》頁二八九）原始的易經是一部紀史之書，記載先人的人生與自然方面的史實，而且蘊涵一套層疊相狀之歷史發展架構格式，所謂層疊格式，乃指於歷史發展過程中漸次形成的各種架構格式，即圖騰社會之架構格式，血緣社會之架構格式，部落社會之架構格式（即氏族聯盟），依卦建制度形成統一之王國等，凡此一切都是歷史，他把易經的根本意符「☰、☷」，設想為先民最早之圖騰符號，八卦的八個基本符號，可用以表徵血緣社會之組織架構，而全部六十四卦之錯綜交織系統，則象徵社會及政治之組織結構。方先生由此而提出五大主要概念：一、異性為婚的婚姻關係，見於繫辭傳。二、社會自然發展之組織結構，依次為由家而閭里、宗族、鄉黨、郡縣、邦國等。俱載於周禮及禮記。三、化血緣關係為普遍生命一脈周流旁通統貫之系統，可從葬禮制度看出。（餘略。參見《中國哲學之精神及其發展》頁一二四）

方先生還指出，易經是一部從遠古到成周時代的歷史產品，到了孔子增撰《十翼》之後，才變成一部哲理之書，在此之前歷史成份比較重要。至於朱子把易經當作卜筮之書，流弊甚大，易的起源也許是供卜筮之用的，但只是歷史發展的權宜段落，到了重卦一開始，就不完全是卜筮之書，而是哲理之書，等到《十翼》部份組成之後，就完全超越了卜筮階段，而成為純哲學知慧的典籍了。

要之，我們從文化人類學來看，易經乃是一部遠古的歷史文獻，藉觀象設卦，而描繪人倫社會生活與自然狀態，自孔子撰十翼後，始提升爲哲理經典。我們除了探究其哲理外，還可從史學觀點，探討中國古代的文化發展。

附註：胡樸安著：《周易古史觀》自序云：「屯卦是草昧時代建立酋長之事。蒙卦是酋長領導民衆而教誨之之事。需卦是教導民衆耕種之事。訟卦是民衆爭奪飲食而訟之事。師卦是行師解決兩團體互相爭鬥之事。比卦是開國之初，建萬國親諸侯之事。小畜卦是建國以後，會獵之事。履卦是以履虎決定履帝位之事。泰卦是履帝位以後，巡狩朝覲之事。否卦是天子失德，諸侯不朝之事。同人卦是民衆聚會，謀履共主之事。大有卦是推一人爲之長，組織民衆之事。謙卦是會合民衆，教以稼穡之事。豫卦是建侯行師，檢閱軍隊之事。隨卦是大有之民衆，隨豫之侯以行征伐之事。蠱卦是征伐歸來，教民衆以孝之事。臨卦是君主登位臨民之事。觀卦是以神道設教之事。噬嗑卦是用獄治民之事。賁卦是男女會聚，結爲夫婦之事。剝卦是洪水爲災，廬舍剝毀之事。復卦是因水災遷徙，復其故業之事。无妄卦是新居始定，未甚安寧之事。大畜卦是以田獵濟耕種之窮之事。頤卦是以耕種自養之事。小過卦是改土穴爲房屋，建築房屋之事。坎卦是因建築房屋，掘土所成之坎，蓄水設險以守之事。離卦是坎上置籬，以鞏固防禦之事。咸卦是男女正式婚姻之事。恒卦是夫婦正居之事。遯卦是擇鄰遷徙之事。大壯卦是努力生活之事。晉卦是擴充國力之事。明夷卦是文王蒙難之事。家人卦是組織家庭之事。睽卦是一夫多妻之家庭乖睽之事。蹇卦是諸侯皆來決平之事。解卦是文王決平諸侯訟獄之事。損卦是文王節儉自損之事。益卦是損已益人，文王得民心之事。夬卦是文王分決一切之事。姤卦是婚媾往來之事。萃卦是會聚衆家庭立祖廟之事。升卦是萃功告成，民衆上升爲國盡力之事。困卦是南征受困之事。井卦是推行井田之事。革卦是周革殷命之事。鼎卦是周革殷命以後，正位之事。震卦是正位以後，自治以治民之事。艮卦是遷徙殷頑，使之各安其土之事。漸卦是殷頑遷徙以後，教以組織家庭之事。歸妹卦是殷貴族之女，歸於男家之事。豐卦是擴大殷頑組織家族之事。旅卦是殷頑不安其居，而羈旅於外之事。巽卦是羈旅於外之殷頑，順時而入之事。兌卦是殷頑來歸，說以勸之之事。渙卦是教殷頑立祖廟之事。節卦是立祖廟以後，教以禮文有節制之事。中孚卦是會聚殷頑田獵示信之事。小過卦是頑民自獵之事。」上解有的不錯，也有的尚待商榷，讀者請自定取捨。

易經中美的世界

美學是什麼？美學是哲學的一個分支，它研究「美」及「美的」的性質和原理。美學的思想，早在兩千多年前就很發達。例如希獵畢達哥拉斯學派、柏拉圖、亞里斯多德，我國的老子、孔子、孟子、莊子，都有關於「美」的思想和言論。甚至上古的原始人，他們也有愛美、審美的趨向，這是「美」的萌芽，畢竟人類都具有愛美、追求美的天性。當我們看到一處幽美的風景，一幅美麗的圖畫，一場感人的戲劇，一首雋永的詩歌，或聽到一曲雄壯的音樂，我們必定有一種「美的」的感受，因而產生欣賞的心情。

但是人們想到美、欣賞美，甚至追求美，這種思想和行動，只是對於「美的」東西的認識，如果我們把「美」當成知識來看待，則上述「美的感受」（簡稱「美感」）不過是整個美學中的一小部分，即感性知識的美。此外，還有理性知識的美和悟性知識的美，若就「美」的知識範疇來說，也可分爲常識的美、科學的美、藝術的美、道德的美、以及宗教的美。知識以外，還有生命的純美、精神的大美，乃至理想的至美。這就是整個「美」的內涵。

愛美和追求美既是人類的天性，而關於美的思想和言論亦早經古代哲人多所提示，但眞正的美學成立迄今僅二百三十餘年。所以美學也可說是一門年輕的科學。

現代美學的創始人是德國哲學家包姆加敦(Gottieb Baumgarten, 1712-1762)。他在西元一七五〇年首先出版了專門研究美學的鉅著，並將這門科學命名爲「美學」(Aesthetics)，他是使用這個專門名詞的第一人。

易經爲六經之首，百科之源。美學思想自然不是例外，關於易經中的美學思想，究應以何者爲根本，時賢尙無定論，有人認爲太極爲美學思想的根源，有人認爲易經的賁卦、離卦和咸卦的思想和美學有關，也有人認爲易經中的「易」和「龍」都是爬蟲類動物，演變成爲神與聖、虛與實的典型，因而成爲美學思想的根源。以上三種說法，站在各人的觀點，也許都能言之成理，但究竟不能形成易經美學的思想體系。

我們要闡明易經中的美學思想體系，必須從易經的形上學觀點來立論，並確定易經美學的哲學立場，才不會誤入歧途，畢竟美學乃是哲學的一個分支，不能離開哲學而談美學，否則游談無根，難免變成空中樓閣。

關於易經的形上學，作者曾在另一專文中有所闡述（參見拙著《易經的生命哲學》，文津出版社），易經的宇宙論主張「萬物有生論」，它認爲宇宙並不只是一個機械物質活動的場所，而是普通生命流行的境界，充滿廣大生機，瀰漫生命活力，無時無刻不在發育創造，易云：「夫乾，其靜也專，其動也直，是以大生焉；夫坤，其靜也翕，其動也闢，是以廣生焉。」「天地之大德曰生。」「天地感而萬物化生。」「生生之謂易。」「一陰一陽之謂道」。

宇宙天地之間既然充滿了生命，與「美」有何關聯？「美」與生命的關係密切而不可分離，因爲「美」的發生和成長，乃至「美」的根源，都與生命有關。哲學家方東美先生說：「宇宙之美寄於生命，生命之美形於創造。宇宙假使沒有豐富的生命充塞其間，則宇宙即將斷滅，那還有美之可言？一切藝術都是從體貼生命之偉大處得來的。生命之所以偉大，即是因爲它無論如何變化，無論如何進展，總是不至於走到窮途末路。一切美的修養，一切美的成就，一切美的欣賞，都是人類創造的生命欲之表現。」（參見《中國人生哲學概要》）

「生生之謂易」，易經的生命哲學可從乾坤兩卦看出，而易經的美學思想亦見於乾坤兩卦。「大哉乾元，萬物資始」，乃指「美」在「乾」中，故云：「乾始能以美利利天下，不言所利，大矣哉。」又「至哉坤元，萬物資生」，乃指「美」在「坤」中，故云：「陰雖有美，含之，以從王事。」乾坤皆爲美之所從生，乾陽而坤陰，乾生之美爲陽剛之美，坤生之美爲陰柔之美，都是宇宙至高之美，乾坤未生之前爲太極，所以美的根源亦可說來自太極。

易經的美學思想，由宇宙之至美、永恒美，推而至人生的大美、純美，故云：「君子黃中通理，正位居體，美在其中，而暢於四支，發於事業，美之至也。」（坤卦文言傳）意即君子內藏華貴的文采，通達柔靜的道理，而居於坤體中正的位置。美德既內藏於心，於是自然地表現於四肢，發揮於事業，這就是美德的極致。這是指人格之美。「孔子及原始儒家把宇宙人生看成純美的太和境界，所以於藝術價值言之獨詳。論語述而篇云：『志於道，據於德，依於仁，游於藝』唯有游於藝而領悟其純美者，纔能體道修德而成爲完人。」（同上方著）

原始儒家的孟子，曾把人文之美或人格之美分成六個層次，他說：「可欲之謂善，有諸己之謂信，充實之謂美，充實而有光輝之謂大，大而化之之謂聖，聖而不可知之之謂神。」（孟子盡心篇）我們若按現代美學知識中各類型的美，配合孟子的說法，則可解釋爲：可欲之謂善，是指常識的美，有諸己之謂信，是指科學的美，充實之謂美，是指哲學的美，充實而有光輝之謂大，是指藝術的美，大而化之之謂聖，是指道德的美，聖而不可知之之謂神，是指宗教的美。（參考張肇祺著《美學與藝術哲學論集》，文史哲出版社）

原始道家的老子、莊子對於美學思想上有相似的看法。道德經中第一章所說的「道可道，非常道，名可名，非常名。無，名天地之始。有，名萬物之母。」「道」是老子哲學的中心觀念，包含有幾種意義，即道爲構成宇宙的實體，創造宇宙的動力，促進萬物運動的規律和作爲人類行爲的準則。老子的美學思想亦可解釋爲包含在「道」內，宇宙有大美，人生有純美，所以第二章接著就談到美與善的問題，老子說：「天下皆知美之爲美，斯惡已；皆知善之爲善，斯不善已。」意即人世間都知道美之所以爲美，醜的觀念便產生了；都知道善之所以爲善，不善的觀念也產生了，它們都是相對而發生的。

莊子乃進一步發揮老子的美學思想，他說：「天地有大美而不言，四時有明法而不議，萬物有成理

而不說。聖人者，原天地之美，而達萬物之理，是故至人無爲，大聖不作，觀於天地之謂也。」（《莊子．知北遊》）意即天地有大美而不言語，聖人是推原天地的大美，通達萬物的道理，因此至人和聖人都不必有所作爲而自然能成就事功，這是效法天地的自然法則。由此可知「天地之大美即在普遍生命之流行變化，創造不息。聖人原天地之美，也就在協和宇宙，使人天合一，相與浹而俱化，以顯露同樣的創造。換句話說，宇宙之美寄於生命，生命之美形於創造。」（同上方著）此與易經的生生美學思想不是相似的嗎？

要之，易經中的美學思想非常豐富，值得我們深入地發掘和探討。其思想根源可上溯至宇宙論中的「萬物有生論」，整個宇宙都是普遍生命流行的境界，「人」乃是宇宙間各種活動的創造者和參與者。宇宙之美寄於生命，而生命之美形於創造。聖人可以推原天地之美而達萬物之理，一般人亦可秉持其無窮的生命活力，創造不息，開拓美的世界，完成美的事功，使易經的生生美學建立最完善的體系，把宇宙人生塑造成爲純美的太和境界。

易經與漢字的起源

文字是人類表達情意的工具，社會進化的標誌，也是民族的靈魂，中國是世界文明古國，具有六千餘年未曾中斷的悠久歷史，中國文字的發展與中國歷史同樣悠久，因此中國文字業已成爲系統最純粹、功能最偉大、形象最優美的文字，它是我們民族精神的表徵，更是値得我們寶貴和自豪的文化遺產。

中國古代文化的形成與中國文字的起源關係密切，我們如要瞭解中國的古代文化，必先探究中國文字的起源。易經是古代最重要的經典，其中與漢字起源有關的材料不少，例如結繩、八卦、書契，以及河圖、洛書等。

世界各民族在發明文字以前，多用結繩以助記憶。易繫辭下傳第二章說：「上古結繩而治，後世聖人易之以書契。」又說：「作結繩而爲罔罟，以佃以漁。」這兩段話的意思是說：在上古漁獵社會時代，一般人民以結繩來幫助記憶，後來發明了書契，以取代結繩，此外，也結繩作成罔罟，用以漁獵。結繩的目的與方法，鄭玄周易注說：「結繩爲約，事大，大結其繩；事小，小結其繩。」結繩的目的在於代替文字以爲約定，使人民彼此之間的約定有結繩作爲憑證，而減少糾紛。結繩的方法是：大的事物，結大繩，小的事物，結小繩，以結的大小多少，表示事物的數量。但是結繩與文字的起源並無直接關係，它只是文字形成之前用以記事的一個階段。結繩本身不是文字，也不能衍生成文字。「後世聖人易之以書契」，那是文字發明以後，用文字取代結繩的功能。

其次，談到八卦。易繫辭傳云：「古者包犧氏之王天下也，仰則觀象於天，俯則觀法於地，觀鳥獸之文，與地之宜，近取諸身，遠取諸物，於是始作八卦，以通神明之德，以類萬物之情。」八卦代表的意義是：乾爲天，坤爲地，震爲雷，巽爲風，坎爲水，離爲火，艮爲山，兌爲澤。可見八卦最初只是代表八種自然現象，雖然尚書說：「古者伏犧氏之王天下也，始畫八卦，造書契，以代結繩之政，由是文籍生焉。」似乎八卦是文字的前身，但近代文字學者均認爲八卦絕非文字，亦與文字的起源無關。

再次，談到書契。如前所舉易繫辭說：「後世聖人易之以書契」，此爲漢字起源正確說法，但是何謂「書契」？許慎著《說文解字》：「書，著也。」又說：「著之竹帛謂之書。」所以書是寫在或畫在竹帛上的符號，包括「文」和「字」。許愼又云：「蓋依類象形，故謂之文，其後形聲相益，即謂之字。」所以書是寫在竹帛上的文字。至於契的意思，說文解字云：「契，大約也。」又云：「券，契也，券別之書，以刀判其旁，故曰契券。」所以契就是契約，「書契」兩字合稱，意即「書之於木，刻其側爲契，各持其一，後以相考合。」（鄭玄語）要之，書契是以文字爲其內容，以契約爲其功用。易繫辭傳上所說的書契，則是專指文字而言。至於書契的創始者，一般古籍都說是倉頡，其實，文字的創造與演進主要是隨著文明的進化而約定俗成，不可能是一人獨創，不過倉頡可能是歷史上第一位主持統一文字的人。

（參考林尹編著：《文字學概說》）

最後，談到河圖、洛書。易繫辭上傳第十章云：「河出圖，洛出書，聖人則之。」尚書云：「河圖在東序。」論語亦云：「鳳鳥不至，河不出圖，吾已矣夫。」可見河圖洛書古已有之，最早多視爲聖人受命之祥瑞，與文字起源之關係甚微（圖書並舉，與文字係由圖書演變而成，頗爲相似），其後到了讖緯家手中，才和倉頡拉上關係，頗難使人相信。

要之，易經對於漢字之起源雖曾有數處觸及，但因漢字起源甚早（約在距今六千年，說詳後），孔子作繫辭乃在文字發明後三千多年，對於史前文字之起源多憑傳聞，故語焉不詳，我們不能從結繩、八卦、河圖、洛書看出與文字起源的關係，孔子談到的書契，固然是文字起源的本題，但也未能道其詳。我們不應責怪古人，因爲古人除了憑世代相傳的資料以外，他們並不能看到近代出土的大量資料，例如他們不知有甲骨文、金文，至於甲骨文之前的刻劃文字更非他們夢想得到。

近代文字學者研究漢字的起源，已經獲得驚人的成就。他們除了參考各種古籍的記載之外，最重要的是根據考古學所獲的地下資料加以分析研判。迄今爲止，已經出土的文字資料，除了一八九九年首批出土的殷墟甲骨文之外，較重要的有下列各批（參考李孝定著：《漢字的起源與演變論叢》）：

一、西安半坡陶文：一九六三年於陝西渭水流域的西安半坡發掘所得一批陶器，西安半坡是仰韶文化遺址之一，爲近年史前遺址發掘最重要的一批。該批陶器上有年代最早的刻劃文字。

二、山東城子崖陶文：一九三〇年在山東歷城縣龍山鎮城子崖發掘所得黑陶，後來稱爲「龍山文化」。

上層文化有正式的文字，陶器以輪製爲主體，下層文化爲石器文化，陶器以手製爲主體。

三、河南偃師二里頭陶文：一九五九年在河南偃師二里頭所發掘的陶器十分豐富，屬於晚期龍山文化。二里頭遺址可能是商湯的都城西亳。

四、大汶口廟底溝陶文：一九五五年在泰安曲阜之間發現的陶器，屬於少昊文化，陶器上已有統一的文字。

上述各批陶器的年代和陶文的內容，均經專家研究獲得可靠的結論，本文限於篇幅無法詳述，根據文字學家唐蘭的研究，他認爲：「中國文字的發展，應該先經過一個意符文字時期，包括象形文字和象意文字（即指事和會意），這是遠古期，而形聲文字是近古期。形聲文字可能從夏代開始，遠古期就應在夏以前。」（見前揭書頁一九七）上述四批陶文都是意符文字，都在遠古期出現，屬於新石器時代。經科學家用放射性碳—十四測定，我國各種遠古文化的年代如下：

西安半坡的仰韶文化：4770-4290 B.C

山東的龍山文化：2240-2035 B.C

大汶口的少昊文化：3605-3555 B.C

由此我們得知我國最早刻劃在陶器上的意符文字，距今已有六千七百餘年的歷史，相當於伏羲建國及畫卦作易的時代，比殷墟的甲骨文要早三千多年。中國的歷史也可向上推展三千年，成爲六千餘年，比通稱黃帝開始至今四千六百多年也要早兩千多年。

在此值得一提的，近年來台灣考古學亦有很大的進展。一九六四—六五年美國耶魯大學與台灣大學合作，在台灣發掘了兩處史前文化遺址，即「圓山文化」和「台灣龍山文化」遺址，圓山文化有類似中國大陸龍山文化之處，但亦雜有東南亞因素，而台灣龍山文化經多次放射性碳—十四的試驗，證明開始於公元前二千五百年左右，距今已有四千五百年。龍山文化發源於華北平原，經長江流域，東南沿海後傳入台灣。由此足以證明台灣與大陸在文化上是一脈相連的。

文心雕龍與易經

《文心雕龍》這部書是我國研究文學理論和文學批評最早的一部，也是最好的一部。它出現於公元五世紀末六世紀初的南齊末年，著者劉勰，字彥和，東莞莒人（今山東省莒縣）。父母早喪，篤志好學，家貧未婚，依沙門居處，博通經史，曾任東宮舍人。他撰著本書後，曾獲當時著名文人沈約的好評，稱讚爲「深得文理」，而且「常陳諸几案」，以供研讀。此書條理分明，系統嚴謹，對後世影響極大。清代黃叔琳曾爲之作注，並云：「劉舍人文心雕龍一書，蓋藝苑之秘寶也。觀其苞羅群籍，多所折衷，于凡文章利病，抉摘靡遺。綴文之士，苟欲希風前秀，未有可舍此別求津逮者。」

劉彥和撰著《文心雕龍》的動機和目的何在？原來當齊代末年，文風不振，一般文士多雕章琢句，偏重文章的形式，而於思想內容反而忽略，正如本書〈序志〉篇所云：「去聖日遠，文體解散，辭人愛奇，言貴浮詭，飾羽尚畫，文繡鞶悅，離本彌甚，將遂訛濫。」於是針對此弊，本著儒家的思想立場，繼承孔子的文學精神，撰著此書，以矯時弊。

《文心雕龍》全書分爲五十篇，前三篇的題目是〈原道〉、〈徵聖〉和〈宗經〉。顯而易見地，劉彥和是按照儒家的思想觀點來探究文學問題的，正如在〈序志篇〉中所說「蓋文心之作也，本乎道，師乎聖，體乎經。」所以儒家思想貫穿在本書的各篇中，尤其受易經思想的影響最大，易經的觀念和文辭，在本書中隨處可見。

首先，試看〈原道〉篇的內容。「原」作本解，引申為尋求探問之意。「道」是劉彥和文學論重要的觀念，原道就是探尋文學普遍的根源或原理。天地萬物都是按照自然的法則在運行，天地玄黃混雜的顏色，動植礦物不同的形體，日月像兩塊璧玉照臨世界，顯示輝煌美麗的景象，山川的起伏奔流，形成瑰麗雄壯的風光，由於宇宙萬物的運行而自然產生出來的文彩，這就是所謂「道之文」。生而具有智慧和感情的人類，與天地合稱為「三才」，由於心靈的感觸而產生語言，有了語言，才有文章，這也是自然的道理。所謂「仰觀吐曜，俯察含章，高卑定位，故兩儀既生矣，惟人參之，性靈所鍾，是謂三才，為五行之秀，實天地之心。心生而言立，言立而文明，自然之道也。」此乃根據易經所言「天尊地卑，乾坤定矣」、「易有太極，是生兩儀」，及「易之為書也，廣大悉備，有天道焉，有人道焉，有地道焉，……三才之道也。」

接著談到人類文明的創始，完全依據易經的道理。〈原道〉篇續云：「人文之元，肇自太極，幽贊神明，易象惟先，庖犧畫其始，仲尼翼其終，而乾坤兩位，獨制文言，言之文也，天地之心哉！若迺河圖孕乎八卦，洛書韞乎九疇……誰其尸之，亦神理而已。」從庖犧畫八卦到文字發明以後，歷代聖人才撰寫成經典，所以篇末有云：「道沿聖以垂文，聖因文而明道」。「道」既然是由聖人而寫成「文」，而聖人又用「文」來闡明「道」，所以「六經」乃成為「旁通而無滯，日用而不匱」的「道之文」了。由上可知〈原道〉篇的理論根據完全源於易經。

其次，再看〈徵聖〉篇。所謂「徵聖」就是尋求聖人的軌範，本篇指出文章的最上乘就是聖人的著作，尤其以孔子為典範。所謂「夫作者曰聖，述者曰明，陶鑄性情，功在上哲。夫子文章，可得而聞，則聖人之情，見乎文辭矣。」接著指出政治教化，政事治績，以及修身等都必須依賴文章的記錄和表達，才能達成目的。但創作時必須「情欲信（情感要真摯），辭欲巧（言辭要美巧）」，也就是要以優美的藝術形式，表現豐富的思想感情，這是創作的重要法則，也是文學莫大的功能。

由於古人的觀察力非常精細，其表達方式也變化多端，有的用簡潔的文辭來表達意旨，例如《春秋》用一字即可表達褒或貶的意思；有的博舉文辭以統括情志，例如《詩經》豳風的詩篇多用重複的詩句來表達感情；有的究明事物的原理，以確立文章的體式，例如易經繫辭上傳說：「上古結繩而治，後世聖人易之以書契，百官以治，萬明以察，蓋取諸夬。」有的用隱微含蓄的文辭，表現出韜晦潛藏的功用，例如易經繫辭上傳說：「是故易有太極，是生兩儀，兩儀生四象，四象生八卦。」最後引用易經繫辭下傳云：「開而當名辨物，正言斷辭，則備矣。」意即作文時要如易經之能辨明卦理，守正道以發言，這樣判斷卦辭是吉是凶，就不會發生錯誤了。

最後，再看〈宗經〉篇。所謂「宗經」，即為文要尊崇六經，以六經為依歸，所謂「經」，是「恒久之至道，不刊之鴻教」，意即恒久不變的至高道理，不可更改的偉大教訓。相傳古代有「三墳」、「

五典」、「八索」、「九丘」，經孔子刪述爲「六經」後，經書中的至理才發出光輝，照耀人世。於是易經就有了「十翼」，闡釋六十四卦的變化和意義。劉彥和在此特別推崇易經爲文學的至寶：「夫易惟談天，入神致用，故繫稱旨達辭文，言中事隱，韋編三絕，固哲人之驪淵也。」意即易經是究明天道的法則，直探神理而又適用於人事，所以繫辭傳說，此書意旨深遠而辭句又有文彩，能表達萬物隱微的道理，故孔子再三研究，視爲至寶。後代的論說、辭、序等文體，都是取式於易經。

〈宗經〉篇最後提出論文的六種標準，那就是：第一是「情深而不詭」（情意深遠而不詭異）；第二是「風清而不雜」（風格清純而不卑雜）；第三是「事信而不誕」（內容眞實而不怪誕）；第四是「義直而不回」（思想正確而不歪邪）；第五是「體約而不蕪」（文體簡淨而不蕪蔓）；第六是「文麗而不淫」（辭采華麗而不繁瑣）。我們分析這六個標準，第一、第三、第四是屬於文學內容方面的，所謂「情深不詭」、「事信不誕」、「義直不回」，這三者都是指文學必須具有眞實正確的內容；第二、第五、第六是屬於文學形式方面的，所謂「風清不雜」、「體約不蕪」、「文麗不淫」，這三者都是指文學的表現形式應清純、簡淨而華麗。但是形式與內容結合在一起，兩者的關係密切而不可分離，劉彥和能提出這樣完美的論文標準，至今仍顚撲不破。依照他的見解，吾人只要能夠「宗經」，都不難達到。這是文學創作的要求，也是文學批評的標準。他持此標準批評楚辭豔麗而不實，漢賦舖陳過甚，成爲一大流弊，都是由於不能「宗經」的緣故。

此外，〈正緯〉和〈通變〉等篇的主旨也根據於易經。〈正緯〉篇云：「夫神道闡幽，天命微顯，馬龍出而大易興，神龜見而洪範燿，故繫辭稱河出圖，洛出書，聖人則之，斯之謂也。」但是後代作者多對河圖洛書作荒誕不實的解說，形成「圖籙之見」，此種弊端應予矯正，至於〈通變〉篇則根據繫辭傳「一闔一闢謂之變，往來不窮謂之通。」「化而裁之謂之變，推而行之謂之通。」以及「窮則變，變則通，通則久。」認爲創造的原則可以不變，而寫作的技巧則應力求通變。他說：「夫設文之體有常，變文之數無方，……文辭氣力，通變則久，……通變無方，數必酌於新聲，故能騁無窮之路，飲不竭之泉。」可見他所說的「通」是引申爲繼承傳統之意，「變」是指變化革新。

總上以觀，《文心雕龍》的思想根據是易經，劉彥和崇拜孔子無以復加，甚至做夢也不忘孔子，所以首列〈原道〉、〈徵聖〉、〈宗經〉三篇，此書成爲「藝苑秘寶」實非偶然。一千五百年後的今天，仍有研究的價值。

易三體：賦、比、興

我們研究易經，可以分為三個步驟，即所謂「三通」：學易者所以通其象，學易者所以通其辭，學易者所以通其理。通象乃指了解六十四卦符號的形成與結構，屬於邏輯問題；通辭乃指文字的訓詁與辭義的詮釋，屬於章句問題；通理乃指易經中哲理的闡明，屬於哲學問題。這三個步驟不是孤立的，必須貫串聯結，先通其象與辭，然後才能通其理。

易辭的形成係經過長時期的演變與多人的整編，故各組成部分文辭的性質頗有差異。例如卦辭爻辭中的「價值占斷」辭句，如元、亨、利、貞、吉、凶、悔、吝等，在於指示吉凶禍福，較為單純，而卦辭爻辭中的取象部分卻迥然不同，辭彙豐富，取象繁多，間有押韻，其風格頗與詩相近。因此，我們可用古人作詩的三種方法「賦、比、興」來解釋易辭，此即所謂「易三體：賦、比、興」。

何謂賦、比、興？「周禮春官太師」及「詩大序」均謂詩有風、賦、比、興、雅、頌六義，其中風、雅、頌是指詩的性質說，而賦、比、興則是指詩的體裁說。鍾嶸〈詩品序〉中單稱賦、比、興為詩之三義，並加以解說：「故詩有三義焉：一曰興，二曰比，三曰賦。文已盡而義有餘，興也；因物喻志，比也；

直書其事，寓言寓物，賦也。」簡言之，賦是直陳其事，比是以彼物比此物，興是「言在於此，意寄於彼」。

我們如果用賦、比、興三體來解釋周易中的文辭，必須辨明何者爲賦，何者爲比，何者爲興。依據易辭中的內容，我們認爲爻辭都是直陳其事的歷史實錄，構成易之賦體。因爲中國古代的文字不敷使用，不能表達複雜抽象的思想，所以爻辭都是一些斷章零句，但仍可看出多是描寫歷史事實。舉例而言，需卦爻辭所載，都是游牧時代人們在沙漠地帶行軍的紀錄。試看爻辭「初九，需于郊，利用恒，无咎。九二，需于沙，小有言，終吉。九三，需于泥，致寇至。六四，需於血，出自穴。九五，需于酒食，貞吉。上六，入於穴，有不速之客三人來，敬之終吉。」即可知其梗概。又如隨卦上六爻辭有「王用亨于西山。」據左襄三十一年傳云：「文王伐崇，再駕而降爲臣。」即是此爻所指。如明夷卦六五爻辭有「箕子之明夷」一語，箕子是殷紂王的叔父，屢諫，紂王不納，被囚佯狂，於武王伐紂後釋出。更如既濟卦九三爻辭云：「高宗伐鬼方，三年克之。」高宗即殷高宗，乃中興之君。鬼方即犬戎，在西北。高宗興兵伐之，因道遠兵弱，歷時三載，才得克服。這些都是殷代的史實。

易辭中的比體甚多，例如離卦九四爻辭云：「突如其來如，焚如，死如，棄如。」連用五個如字形容日落的景象。又如賁卦九三爻辭「賁如濡如」，九四爻辭「賁如皤如」，都是用比喻的手法。再如大過卦九二爻辭「枯楊生稊，老夫得其女妻。」及九五爻辭「枯楊生華，老婦得其士夫。」以枯楊來比老夫老婦，都是比體。

至於易辭中使用興體之處更多，十翼中的彖傳、象傳，尤其是文言傳、繫辭傳，主要的是興體，都是「言在於此，意寄於彼」。以普通的文字，象徵各種不同的事物，來表現深微的意象。例如乾卦象傳云：「天行健，君子以自強不息。」以天體之運行不息，作為君子修養品德的榜樣，這就是易辭中興體的應用。

易與管理：知言要訣

易為百科之原，就以國家現代化中最重要的企業管理來說，易經中的許多原理都可加以引申應用。例如易經中所提示的知人之術——知言，就是很好的企管方法。

作為一個主管人員，其主要職責是要使人如何把事做好，欲把事做好，必須主管能知人善任，使人盡其才，事得其人。而知人又為善任的前提條件。如何知人，在現代企業管理上，業已發展出許多方法。例如對於人之性向、才能、造詣等，均可利用測驗獲得可靠的資料。但是人究竟千差萬別，對於較為抽象的性格及言行，利用測驗的方法並非百分之百的可靠，仍有賴於主管人員平日的觀察與判斷。

就以易之知人之術——知言方面而言，繫辭下傳第十二章云：「將叛者其辭慚，中心疑者其辭枝，吉人之辭寡，躁人之辭多，誣善之人其辭游，失其守者其辭屈。」譯成今語：將要陰謀叛變的人，說話時必定現出慚愧的神色；心中有疑惑而心神不定的人，說話時必定枝枝節節，沒有條理；有修養而吉利的人，言辭眞善正直，決不拖泥帶水；浮躁的人，較為輕浮，喜歡多說話；喜歡誣賴善良的人，心中不安，故言不由衷浮游不定；失去自己立場的人，他的言辭便表現出屈服的情形。

歷來易學家對於上述六種人的不同心理發出不同言辭，解說最爲詳盡，並以歷史事實爲例的，是明代的何楷，他在所著《古周易訂詁》中云：

命辭之法，必各象其爻之情。爻之辭，從情而變，亦猶人之辭緜情而遷，故舉六辭以譬之。所謂學易而有得者，可以知言也。

——大抵歉於中者必愧於外，秦武陽色變，而荆軻爲之辭謝是也。故曰「將叛者其辭慚。」

——將有言于人而逆疑其不售也，必左右其說以詳之；此不有售焉，則彼必售矣。商鞅之說孝公是也。故曰「中心疑者其辭枝。」

——直情无所煩言，至正无所揣摩，申公之對武帝是也。故曰「吉人之辭寡。」

——人惟无躁競也，人而躁競，則危言以眩世而无所忌，強聒以撼人而不能已；能令人厭，亦能令人喜；厭者察其空空，而喜者意其有挾也。淳于髡之見梁惠王，連語三日三夜是也。故曰「躁人之辭多。」

——小人之疾君子而欲毀之也，必深匿其毀之之跡；疾之愈甚，則毀之愈緩；或顯譽其人，而陰寓其忮；或泛爲之說，以旁見其意；故毀行而人不悟。公孫弘之潛董仲舒，汲黯是也。故曰「誣善之人其辭游。」

——人之心未有无所主者，所主者義乎？攻之者愈象，而主之者愈堅；所主者不義乎？外必周爲之防，而內必深窒其隙，幸而遇庸人，雖欲攻之，莫知其所以攻之者；不幸而遇智者，先得其隙而入之，逆奪其防而據之，則一語而折。夷之之見孟子是也。故曰『失其守者其辭屈。』

（轉引自劉百閔著《周易事理通義》頁九〇九，世界版）

孔子說：「不知言，無以知人也。」可見知言之重要了。其言忠而無信者，即爲僞君子；言佞而信者，必爲小人。主管人員宜近君子而遠小人。

與此相似的，孟子也有知言的四大要訣：

詖辭知其所蔽：說話偏於一邊的，便知他的心被私欲所遮隔了。

淫辭知其所陷：說話放蕩無禮的，便知他的心被私欲所陷溺了。

邪辭知其所離：說話不依正道，便知他的心已離開理義了。

遁辭知其所窮：說話處處逃避，便知他的心已受著困屈了。

此外，辨別一個人的言辭，尚須注意是否巧言善辯，以僞亂眞。孔子說：「巧言令色，鮮矣仁。」一個好搬弄是非的人，自無道德可言。又大言不慚者，亦往往不能成事，孔子說：「其言之不作，則爲之也難。」這都是知言的要點。

略談周易索引

我們從事易學研究，所不可或缺的工具書是易經索引。易經的篇幅雖不甚多（卦辭七〇七字，爻辭四、二一三字，傳文一九、二八七字，全書合計二四、二〇七字），如僅憑記憶查檢章句文辭，往往費力多而收穫少。反之，如能利用索引，一索即得，省時省力，何等便利！

據我所知，目前已有兩種易經索引：一爲包括易經在內的「十三經索引」，一爲「周易引得」。

「十三經索引」是台灣開明書店印行的。它的編製方法，是以諷誦時的每次停頓爲一條。例如：「子曰：學而時習之，不亦說乎。」析爲三條，以每條之首字爲準而編成索引。如要查：「龍德而正中者也。」（易乾文）「龍德而隱者也。」（易乾文）「龍戰于野」（易坤），可查「龍」字部分，即可得括號中之章節。又如要查「知以藏往」及「知來者逆」，可查「知」字部分即得。開明書店另印行「十三經經文」一本，標明節數。兩本對檢，較爲便利。但我認爲仍有兩點不便之處：第一、它是逐句索引，不是逐字索引，只能查句，不能查字；第二、它與其他十二經合編，比單以易經爲索引者略有不便。所以孔孟學會有鑒於此，曾於民國六十五年另行編印「四書章句速檢」一書。

至於「周易引得」則是對日抗戰之前，哈佛燕京學社編纂的，由成文出版社於民國五十四年在台影印。哈佛燕京學社當時在燕京大學成立引得編纂處，由洪業、聶崇岐、李書春、趙豐田、馬錫用五人，爲漢學要籍編製引得，曾先後出版引得四十一種，引得特刊二十三種，「周易引得」就是引得特刊第十種。它的編製方法在「敍例」中有詳細說明。所依據的易經版本爲民國十五年上海錦章書局所印十三經注疏附校勘記本爲準，六十四卦每卦皆用號碼標明，繫辭上傳、繫辭下傳、說卦傳、序卦傳等之分數章者，亦以號碼標明章數。引得之編法，以易經之一句爲主，逐字爲之。如坤卦初六「履霜堅冰至」一句，履、霜、堅、冰、至五字，每字皆作引得，每字之下，皆綴其原句，句中遇該引得之字，則用「〇」代表之，引得所綴之原句下，皆標明其所在之頁數及卦、爻之數碼。各字引得之次序依照「中國字庋擷」（即漢字之解剖排列法）排列。查檢時可從「筆畫檢字表」或「羅馬字拼音檢字表」查出所檢之字之數碼對照引得頁碼即得。

由此可知，「十三經索引」爲逐句索引，「周易引得」則逐字引得，後者較前者爲詳，以後者爲佳。

讀者至此也許發生疑問，同是工具書，爲什麼有的稱索引，有的稱引得？兩者含義是否相同？

案「引得」一辭乃由index譯出，英文原意爲「指點」，故食指亦稱index，後假借爲一種學術工具之名，日本人譯爲「索引」，我國沿用日譯，或轉變而爲「索隱」。「索隱」之典故原自易繫辭上：「探賾索隱，鉤深致遠，以定天下之吉凶。」唐司馬貞撰「史記索隱」，屬於箋注一類，並非爲便於查檢。故仍以用「索引」爲宜。

查檢書籍內容之工具，西人於引得index一字外，又有索引concordance一字。在哈洛德氏(L. M. Harrod)所編著的「圖書館語彙」(The Librarians' Glossary)一書中，對於這兩個字有清晰的詮釋：「index：一份按字母順序編成的詳表，編列某本書（或一系列的書）中所討論或提到的主題、人名、地名等等，通常以頁碼標明它們在書中的正確位置，……但有時也有以章節的號碼來標明的。」對concordance的解釋則爲：「它是一本書，將某一作品的所有段句(passages)，或較重要的字眼，編列成以字母爲順序的引得，並標明原作中這些段句和片語的上下文。」（轉引自李有成作「引得・索引・書目」，載六十六年四月二十五—六日中央副刊）可見在西文中引得與索引是嚴格劃分的，引得是指書末所附的查檢工具，索引則是可作工具用的一本書，而在我國，大多數人都混淆不清，就連哈佛燕京學社的負責人洪業也不例外，他把他所主編的中國古籍的索引，一律稱之爲引得，所以上述「周易引得」應改名爲「周易索引」，才是名正言順的。

順便在此一提的，就是洪業等編的「周易引得」一書，中有「序」一篇，認爲周易眞僞雜揉，十翼作者並非孔子，此種觀念頗有偏差。該序有云：「易本卜筮之書，春秋而後，諸子爭鳴，儒家者流，爲立言之取信於世，遂紛取或僞造古代遺文，以爲依據。於是詩、書、禮、樂、春秋之外，易亦被列於儒經，浸假且高居六藝之首焉。」在另一段又說：「易雖眞僞雜揉，但在學術上，其價值固依然存在。蓋其眞的部份，可用爲考訂先秦古史之助，而僞託部份，亦可藉以窺知其時代思想與社會背景焉。」易爲我古代聖人集體創作，載在史乘，斑斑可考，豈可隨便誣指爲僞造，使居六藝之首的易經變成「眞僞雜揉」？關於十翼之作者，該序文稱：「迄於近世，以學風丕變，始有人敢作深一步之探討，而斷爲我國秦漢說經諸儒依託之作。」該序文的作者，顯然受了當時疑古斬史論者荒謬論調的影響，而形成此種不正確的看法。依據近年來國內學者研討的結論，十翼是孔子的言論，即使一部分非孔子自作，而係孔子的弟子依據孔子之意編纂，仍可視爲孔子的言論。

附錄

孝的源流與新的孝道觀

前言

際此二十世紀末葉，由於工商業迅速拓展，即將邁入後工業社會，生活水準雖有提高，而人類福祉未見增長。人慾橫流，道德淪喪，倫理觀念，一落千丈，對於傳統孝道，棄如敝履。一般人愛護其子女，無微不至，而不知孝順父母。正如某評論家所云：現代人若能以十分之一愛護子女之心孝敬父母，則二十四孝之外，必可增列一孝。

筆者有感於此，特撰此文，從孝的源流、涵義，談到孝的範例，並建議如何做父母，如何做子女的具體方法，希能發揚傳統孝道，轉移社會風氣。

一、孝的源流

(一)孝字的來源

中國人在上古時代，隨著家庭的出現，已有孝心之萌芽，當時惜無文字記載。迨至紀元前十一世紀的西周時代，中國文字已相當發達，根據蕭義欣教授的研究，在孔子以前西周金文材料中所見「孝」字，已達六十七次。又在出現二百三十次「考」字中，有十一個應作孝字解釋。此外，尚有一個「好」字可作孝字詮釋，合計當有八十二次。最早器物銘文爲邢侯簋和麥尊，相當於紀元前十一世紀。另外有五種銅器相當於紀元前十世紀，出現孝字，即師奎爾鼎、仲枏父禹、仲枏父簋、恭伯簋、祖日庚簋。又紀元前九至八世紀，出現孝字的銅器達六十餘件。歸納這些銘文中孝字之意義，具有下列七種：其一、兒子對父追孝。其二、祖先享祭（如鄉考、饗孝、享孝、享考）。其三、對先人長遠祭祀追思。其四、思念祖先之德，繼承祖先之志。其五、敬祀自然界神祇。其六、孝敬長老、宗親、姻親、兄弟。其七、與德字有密切關係。（參見蕭義欣撰〈金文資料在探討西周孝道思想上的地位〉，轉引自民國六十八年四月三日中央日報）

由此可見我國上古時代已有孝道觀念的萌芽，但有文字記載的「孝」，則出現在紀元前十一世紀的西周時代，距今已有三千一百餘年。

《說文》中「孝」的來源：「孝，善事父母者，從老省（省老爲耂），从子，子承老也。」可知「孝」字是從「老」字而來。而「老」字的意義，《說文》云：「老，考也。七十曰老，从人毛匕，言須髮變白也。」人毛謂人之鬚髮。匕爲化字初文，即變化之意。人之鬚髮由黑變白爲老。本義爲人生七十歲之稱，後引申爲父母曰老。子承老乃成孝，故孝的本義是善事父母者，即子女承順父母之意，奉養父母，使其悅樂，謂之孝。

㈡周易中出現「孝」字

「孝」字已經出現在古老的周易，但僅有一次。周易萃卦云：「萃亨，王假有廟，利見大人，亨，利貞，用大牲吉，利有攸往。」彖辭云：「萃，聚也；順以說，剛中而應，故聚也。王假有廟，致孝享也。利見大人，亨。聚以正也。利貞，用大牲吉，利有攸往，順天命也。觀其所聚，而天地萬物之情可見矣。」其中「王假有廟，致孝享也」二句，即論語曾子曰「愼終追遠，民德歸厚矣」（學而篇）之意。乃指王者登大寶，祭太廟，表達孝思，爲百姓作榜樣。可見孝道觀念在先秦的周代已甚發達，而且由王者予以倡導。

又周易中家人卦彖辭云：「家人，女正位乎內，男正位乎外，男女正，天地之大義也。家人，有嚴君焉，父母之謂也，父父、子子、兄兄、弟弟、夫夫、婦婦，而家道正，正家而天下定矣。」大意謂一家之中，女主內，男主外，才是家道之正。家人之中，父母爲全家之主，有如國君的尊嚴。家庭的組成分子是父子兄弟夫婦，要家道能正，必須父慈、子孝、兄友、弟恭、夫和、妻順，各盡本分，各守正道，則家道就正了。家人卦彖辭中雖未出現孝字，但已包含孝的意義在內。

㈢詩經中詠孝的詩

詩經中出現「孝」字十七次。小雅楚茨篇提到「孝孫」三次。大雅既醉篇有云：「威儀孔時，君子有孝子。孝子不匱，永錫爾類。」意即威儀非常之好，君子有孝順的兒子，爲我擧奠，孝子有充沛不竭的孝心，所以我要永遠賜你以善福。「孝子不匱，永錫爾類」二句，常被後人引用。

詩經中提到孝道最多的是小雅蓼莪篇，這是孝子悼念父母之詩，最爲感人。詩序謂此篇爲人民勞苦，孝子不得終養之詩。茲錄全詩如左：

蓼蓼者莪，匪莪伊蒿；哀哀父母，生我劬勞！

蓼蓼者莪，匪莪伊蔚；哀哀父母，生我勞瘁！

缾之罄矣，維罍之恥。鮮民之生，不如死之久矣！無父何怙？無母何恃？出則銜恤，入則靡至。

父兮生我，母兮鞠我，拊我畜我，長我育我，顧我復我，出入腹我，欲報之德，昊天罔極！

南山烈烈，飄風發發。民莫不穀，我獨何害？

南山律律，飄風弗弗，民莫不穀，我獨不卒。

晉代孝子王裒，每讀此篇，至「哀哀父母，生我劬勞」，則感動得流淚不止。他的門人乃避免誦讀蓼莪篇，以免引起他的悲哀。其中「父兮生我，母兮鞠我，拊我，畜我，長我，育我，顧我，復我，出入腹我，欲報之德，昊天罔極！」更是寫盡了父母對子女愛護無微不至。所以清代姚際恒說：「勾人眼淚，全在此無數『我』字。」（見所著《詩經通論》）即使是現代爲人子女者讀了此詩，也必定會有孝思的感受。

(四)孝經的孝道觀

我國古代經典中都曾談到孝，而專談孝的只有孝經。可見古人對於孝的重視，孝經爲十三經之一，孝經的書名自始即稱「經」。漢書藝文志：「夫孝，天之經，地之義，民之行也。舉大者言，故曰孝經。」

孝經爲何而作？隋書經籍志：「夫孝者，天之經，地之義，人之行。自天子達於庶人，雖尊卑有差，及乎行孝，其義一也。先王因之以治國家，化天下，故能不嚴而順，不肅而成。斯實生靈之至德，王者之要道。孔子既敍六經，題目不同，指意差別，恐斯道離散，故作孝經以總會之。明其枝流雖分，本萌於爲孝者也。」此言因孝爲治國之要道，也是人民的首要德行，故單獨成爲一經，以免孝道離散。唯孝經的作者有多種說法，迄今尚無定論。由於文獻不足，難於論定。由孝經內容而觀，孝經撰作的本意出自孔子，應當是不錯的。所以有「吾志在春秋，行在孝經。」（見唐玄宗撰孝經序）的說法。

孝道與社會教化密不可分。歷代帝王都很重視。西漢帝王特別標榜以孝治天下，所有帝王諡號都冠以孝字，如孝文帝、孝景帝等。此後對於孝經歷代誦習不輟，甚至帝王親撰傳注，如晉武帝之孝經講義、元帝之孝經傳、梁武帝、簡文帝之孝經義疏、唐玄宗之孝經注、宋眞宗之孝經正義、清順治之孝經注等。

孝經有今文與古文之別，現今通行的孝經是今文本。全書經文計一千七百九十八字（各章標題未計），分爲十八章，各章標題如下：開宗明義第一，天子章第二，諸侯章第三，卿、大夫章第四，士章第五，庶人章第六，三才章第七，孝治章第八，聖治章第九，紀孝行章第十，五刑章第十一，廣要道章第十二，廣至德章第十三，廣揚名章第十四，諫諍章第十五，感應章第十六，事君章第十七，喪親章第十八。其中第一章是全書的綱領，指出先王以孝治國的重要，因爲孝是「德之本也，教之所由生也。」一切教化都是從孝道產生出來的。接著提示孝道的精義：「身體髮膚，受之父母，不敢毀傷，孝之始也。立身、行道，揚名於後世，以顯父母，孝之終也。夫孝，始於事親，中於事君，終於立身。」以下第二章至第六章，分別提示天子、諸侯、卿、大夫、士、庶人各級人士應有的孝行。其餘各章也都是發揮首章的要義。

綜觀孝經一書的要義，約有四項：

一、孝重在返本：人類的生命是由父母所生，為重視生命的來源，子女自然會對父母敬愛，此種態度和行為，便是一種孝行。所以三才章說：「夫孝，天之經也，地之義也，民之行也。」聖治章也說：「天地之性，人為貴，人之行，莫大於孝。」又云：「父子之道，天性也。」孝是天經地義的行為，孝是出自天生自然的本性。又為重視生命的延續，孝子必須傳後，所以聖治章又說：「父母生之，續莫大焉。」上為祖宗傳後代，下為父母傳子孫，都是重視生命，肯定生命，報德返本的應有孝行。

二、孝重在事親：孝道首先必須做到善事父母，除了開宗明義章所說的：「身體髮膚，受之父母，不敢毀傷，孝之始也。」紀孝行章更詳為提示：「孝子之事親也，居則致其敬，養則致其樂，病則致其憂，喪則致其哀，祭則致其嚴，五者備矣，然後能事親。事親者，居上不驕，為下不亂，在醜（按群也）不爭。居上而驕則亡，為下而亂則刑，在醜而爭則兵，三者不除，雖日用三牲之養，猶為不孝也。」此章說明孝行的實際行為，應該做到致敬、致樂、致憂、致哀、致嚴的五致，並且戒除驕、亂、爭的三項惡習。

三、孝行的擴充：孝道除了「始於事親」之外，還有「中於事君」和「終於立身」。「事親」是要建立家庭中和諧的親情關係，「事君」則進一步要建立和諧的社會關係，這是孝行的擴充。所謂「君子之事親孝，故忠可移於君；事兄悌，故順可移於長；居家理，故治可移於官。」（廣揚名章）孝行由愛

家進而愛國，所謂「移孝作忠」，其目的在揚名顯親。此即所謂「立身行道，揚名後世，以顯父母，孝之終也。」（開宗明義章）

四、爭子爲孝：曾子問孔子：「若夫慈愛、恭敬、安親、揚名，則聞命矣，敢問子從父之令，可謂孝乎？」即對父母要慈愛、恭敬、安親、揚名，才算是孝，那麼是否一切都要聽從父母之命，才算是孝呢？孔子答道：「父有爭子，則身不陷於不義。故當不義，則子不可以不爭於父，……從父之令，又焉得爲孝乎？」（均見諫諍章）意即父母有直言相勸的子女，父母就不會陷於做出不義的事情來了。所以遇到父母要做不義的事時，則做子女的不可以不直言勸阻，一味服從父母之命，怎能算是孝順呢？如果父母有過失，子女不加勸阻，曲意阿從，陷父母於不義，那就是不孝了。

(五)孔、孟的孝道觀

上節所述孝經的孝道觀，主要的就是孔子的孝道觀，此處所說的孔孟的孝道觀，乃指四書中所載孔子、孟子對孝道的看法。

孔子、孟子都非常重視孝道，論語中言孝者十八次，孟子書中言孝者二十八次，大學、中庸言孝者七次。

孔子對於孝的解釋，因所問的人不同而異，但以答孟懿子問孝最爲完備。論語爲政篇：「孟懿子問孝，子曰：『無違。』樊遲御。子告之曰：『孟孫問孝於我，我對曰：無違。』樊遲曰：『何謂也？』子曰：『生，事之以禮，死，葬之以禮，祭之以禮。』」由此，可知孔子對孝的定義是：「生，事之以禮；死，葬之以禮，祭之以禮。」簡言之，就是無違，就是子女對待父母不可違背「禮」。「禮」是什麼？禮就是敬。論語八佾篇云：「子曰：居上不寬，爲禮不敬，臨喪不哀，吾何以觀之哉！」意即禮以敬爲本，如爲禮不敬，僅虛有其表，便無意義。所以孔子答子由問孝云：「今之孝者，是謂能養，至於犬馬，皆能有養，不敬何以別乎？」（爲政篇）孔子認爲只供養父母的生活，不禮不敬，那就和犬馬一樣，不能算孝。又子夏問孝，子曰：「色難！」這是指子女供養父母容易，但要心中常存敬意，並且以和顏悅色的態度侍奉父母，那就很難做到。

此外，孔子對於孝的要求，還要子女能繼志述事，奉行父母的遺訓。論語學而篇：「子曰：『父在觀其志，父沒觀其行。三年無改於父之道，可謂孝矣。」意謂父母在生時，子女能夠繼承其志事，父母死後，子女能夠完成其遺志，三年不改變，才可算得是孝子。

孟子的思想大體上是繼承孔子而加以發揮，在孝道的觀念上也是如此。孟子在鄒時，適藤定公去世，世子派人去問孟子。孟子曰：「不亦善乎！親喪，固可自盡耳，曾子曰：生，事之以禮，死，葬之以禮，祭之以禮，可謂孝矣。」按此段話原爲孔子所說，此稱曾子所說，可能曾子亦曾誦此語，而爲孟子誤引。

除了孝的含義與孔子相同之外，孟子並從反面言何謂不孝。孟子有三不孝與五不孝的說法。

所謂三不孝，孟子曰：「不孝有三，無後爲大。舜不告而娶，爲無後也。君子以爲猶告也。」（離婁上）孟子在此所言謂無後爲大不孝，並舉舜爲例，舜不稟告父母而娶妻，是因爲沒有後嗣，如果舜稟告，恐怕父母執拗不允許，所以君子以爲稟告與不稟告同樣合禮。至於其他二不孝是什麼呢？孟子並未明言，據宋代朱熹引趙岐注謂：「於禮爲不孝者三事，謂曲意阿從，陷親不義一也；家貧親老，不爲祿仕二也；不娶無子，絕先祖祀三也；三者之中，無後爲大。」（朱熹四書集註）

孟子所說的五不孝是：「世俗所謂不孝者五：惰其四支，不顧父母之養，一不孝也；博奕好飲酒，不顧父母之養，二不孝也；好貨財，私妻子，不顧父母之養，三不孝也；從耳目之欲，以爲父母戮（按：羞辱也），四不孝也；好勇鬥狠，以危父母，五不孝也。」（離婁下）

孟子的三不孝，如照趙岐所補充的，則三不孝所指的是「不諫」、「不養」、「無後」，而孟子所說的世俗五不孝，第一至第三都指「不養」，第四爲戮（羞辱）父母，第五爲使父母危害、憂懼。歸納而言，孟子所說之不孝可分爲五類，即一不養父母，二不諫父母，三使父母憂懼，四使父母受辱，五絕嗣無後。而以無後爲最不孝。

孔、孟均稱讚舜爲「大孝」，孟子曰：「人少，則慕父母。知好色，則慕少艾。有妻子，則慕妻子；仕則慕君；不得於君則熱中。大孝終身慕父母。五十而慕者，予於大舜見之矣。」（萬章上）終身愛慕父母者爲大孝，而舜年歲至五十，猶愛慕父母，所以舜是大孝。其次，孟子曰：「不得乎親，不可以爲人；不順乎親，不可以爲子。舜盡事親之道而瞽瞍底豫。瞽瞍底豫而天下化，瞽瞍底豫而天下之爲父母者定，此之謂大孝！」（離婁上）意即舜以爲不能得父母的歡心，就不可以做人；不能順從父母，就不可以做人子，舜能竭盡事親之道，使父親瞽瞍快樂，瞽瞍快樂，使天下的百姓也受到了感化，所以舜是大孝。

關於父母如做不義之事，子女應該直言諫諍，前述孝經孝道觀中已經提到。孟子則提出「責善」的問題，孟子云：「古者易子而教之。父子之間不責善，責善則離，離則不祥莫大焉。」（離婁上）朱熹註云：「王氏曰：父有爭子，何也？所謂爭者，非責善也。當不義則爭之而已，父之於子也如何？曰：當不義，則亦戒之而已矣。」可見責善與諫諍不同，禮記內則有云：「父母有過，下氣怡色，柔聲以諫，諫若不入，起敬起孝，悅則復諫；不悅，與其得罪於鄉黨州閭，寧熟諫。」在態度上諫諍較為溫和，責善則比較嚴厲，易傷感情，所以孟子主張父子之間不責善。「責善，朋友之道也，父子責善，賊恩之大者。」（離婁下）

與此相關的還有「父為子隱，子為父隱」的問題。論語子路篇云：「葉公語孔子曰：『吾黨有直躬者，其父攘羊，而子證之。』」（攘，竊也。）父親偷羊，其子不但不予隱瞞，反而出來作證，孔子認為並非正直，而應子為父隱瞞。朱熹註云：「父子相隱，天理人情之至也，故不求為直而直在其中。」此種孝與義德性之衝突，在中國倫理中是常有的事，例如孝與忠之衝突，忠孝不易兩全。此類衝突並無通則可循，最好的解決方法在於考慮當時當事人之處境如何，權宜處理。在父親攘羊例中，兒子可不作證，他不作證，並不犯義，因為其父是否有罪，兒子並不處於審判之地位，若兒子審判父親，於心不安，未免太不近人情了。

二、孝的哲學涵義

(一)孝是五倫之首要

我國傳統的五倫學說，實爲人類行爲的理想模式，亦爲中國文化的精華。中國哲學以倫理學爲基礎，孟子論爲人之道，溯源於舜任契爲司徒，施行「人倫」之教。孟子：「人之有道也，飽食煖衣，逸居而無教，則近於禽獸。聖人有憂之，使契爲司徒，教以人倫：父子有親，君臣有義，夫婦有別，長幼有序，朋友有信。」（藤文公上）可知孟子以契的人倫之教，即父子、君臣、夫婦、長幼、朋友爲五倫，其各倫之關係應以親、義、別、序、信五德爲行爲規範。第一、第三、第四倫規範家庭成員之間的相互關係，第二倫規範國家元首與政府官吏之間的相互關係，第五倫規範社會上朋友之間的相互關係。其目的在以五倫行爲標準，教導家庭及社會上每一個人各守其分，各盡其責，以維繫社會的秩序，共謀增進人類的福祉。

人類社會關係甚爲複雜，有公私、長幼、尊卑之不同。在家庭中，在上者有父母，在下者有子女，在前者有兄姊，在後者有弟妹，在左右者有夫婦。在國家社會中，在上者有長官（君），在下者有部屬（臣），在左右前後者有朋友。這五種關係各有親疏之分，稱爲「人倫」。中庸稱爲「五達道」：「天下之達道五，所以行之者三，曰：君臣也，父子也，夫婦也，昆弟也，朋友之交也，五者天下之達道也；知、仁、勇三者，天下之達德也；所以行之者一也。」（中庸第二十章）欲行此五達道，應由親及疏，由近及遠，由人及物，始於孝悌。所以孝是五倫之首，入德之門，衆德之基。

㈡孝是人類的天性

中國倫理學中以「仁」與「孝」爲基本觀念。孔子言仁必言孝，兩者並重，而以孝爲仁之本。論語：「

君子務本，本立而道生。孝弟也者，其爲仁之本與！」（學而篇）因爲仁者愛人，孝者孝親，仁者愛人必須孝親，仁與孝都是人類的良知良能，都是人類的天性。所以孟子說：「人之所不學而能者，其良能也；所不慮而知者，其良知也。孩提之童，無不知愛其親也；及其長也，無不知敬其兄也。」（盡心）人類天生即知愛其父母，敬其兄長。敬愛父母是人類的天性，不須學習，由孩提之童時起，無不知道愛他的父母。這種天生敬愛父母之心就是孝心，這種孝心的根源便是仁的根源，或仁的萌芽。所以言仁必言孝。

又人性之中，以孝敬父母最爲重要。孝經云：「天地之性，人爲貴，人之行，莫大於孝。」（聖治章）天地之間，人性最爲尊貴，故人爲萬物之靈，而人性之中，沒有比孝道更爲重要的。

其次，仁者愛人，必須首先敬愛父母，然後及於他人，在理論上必須如此。否則，愛他人而不愛父母，是不合理的。只有先愛父母，然後推愛他人，才是順理成章的。孝經云：「不愛其親而愛他人者，謂之悖德；不敬其親而敬他人者，謂之悖禮。」（聖治章）意即不敬愛自己的父母，而去敬愛他人的父母，叫做違背仁德；不尊敬自己的父母，而去尊敬他人的父母，叫做違背禮法。一個悖德悖禮的人，在社會上決不是好人。

㈢孝是道德的本源

孝既是人類的天性，和仁愛的根源，也是道德的本源。因爲孝道是道德的起點，由此擴展出去，可以形成各種品德。孝經云：「夫孝，始於事親，中於事君，終於立身。」（開宗明義章）孝道在幼年時從奉事父母開始，中年時移孝作忠，爲國家社會服務，到了老年，事業成就，便揚名於後世。又孟子云：「親親而仁民，仁民而愛物。」（盡心上）由愛親推而愛人，由愛人推而愛物，這是有先後層次的，不容顚倒。而孟子所說的「老吾老以及人之老，幼吾幼以及人之幼」（梁惠王上），更明言孝心之擴展爲道德之所必須。推此孝心以之事兄則悌，以之交友則信，以之撫幼則慈，以之臨民則惠，以之謀國則忠。一個至孝的人，必然具有忠孝仁愛信義和平及智仁勇等品德。所以孝經說：「夫孝，德之本也，敬之所由生也。」一切道德教化，均可由孝而成立。

㈣孝是肯定生命的價值

中國人的五倫，以父子關係爲首要，亦即以孝爲核心，然後及於夫婦，此與生命的延續關係密切。對孝道有精湛研究的謝幼偉教授說：「父子的關係是上溯的。每一人如追念其生命所自來時，他必上溯到父母的生命。沒有我的生命，先有父母的生命，非有父母的生命，不會有我的生命。我如重視我的生命，我即須重視父母的生命，即須對父母致其敬愛。中國倫理之所以首重孝道，此爲一因。蓋這包含有肯定生命與重視生命及其來源的意義。我的生命是父母給我的，故我必須肯定之、重視之，決不能否定之、輕視之。所謂『身體髮膚，受之父母，不敢毀傷』（孝經），就是肯定和重視我自父母而得的生命。」（參見謝幼偉著《孝與中國社會》，載《中西哲學論文集》，香港新亞研究所一九六九年出版）任何人都重視自己的生命，都肯定生命的價值。追溯自己生命的來源，必先重視父母的生命。因此重視父母的生命，必須對父母盡孝。

我們既然重視和肯定生命的來源和價值，我們必定重視和肯定生命的延續。爲求生命的延續，乃有夫婦的結合。「夫婦的關係不光是本能的，實含有再造生命的意義，含有使父母生命延續的意義。……從子女自儒家孝道之說來看，男女結合在傳宗接代，在延續父母的生命，而不是光爲著男女雙方的愛情或自然本能……總之，傳統中國的夫婦關係是超本能的，是超出男女愛情之上，而以孝道爲本的。……從子女之生而有孝心，對生命來源致其敬愛，這表明孝是肯定生命是善，肯定生命是有價值的。所以做孝子，一則須敬重生命的來源，二則須愛護本身的生命，不辱父母之名，三則須創造繼起的生命，使生命不中斷，這可說是對生命價值的全部肯定。」（同上）肯定父子、夫婦關係，是肯定生命的縱的意義，兄弟關係則是生命的橫的意義。兄弟既是同父母所生，有如手足，所以兄弟之間必須互相敬愛。「悌」就是由孝引申出來的，所以言孝必言悌。孟子曰：「堯舜之道，孝弟而已矣。」（告子下）

要之，孝是由於重視生命的來源和延續自然產生的，也就是由於肯定生命的價值，而有孝悌的必要。

又從反面來說，不重視生命的價值，就是不孝。孟子云：「不孝有三，無後爲大。」無後，就是生命的中斷。謝幼偉教授說：「一己的生命，父母的生命及祖宗的生命，其繼續與否，也即不死與否，即視有後或無後爲斷。有後，則一己的生命固不死，父母及祖宗的生命亦不死。無後，則一己的生命固死，父母及祖宗的生命亦隨之而斷絕。斷絕父母及祖宗的生命，是怎樣的不幸呢！可見中國儒者之重視有後，實和生命之不朽問題有關。中國儒者認爲個人生命，不論從肉體或精神方面來說，均可由其子孫來繼續。子孫的生命就是父母及祖宗生命的延續。只要我有子孫而子孫又有子孫，子子孫孫一代一代傳下去，這便是我的生命之不朽。所以數千年來，中國社會特重有後。」（同上）中國人以「添丁發財」爲喜事，生子必求其肖己，以滿足傳後的欲望，若子能繼承父之志業，則父親的安慰必更大。論語：「父在觀其志，父沒觀其行，三年無改於父之道，可謂孝矣。」（學而篇）就是指子女的生命要能繼承父母的生命，才可稱爲孝，所以俗語有云：「有子萬事足」。只要有子孫能傳後，則我的生命乃至祖宗的生命都可不朽。到了老年，死之將至，也就心安理得，無後顧之憂了。

哲學家唐君毅先生也說：「子孫之生命，自我之生命而來，則子孫之存在，即可視爲我之生命未嘗朽壞之直接證明。故愛子孫之念濃，則求個人靈魂不朽之念自薄。」（參見唐君毅著《中國文化之精神價值》頁三三一，一九五三年正中版）所以謝幼偉教授認爲孝道甚至可以代替宗教，不必另求個人靈魂之不朽了。

但是，在以往的中國農業社會，一向以男性爲中心，重男輕女，認爲生子才能傳後，形成無子可以納妾的陋習。以現代人的觀點而論，生子固可以傳後，生女同樣可以傳後，而納妾是不應該的，也是法律所不許的。

㈤孝是報答父母的恩惠

孝的意義除了上述各點之外，還有感恩的意義。詩經云：「父母之恩，昊天罔極」，又云：「哀哀父母，生我劬勞」，父母養育子女，其恩情之重是無法計算的。由呱呱墜地至教養成人，其間須經過多少撫育、監護、教導的過程，做子女的，爲感恩圖報，對父母盡孝是天經地義的。

父母對子女的恩惠，佛經中有「父母恩重難報經」，將父母的恩惠分爲十項：一、懷胎愼護恩；二、臨產受苦恩；三、生子忘憂恩；四、咽苦吐甘恩；五、迴乾就溼恩；六、乳哺養育恩；七、洗濯不淨恩；八、遠行懷念恩；九、深加體恤恩；十、究竟憐愍恩。

以上十項偏重母恩，有一老僧曾經加以補充，認爲父恩也有十項：一、賜我人身恩；二、孕期憐顧恩；三、擔心安危恩；四、噓寒問暖恩；五、憐愛陪護恩；忍讓順從恩；七、辛勤勞苦恩；八、養育耗費恩；九、教育培植恩；十、慷慨給與恩。

生兒育女的痛苦，是每一個身爲人母的終生難忘的經驗，所以佛經中稱母親生育的一天爲「母難日」。事實上父親在子女出生之日也同樣擔心安危，陪護受苦，所以生日這一天是「母難日」，也是「父心日」，可總稱爲「親恩日」。現在一般人每逢自己生日，只顧個人快樂，大事慶祝，而忘記親恩，這是亟待糾正的社會風氣。

孝的感恩意義尚不止此，子女不但要對在生時的父母感恩，而且還要對死後的父母感恩，進而要對列祖列宗感恩。因爲「孝是生命本能的上溯，由自己的生命，追溯到父母的生命，自必由父母的生命，追溯到祖宗的生命。所以祖宗崇拜成爲孝的必然結果。」（同上謝幼偉教授語）又孝經云：「孝莫大於嚴父，嚴父莫大於配天，則周公其人也。」（聖治章）意即人類的行爲，沒有比孝道更爲重大，而孝道沒有比敬愛父親（包含母親）更爲重要，而敬愛父母，沒有比天子祭天時將祖宗配祀天帝更爲重大，從古以來只有大孝的周公能夠做到。所以儒家對喪祭之禮特別莊嚴而隆重。祭祖，一方面是表示愼終追遠，以表感恩，另一方面也是祈福，祈求祖宗在天之靈對子孫加以保佑平安。

三、孝道與宗教

一般中國人對於宗教不太感興趣，佛教、天主教、基督教都是外來的，道教則是後起的。在此之前，中國無宗教。但是，中國人眞無宗教的需要嗎？其實不然，因爲有一種宗教的代替品，那就是儒家的孝道。「儒家的孝道具有宗教方面的理論，和儒家的宗教信仰相連。」（羅光作〈新的孝道觀〉，民國六十七年十一月七日中央日報）以生命爲基礎的孝道，不但「生、事之以禮」，還要「死、葬之以禮，祭之以禮」。孝經云：「孝莫大於嚴父，嚴父莫大於配天，則周公其人也。昔者周公郊祀后稷以配天，宗祀文王於明堂以配上帝。是以四海之內，各以其職來祭。」（聖治章）以父配天或配上帝，等於一種宗教崇拜，通於神明。所謂「孝悌之至，通於神明，光於四海，無所不通。」（感應章）故儒家對於喪祭之禮特別重視。至於中國人對於處理生命不朽的問題，亦可由「不孝有三，無後爲大」，力求有子孫傳宗接代，而獲得部分解決。所以，充孝之極，雖無宗教之名，卻有宗教之實，在事實上，孝已代替了宗教。

孝道含有宗教精神，而宗教亦重視孝道。先就佛教而言，佛教以孝爲本。佛之戒經云：「孝順父母、師、僧三寶，孝順至道之法。孝名爲戒，亦名制止，是入世、出世間莫不以孝爲本也。」儒家的孝道由養生、尊親、送死做起，顯而易見；而佛家的孝道則晦而難明，因佛家以成道利生爲最上報恩之事，且不僅報答多生之父母，並當報答無量劫來四生六道中一切父母。不僅於父母而當孝敬，且當度脫父母之靈識，使

其永出苦輪，常住正覺。（參考印光法師文集）

但是佛教的出家釋子，既已出家，如何對父母供養盡孝？事實上佛制已有規定，出家必須稟告父母。若有兄弟子姪可託，仍得稟請於親，親允方可出家，否則不許剃落。其有出家之後，兄弟或故，親無倚託，亦得減其衣缽之資，以奉二親。

茲舉出家人孝順父母之事例二則如下：

宋代長蘆宗賾禪師，襄陽人，少孤，母陳氏鞠養於舅家。及長，博通世典，二十九歲出家，深明宗要。後住長蘆寺，迎母於方丈東室，勸令念佛，求生淨土。歷七年，其母念佛而逝。（參見《淨土聖賢錄》）

道丕，唐宗室，長安人。生始周歲，父歿王事，七歲出家。年十九，世亂穀貴，負母入華山，自辟穀（不食），乞食奉母。次年，往霍山戰場，收聚白骨，虔誦經咒，祈得父骨，數日，父骨從骨聚中躍出，直詣丕前，乃掩餘骨，負其父骨而歸葬焉。（參見宋《高僧傳》）

所以出家人仍可對父母盡孝，佛經云：「供養父母功德，與供養一生補處菩薩功德等。」父母健在，則善巧勸導，令其持齋念佛，求生西方；父母亡故，則以自己讀誦修持功德，時常以至誠為親迴向，以期早渡苦海，共成覺道。

再就天主教、基督教與孝道的關係而論。舊約聖經上有十誡的規律，其中第四誡是「尊敬父母」。天主教的大哲學家聖多瑪斯解釋尊敬父母的理由有二：一是崇高的地位，因為父母是子女生命的根源；

二是深厚的恩情，因爲父母教養子女之恩很深厚。而子女尊敬父母包含三層義務：即孝愛、孝敬、孝順。孝愛包含內心的敬愛和奉養的義務。西洋文化中的孝道，以父母撫養子女爲原則，子女奉養父母爲權宜。在通常情形下，子女沒有奉養的義務，祇有在父母有急需時，子女才依能力供養。聖保祿曾說：「按理說是父母給兒子積蓄，不是兒子爲父親積蓄。」（致格林多後書第十二章第十四節）西洋的孝道以愛爲重，兒女和父母非常親熱，接吻問安，互叫小名，而在孝敬方面較爲疏忽。至於孝順方面，父母有權利和責任教養未成年的子女。在合乎情理的情形下，子女必須服從父母，但不合情理的事，則子女不必服從。已成年的子女或已經結婚的子女，則有自立之權。又有關子女的終身大事，子女可以自己決定，但在法律上仍須父母的同意。（參考羅光前揭文）

四、孝行的範例

㈠「二十四孝」

我國歷代以孝治國，孝的故事流傳極多。其有代表性者，元代郭居敬曾編《二十四孝》一書，流行民間多年。郭居敬是一個孝子，爲紀念逝世的父母，搜集歷史上有關孝行的故事二十四則，以韻文寫成，作爲兒童讀物，用意甚佳。但所選二十四位孝子的故事，有的已不合時宜，有的不合科學。

郭居敬所編《二十四孝》一書的內容要目如下：①生性純孝的虞舜，②親嘗湯藥的漢文帝，③咬指痛心的曾參，④單衣順母的閔子騫，⑤背米養親的仲由，⑥賣身葬父的董永，⑦臥冰求鯉的王祥，⑧扮鹿取奶的郯子，⑨藏橘奉母的陸績，⑩餵奶奉親的唐夫人，⑪作工養母的江革，⑫爲母埋子的郭巨，⑬任蚊飲血的吳猛，⑭嘗糞憂心的庾黔婁，⑮打虎救父的楊香，⑯棄官尋母的朱壽昌，⑰彩衣娛親的老萊子，⑱採葚奉親的蔡順，⑲扇席溫被的黃香，⑳湧泉躍鯉的姜詩，㉑聞雷泣墓的王裒，㉒刻木事親的丁蘭，㉓哭竹生筍的孟宗，㉔滌親溺器的黃庭堅。

《二十四孝》一書所選歷代孝行故事，大部分都有史實依據，可以激發讀者的孝心，但其中有的已不合時宜，例如⑥董永因父亡無錢下葬，乃賣身爲奴；⑫郭巨以憂母減饌，竟欲掘地埋兒；⑦王祥之臥冰求鯉等，或違反人性，或不合乎人道。有的不合科學，例如㉓孟宗的母親喜吃竹筍，冬季無筍，他到竹林中去哀歎，筍就忽然迸出；又如⑭庾黔婁嘗糞以驗父疾，都是不合科學的「愚孝」。

㈡「三十六孝」

爲提倡孝道，專欄作家吳延環先生曾經接受教育部委託，編了一本《三十六孝》（民國六十八年國立編譯館出版，黎明文化事業公司印行）。他鑒於元代郭居敬所編的《二十四孝》一書，對於現代人而言，已經不合時宜。於是參考古書一千六百餘種，涉獵孝行故事十二萬餘則，耗時半年，完成初稿，嗣經青年戰士報（即現在的青年日報）逐篇繪圖連載，並代徵讀者意見，完成二修稿出版。

《三十六孝》一書，精選我國歷代孝行故事三十六則，爲了確定選擇標準，他曾給孝下一定義如下：

孝，是子、女及孫子、女或其相等之人，在合情、合理、合法、不違禮的條件下，對於父、母及祖父、母或負有扶養義務之尊親，尊敬、和悅而竭力的養生、衛身、悅情、諫非、服勞、解憂、侍疾、治喪、思恩、祭靈、繼志、顯德、追遠、傳後，並能保持自己健康而立身行道等項美德。並加說明如下：①子、女及孫子、女或其相等之人——指子、女及孫子、女或同居之媳、婿、孫媳、孫婿。②父、母及祖父、母或負有扶養義務之尊親——指父、母及祖父、母或翁、姑、岳父、岳母。③合情、合理——論語：「過猶不及。」無過、無不及，就是合情、合理。④合法——法治國家，一切行為皆應合法；故凡違法之舉，都不能算孝。⑤不違禮——論語：「孟懿子問孝。子曰：無違！」「無違」就是不違背禮節。⑥尊敬——孟子：「孝子之至，莫大乎尊親。」又論語：「今之孝者，是謂能養，至於犬馬，皆能有養，不敬，何以別乎？」⑦和悅——論語：「子夏問孝。子曰：色難。」這就是鼓勵人們事親要和顏悅色之意。⑧竭力——論語：「子夏曰：事父、母，能竭其力。」⑨養生——禮記祭義：「曾子曰：孝有三：最大尊親，其次弗辱，其下能養。」⑩衛身——不衛何養？⑪悅情——孟子：「悅親有道。」又「若曾子，可謂養志也。」「養志」就是體察親情而豫悅之。⑫諫非——論語：「事父、母幾諫。見志不從，又敬不違，勞而不怨。」⑬服勞——論語：「有事，弟子服其勞。」⑭解憂、侍疾——原可包括於「養生」之內，特強調耳。⑮治喪——論語：「死，葬之以禮。」⑯思恩——孔子家語：「子曰：由也事親，可謂生事盡力，死事盡思也。」⑰祭靈——中庸：「事死如事生，事亡如事存，孝之至也。」論語：「祭之以禮。」⑱繼志——中庸：「夫孝者，善繼人之志，善述人之事者也。」⑲顯德——禮記祭統：「顯揚先祖，所以崇孝也。」⑳追遠——論語：「慎終、追遠，民德歸厚矣。」㉑傳後——孟子：「不孝有三，無後為大。」但請注意：男、女都是後，無輕重之別。㉒保持健康——論語：

「父、母惟其疾之憂。」孟子：「失其身而能事親者，未之有也。」㉓立身行道——禮記祭義：「曾子曰：孝有三……其次弗辱。」必須立身行道，才能弗辱於親。又孝經也有「立身行道」之訓。

至於「三十六孝」的內容要目，茲介紹如下：①孝範永垂的虞舜，②中興報親的少康，③純孝感君的潁考叔，④立身行道的孔丘，⑤彩衣娛親的老萊子，⑥富貴思親的子路，⑦孝友無間的閔子騫，⑧悅親之情的曾參，⑨拾葚供親的蔡順，⑩作工養母的江革，⑪毀家贖父的譙瑛，⑫繼志著書的班固，⑬扇席溫被的黃香，⑭侍疾不厭的蔡邕，⑮辭官養親的李密，⑯永遵親約的陶侃，⑰解親之憂的荀灌，⑱保身行孝的范宣，⑲捨身衛父的潘綜，⑳鍋巴奉母的陳遺，㉑助人行孝的狄仁傑，㉒爲親洗桶的黃庭堅，㉓兼報二恩的申積中，㉔盡忠報國的岳飛，㉕繼志顯祖的岳珂，㉖孝媳保家的陳堂前，㉗守身祭祖的耶律希亮，㉘從火救父的王閏，㉙萬里尋親的顏應祐，㉚打虎救母的謝定住，㉛治喪繼志的沈雲英，㉜諫親之非的鄭成功，㉝堅持母訓的顧炎武，㉞輪傭養母的薛文、薛化禮，㉟學畫補憾的閔貞，㊱侍疾救父的丁純良。

觀右表可知新編的三十六孝，其中有八人與舊的二十四孝相同，即虞舜、曾參、閔子騫、子路、江革、老萊子、黃香、與黃庭堅。新編的三十六孝，選擇有一定標準，當較合於時代的需要。

五、新的孝道觀

㈠現階段提倡孝道的理由

由於時代潮流的變遷，社會結構的轉型，我國自古以來的孝道已經沒落了。紅樓夢中第一回，跛足道人有一首「好了歌」，其中有云：「世人都說神仙好，只有兒孫忘不了；痴心父母古來多，孝順子孫誰見了？」可見二三百年前，孝道早已式微不振了。我們今日再來提倡孝道，似嫌落伍，不合潮流。但是我們若進一步深思反省，其實不然，理由如下。

首先，我們由前文的分析，知道孝是基於人類最初的親情的愛心，發自內心的天性。親情之愛可說是本能的、最純潔的，由親情之愛擴展成孝道，便變成一種德行了。德行並非本能，故有倡導的必要。孝敬父母之心，雖是人類所共有，但孝道的實踐並非任何社會所共有，必須加以倡導，才能保存和擴充。這就是中國先哲倡導孝道的主因，也是中國文化一向以孝為本的理由所在。

其次，孝是肯定生命的價值，孝也是肯定人生和社會的價值。因而孝是家庭倫理中最重要的一環，我們如要齊家，便要提倡孝道。而社會是家庭的集合，我們如要社會健全，不流於冷酷無情和殘忍鬥爭，也必須以孝道為倫理的起點。

再從轉變社會風氣的立場來看，目前的社會風氣無可諱言的已經敗壞到了極點，原因雖是多方面的，但作壞事的人都是來自不肖子弟，父母疏於管教，甚至溺愛放縱。防治之法，自宜家庭教育與社會教育並重，自幼年起即予妥善管教。相信在一個父嚴母慈子女孝順的家庭中，決不會有作奸犯科的不肖子孫，出來破壞社會風氣。

(二)原則不變，做法可變

時代變了，但孝的原則決不可變，所可變的只是做法。孝道的方法可因時制宜，因地制宜，因人制宜。在合情、合理、合法的原則下，孝行的實踐，均可變通辦理，而無損孝道的原則。

通常講孝道，都指子女應如何孝順父母，這是單向的，而少講父母應如何對子女慈愛。新的孝道觀，宜認定是雙向的，即父母對子女要慈愛，子女對父母要孝順。但是，慈愛、孝順都是出於自然的天性，俱無爲權利而盡義務的觀念存在其間。俗語云：「父嚴母慈」，乃指父親和母親對子女教育宜持不同的態度，即父親對子女宜較嚴格，母親對子女宜較慈愛。但均宜注意其分寸，適可而止。如父親過於嚴格，易使子女產生畏懼、仇恨心理；如母親過於慈愛，易使子女產生放縱、依賴心理，均非所宜。必須嚴慈兼備，寬緊合度，始能養成情理兼備人格健全的子女。

茲先舉孝順的做法。父母在世之孝：曾子曰：「大孝尊親，其次不辱，其下能養。」（禮記）所謂「能養」，乃指物質上的供養，可視實際情形斟酌辦理；所謂「不辱」，謂消極方面無惡行，使父母不蒙惡名；所謂「尊親」，謂積極方面有善行，使父母能享令名。

父母過世後，親恩仍在，仍應盡孝。中庸云：「敬其所尊，愛其所親，事死如事生，事亡如事存，孝之至也。」遇父母不幸亡故，舉辦喪事，宜當大事處理。孟子云：「養生者，不足以當大事，惟送死，可以當大事。」（離婁下）此處所謂辦喪事應當大事處理，應指盡心盡力，莊嚴隆重，而非指豪華奢侈。以後每年父母之冥誕或忌日均宜祭祀，至於春秋二季掃墓，更不宜疏忽。

父母死後，子女服喪之制，以往古禮定爲三年，無論天子或庶人，一律如此，夏商周時代已行之，至今歷三千餘年。我國內政部公佈的「國民禮儀範例」規定：父母之喪仍定爲三年，在服喪初三個月，謝絕宴會與娛樂，在服喪初六個月內，宜停止嫁娶，並佩服喪標誌（男子於左臂配黑紗，著西服時並用黑色領帶；女子披黑紗或循俗用白色髮夾。）於服喪滿二週年家祭之日除服，在除服前蓋章用藍色，函札自稱加「制」字。

要之，孝順之道，生，事之以禮；死，葬之以禮，祭之以禮，爲孝道應有之義，此原則不因時代而改變，所可變通者僅形式與方法而已。

㈢如何做父母

孝道既應是雙向的，就應該分別討論如何做父母和如何做子女，茲先說如何做父母。

先哲對於子女的孝道指示較多，對於父母的慈道指示較少，可能由於一般人多認爲父無不慈，而子有不孝，俗語所謂「天下無不是之父母」。但事實上不慈的父母也不少，例如舜的父母便是如此。他父親凶頑不懂禮法，母親則經常胡鬧囉唆，而舜能基於孝道，悅親之情，諫親之非，服親之勞，解親之憂，所以舜是孝範永垂的大孝。

孔子對於父母的慈道並非不重視，僅未詳述而已。齊景公問政於孔子，孔子答以「君君」、「臣臣」後，又加上「父父」、「子子」。所謂「父父」就是做父母的人要懂得做父母的道理（古人言「父」往往包括「母」在內）。

然則現代人應如何做父母，茲就善生、善養、善教三方面來加以探討。

關於善生方面：對「不孝有三，無後爲大」應該有條件地實行，結婚生子（女），乃人之大倫，生育宜量力而爲，且須配合政府的人口政策。例如現階段的「兩個恰恰好，一個不嫌少」，只要能延續生命傳宗接代即可，以往多子多孫的觀念應加修正，才有幸福可言，而不致拖累社會。而所謂傳後，生子固可傳後，生女同樣可傳後，不要再重男輕女了。如果父母有會遺傳的重大疾病，則不要輕易生育，以免貽害下一代。此外，爲了造就優秀的下一代，爲人母者最好要注意胎教。

關於善養方面：嬰兒的照護和營養最爲重要。殘障兒童之形成，除先天性者外，有許多都是父母照護不週而發生的。兒童的健康，一方面固有賴於優秀的遺傳，一方面更需要適當的營養，後天的營養常能補充先天的不足。所謂適當的營養，乃指不同的年齡，不同的發育狀況，需要不同的營養，這是父母應有的常識。此外，還要使兒女養成良好的飲食習慣和禮節。

關於善教方面：我國一向注重兒童教育，三字經云：「玉不琢，不成器；人不學，不知義。」而兒童教育，父母應負大部分的責任，所謂「苟不教，父之過」。及長上學，雖有學校負責教導，但學校教育宜與家庭教育密切配合，才能收事半功倍之效。

此外，關於如何做父親，陳大齊教授曾經提出六點意見可供參考：一、不貽害子女，不拖累社會；二、維持家庭的安寧，增進家庭的幸福；三、做一個好人、好公民，以爲子女的好榜樣；四、勿以父權爲至高無上；五、勿對子女過存奢望；六、勿存養兒防老的觀念。其中除第四項外，也可適用於如何做母親。（參見《倫理學講話》民國六十七年中央文物供應社出版）

最後，在此提醒一般爲人父母者，就是身教重於言教。對子女的教養，不要一味要求子女要如何盡孝，而要反躬自省，檢討自己對父母是否敬親、尊親、養親，然後再循循善誘，教導子女如何行孝，使教孝與行孝合一，收效一定更大。

㈣如何做子女

關於子女如何孝敬父母，前文已講了很多，此處再提出一些較爲具體的做法，以供參考。此處所稱子女乃指已經成年的子女而言。已成年的子女最起碼的要求，是能自食其力，不必依賴父母生活。也就是要有正當職業，適當收入，才能維持獨立的生活，不再成爲父母的負擔。如果未能接受高等教育，也要努力學得一技之長，才不致失業。平時應養成節儉的習慣，量入爲出，以免仰賴父母的補貼，拖累父母。尤其不可於父母逝世後，爭奪遺產，弄得兄弟姊妹之間水火不相容，這眞是不孝之尤，宜引以爲恥。

子女對父母服勞與奉養方面，應視爲最基本的孝行。成年子女，父母多已年邁，應盡可能照顧父母的生活起居，或分擔一部分家事。至於奉養父母，更是成年子女所應盡的義務。平日供應父母生活所需，過年過節對父母應有所孝敬的表示，這是做子女的應盡的最低限度的義務。

父母一旦染患疾病，子女應予關注，並延醫診治。平日應注意維護父母身體的健康。父母若屆垂暮之年，歲月無多，爲子女者宜及時行孝，以免俗語所說的「樹欲靜而風不止，子欲養而親不在」。孔子云：「父母之年不可不知也，一則以喜，一則以懼。」（論語里仁）一方面慶幸父母能享高壽，另一方面又恐父母的風燭殘年。

除了維護父母的健康外，子女最好能使父母保持愉快的心情。消極方面勿使父母增添煩惱，積極方面要能使父母歡樂。例如孟子所說的「好勇鬥狠，以危父母」爲五不孝之一，好勇鬥狠必使父母增加煩惱，做子女的應該切戒。使父母歡樂，就是孟子所說的「悅親」（離婁上）。悅親可分爲兩方面，直接方面如平日對父母要和顏悅色柔聲下氣；間接方面如對社會國家有所貢獻，使父母增加光采。

通常所說的「孝順」一辭應加注意。孝並不一定要順，順並不一定是孝，前文提到「爭子爲孝」，就是父母如有不義之事，子女可不必順從，而且要加以勸導，仍不失爲孝。孔子說：「事父母，幾諫；見志不從，又敬而不違；勞而不怨。」（論語里仁）意即事奉父母時，如果父母有不對的，子女要婉轉勸諫，如父母不聽，還是要尊敬父母，繼續勸導，而不怨恨。

現在工業社會盛行小家庭制，子女長大成人能獨立謀生後，都脫離父母組織小家庭，以致老年孤單無依。於是有的把父母送進養老院，有的棄置不理，有的甚至置身國外，不通音問，形成工業社會中老年人的悲劇。昔日的大家庭制度以五世同堂爲榮，現在當然不合時宜，但三代同堂仍値得鼓勵。須知家有一老，無異一寶。三代同堂，父母不致送進養老院，子女可略盡孝道，而第三代亦不致無人照顧，形成許多問題兒童。不過仍須視情況而異，如果父母住屋不大，子女結婚後雖願同居而不可能。如果將來國民住宅考慮到三代同堂的設計，這個問題也許可以獲得部分解決。如果子女與父母分居，而所住地點又相距不遠，每逢例假或年節時，子女最好攜同家人回到父母住處，歡聚問安，以表孝心。若父母年老多病，需人照顧，做子女的更不宜疏忽了。

六、結　論

人類社會是以愛爲基礎，而非以恨爲特徵。互愛之道，佛祖主張慈悲，耶穌主張博愛，都是一視同仁，不分親疏等差。唯有儒家的仁愛，因對象不同，而有深淺之別，最合於人類需要。孟子說：「親親而仁民，仁民而愛物」，先由愛親推及愛人，再由愛人推及愛物，層次井然，合情合理，而孝是仁愛的起點，道德的本源。

孝親是人類的天性，不學而能，人人自幼與父母相親，無不知愛其親。孝經云：「故親，生之膝下。」敬愛父母的孝心，始於嬰孩相依於父母的膝下。推此愛親之心，一切教化、德性因而形成。

孝道在我國已有三千多年的歷史，歷久不衰，成爲中華文化的特徵。孝道的沒落僅是近代的事。我們基於前文的探討，要復興中華文化，必須提倡孝道。

關於孝道與孝治的關係，根據徐復觀先生的研究結論云：「先秦儒家中，沒有孝治思想。不過，我應特別說明一點，僅僅提倡孝道，固然不足以治天下，但在治天下而提倡孝道，這對於中國民族的保存、延續，依然有積極的意義。……把事君的忠，與事父的孝，混淆起來，可以在知識分子方面盡到維護專制的作用；但僅就孝在社會上一般的作用說，依然與專制無關，依然正面的意義大於負面的意義。」（參見所著〈中國孝道思想的形成演變及其歷史中的諸問題〉，載《中國思想史論集》）謝幼偉先生亦認爲：「孝治之義，如我國人所解釋的，亦並不涵蘊尊君。歷代帝王假孝治以爲尊君張目，這是歷代帝王之事，決不是先哲提倡孝治的根本義。如孟子提倡孝治，即主張民貴君輕，即爲一明證。」（見前揭書）五四時代的人們反對專制連帶反對孝道，這種因噎廢食的態度是不對的。

現在爲民主政治時代，講究孝道是否適宜？孝道的涵義包括親親、敬長、返本、感恩各方面，對於民主政治不但沒有衝突，反而有極大的裨益。因爲提倡孝道，不但能促進家庭關係和諧，而且能增進社會關係協調，均有利於民主政治的推行。

現代人講孝道，對於孝道的原則不宜變更，但可變更孝道的做法。例如孔子所說的「父母在，不遠遊，遊必有方。」（論語里仁）因爲古時候交通和資訊不發達，子女不宜遠離父母，不得已出遊，也要有一定的方向，以便隨時聯繫，這在古代確有必要，現在交通資訊發達，子女遠處國外，隨時可以通訊，如父母有急難，子女可以朝發夕至。又如關於子女的終身大事，從前都由父母作主，談不上戀愛，現在則宜由子女自主，父母從旁協助而已。

有一種流行的邪說，必須分辨清楚。那就是有人認爲父母生育子女，都是爲了滿足男女一時的情慾，所以父母對於子女並無恩惠可言，因而子女對於父母也不必盡孝。這是一種謬論，不可不辨。如前所述，儒家的孝道觀念，男女結合，主要在傳宗接代，在延續父母的生命，決不是爲了滿足一時的生理本能。退一步說，生育之恩惠僅是親恩的一項，還有養育之恩，教育之恩，更爲重要。爲了感恩，子女對父母盡孝，是天經地義的事，豈容一筆抹殺！

總而言之，對父母盡孝是人之天性，也是人之本分。中國的孝道，源遠流長。孝是五倫之首，入德之門。推行孝道，可以修身、齊家、治國，所以百善以孝爲先。

最後，節錄徐復觀先生一段語重心長的話，作爲今日我們提倡孝道的參考。

當我看到世界人權宣言第二十六條第三項有「父母有選擇其子女應受教育之種類的優先權利」的規定時，發生不知其然而然的感動。提出這一項規定的先生們，已知道在苦難的時代，眞能保障下一代的，只有靠各人的父母。這即是要求大家對於「慈」的正當性和必要性，作了一次法定的承認。但慈易而孝難。現代許多文明先進國家，壯年人對於自己的子女，無不舐犢情深。但對於他的衰年父母，則異常冷淡，在感情上還得不到他們豢養的貓狗所能得到的溫暖。……慈是生理作用成分多，孝則要訴之於理性的反省。有慈而沒有孝的社會；也即是每一個人從他的工作退休時，即失去了人生意義的社會。難道說這不算一個社會問題？人生問題？而不值得把中國的孝道加以新的評價嗎？（參見前揭書）

論中國文字的整合與統一

一、前　言

自從開放探親以來，海峽兩岸文化交流漸多，而衍生的問題也層出不窮，其中以漢字的繁簡不一，影響最大。文字是用以表達感情、傳遞訊息、交換知識的主要工具，也是延續傳統文化、普及平民教育、維繫民主政治的必要手段。所以我們談交流、談統一，必先從整合文字著手，才是根本之圖。

兩岸隔離四十多年，漢字的演變差距日漸擴大，不僅影響學術文化的交流，而且影響人民生活的不便，隨著兩岸關係的互動，業已形成兩種現象：大陸方面須學習繁體字（應稱爲正體字），台灣方面須學習簡體字（中共稱簡化字），實際上已成爲文化上的「一國兩制（字）」。

本文所稱整合，是指兩岸對漢字的觀念不一，各行其是，經過良好的溝通後，捐棄成見，形成共識，共同商討漢字的整頓與改革，最後達成中國文字的統一，共同爲發揚中華文化而奮鬥。

然而談到兩岸文字的整合，談何容易！但我們決不應知難而退，必須探討其癥結所在，訂定原則，共同謀求解決之道。

二、中國文字的演變趨勢

談到漢字的整合，首須明瞭漢字的演變趨勢，以確定整合的原則。

漢字起源於圖畫文字，演變爲象形文字和象意文字（即指事和會意的造字法），這是遠古期。其後的近古期（約在夏代），進而有形聲文字的出現。根據近年考古學家對古代陶器刻劃文字研究的結果，得知中國原人最早刻劃在陶器上的意符文字，距今已有六千七百餘年的歷史（參見李孝定著《漢字的起源與演變論叢》頁二五五）。相當於伏羲建國及畫卦作易的時代，比殷墟的甲骨文要早三千多年。

漢字早期的發展情形，周易中曾一再提到，茲簡述如下：

結繩：易繫辭下傳第二章：「上古結繩而治，後世聖人易之以書契。」又云：「作結繩而爲罔罟，以佃以漁。」古人結繩以記事，《周易繫辭正義》引鄭玄說：「事大，大結其繩；事小，小結其繩。」又《周易集解》引《九家易說》云：「古者無文字，其有約誓之事，事大，大其繩；事小，小其繩。結之多少，隨物衆寡，各執以相考，亦足以相治也。」此外，也結繩作成網罟，用以漁獵。

書契：書，就是寫下來的文字，許叔重《說文解字》序云：「倉頡之初作書，蓋依類象形，故謂之文，其後形聲相益，即謂之字。文者物象之本，字者言孳乳而寖多也。著於竹帛謂之書，書者如也。」至於契字，並不是契約的契，而是用刀刻劃之意，作動詞用。而鄭康成把「書之於木，刻其側爲契」，來解釋「書契」是錯誤的。（據唐蘭著《中國文字學》頁五九）「書契」是指最初的文字，書是由圖畫來的，即圖畫文字；契是由記號來的，即契刻文字。

八卦：易繫辭下傳第二章：「古者包犧氏之王天下也，仰則觀象於天，俯則觀法於地，觀鳥獸之文，與地之宜，近取諸身，遠取諸物，於是始作八卦。」八卦代表的意義是：乾爲天，坤爲地，震爲雷，巽爲風，坎爲水，離爲火，艮爲山，兌爲澤。八卦最初是代表八種自然現象。孔安國尙書序云：「古者伏犧氏之王天下也，始畫八卦，造書契，以代結繩之政，由是文籍生焉。」八卦似乎是文字的前身。

河圖、洛書：易繫辭上傳第十章：「河出圖，洛出書，聖人則之。」《尙書．顧命》云：「河圖在東序。」論語亦云：「鳳鳥不至，河不出圖，吾已矣夫。」可見古代確有河圖、洛書的出現，而且圖書並舉，與文字之由圖畫演變而成頗爲相似。

要之，周易對於漢字的起源一再提出，但因漢字起源甚早，孔子作繫辭乃在文字發明後三千多年，對於史前文字之起源多憑傳聞，故語焉不詳。但我們從所述結繩、書契、八卦以及河圖、洛書中，多少可以推知古代文字演變的大概情形。

我國文字的演變，除古代圖書及刻劃文字外，從殷商起迄今已有三千五百年以上的歷程，依據唐蘭先生的意見，可劃分爲六個階段：一古文字（殷商系、兩周系、六國系）。二大篆、小篆、八體、六書、雜體篆（秦系、漢以後的篆書）。三隸書、楷法、八分、飛白（秦漢）。四草書、章草、草藁、今草、狂草（漢至唐）。五行書、正書（眞書）（唐宋）。六經生書、刻書體、簡俗字、簡體字（元明清至今）。（見前揭書）

漢字在漫長的演變過程中，其形體始終是變遷流動的，而不是固定不變的。變遷的趨勢可大別爲兩途：

一、簡化：早期的象形字近於圖畫，筆畫較爲繁複，爲了書寫便易，減省筆畫，趨向簡化，這是自然的趨向，其後的大篆變小篆，小篆變隸書，也是減少筆畫，趨向簡化，但是由篆隸變爲楷書（亦稱正書、眞書）後，已逐漸固定下來，變化較少。例如唐代的楷書，經過千餘年，迄今仍通行無阻，極少變化。

二、繁化：漢字的演變，除了有簡化的趨向外，也有繁化的趨向。簡化是爲了便於書寫，繁化則是爲了使字義更爲精確。例如爲了使字義精確，把「夫容」二字各加上草頭變成「芙蓉」，又因形聲字的盛行，在文字上增加偏旁，如「蜀」字左旁加一「火」成爲「燭」，左旁加一「虫」成爲「蠋」。

由上所述，可知無論簡化、繁化都是爲了使用方便、表達精確，而且漢字發展到唐代，幾乎已經定型，變化極少，因爲文字的演變到一定階段，經普遍使用後，便約定俗成，成爲大衆的知識公器，如果過分簡化，反而得不償失，形成種種缺陷。關於此點，著名的文字學家早經指出。唐蘭先生云：「有些人提倡簡體字，是錙銖必較地計算著每一字可以少多少筆，不知如果是徹底改造的簡體字，在文字學上是反動的。我們需要聲符文字，不需要記號文字，需要較固定的寫法，不需要時時省變人各爲政的寫法。」（見前揭書頁一一〇）又李孝定先生亦曾指出：「我們根據文字演變的歷史，看文字的簡化，發見有一點現象値得注意，那是甲骨金文小篆階段，演變得比較急速而劇烈，到了隸楷階段，它所包含的時間幾乎是前三階段的總和，而其演變的程度，除了開始由大小篆變為隸楷的階段較為劇烈外，一到楷書形成，其演變的程度，便顯著的逐漸減緩而趨於溫和，這是由於古代文字不定型，可塑性大，因之變得較快，及至文字漸趨定型，該改該簡的，早已改了簡了，假如為了苟趨約易，便草率的大刀闊斧的加以再簡再改，便將面目全非，而致過分破壞文字的完美結構，並失去和固有文字的連繫。」（參見李孝定著《漢字史話》頁五八，一九七七年，聯經。）

要之，簡化與繁化的交互演進，乃是漢字的發展規律，該簡的應簡，該繁的應繁，應以不失漢字的功能為準，而且以約定俗成自然發展為宜。否則，任意苟簡、唯簡是從，便將成為一種簡陋而不精密的文字，容易發生種種流弊。

三、大陸推行文字改革的利弊得失

中共當局對於文字改革向來十分重視，其文字政策之釐訂乃秉承上級指示的原則：「文字必須改革，要走世界文字共同的拼音方向，……在實現拼音化以前，必須簡化漢字。」（一九五一年毛語）所以中共的文字改革工作分為三個步驟：一為漢字簡化，二為推廣普通語，三為漢語拼音化。而推廣普通話實是「為拼音文字舖路」，實際上祇有漢字簡化和漢語拼音化兩大部分。本文僅就簡化漢字方面略加分析。

一九五六年一月二十八日國務院公布「漢字簡化方案」，其內容包括三部分：

第一部分為「漢字簡化第一表」，包括簡化漢字二三〇個，按注音符號音序排列，每字後附註原來的繁體字。

第二部分爲「漢字簡化第二表」，包括簡化漢字二八五個，排列方式同第一表。

第三部分爲「漢字偏旁簡化表」，包括簡化偏旁五四個，按原偏旁的筆畫簡繁排列先後，每一簡化偏旁之後，附以原來的偏旁。

以上三表各有特色：第一表大部分是較爲通用的新舊簡體字，第二表則爲罕用簡體字，其中百分之三十一全是不經見或新創造的簡體字。

據文字改革委員會主任吳玉章指出簡化漢字的目的在於：「總的來說，要是保持漢字的現狀，不加以改革，就會嚴重地妨礙人民文化教育的普及和提高，對於國家工業化和整個國民經濟的發展，也會有間接的不利影響。中國人民很早就要求把他們自己的文字改成更容易認、容易記、容易寫、容易讀。」換言之，他認爲簡化文字的目的在於普及和提高人民的文化教育、發展工業和國民經濟，以及使漢字更易認、易記、易寫和易讀。

事實上，中共實行文字改革迄今已三十餘年，上述目的一個也未達到，反而帶來許多流弊。可是他們偏不認錯，一九七七年十二月二十日又公佈「第二次漢字簡化方案」，其中包含簡化字八五三個，簡化偏旁六一個，廢棄漢字二六三個。此方案公佈後，當即受到大陸人民的普遍反對，認爲不倫不類，因此，自次年夏季開始，八五三個新的簡化字已無疾而終停止使用。乃於一九八六年公告廢除。

目前大陸上使用的簡化字，依「簡化字總表」所列計有二二三八字，實際上只有五一五字是眞正的簡化字，爲第一次方案所列，其餘的一七三三字只簡化了偏旁部首，並未全部簡化，只可稱爲「半簡化字」。

我們平心檢討大陸上推行簡化字的利弊得失，總說一句是利少弊多，得不償失。分析言之，利的方面是部分文字筆畫略減，書寫較易。但筆畫減少不多，依據文字學家統計顯示：簡化字簡化前後的平均筆畫數分別是一六·〇一與一〇·一〇畫，亦即簡化後平均縮減約六畫，但與未經簡化的字合計，其平均筆畫數爲一一·四畫，只比未簡化前的平均筆畫數一二·九畫，減少了一·五畫。由此可知，大陸簡化漢字的結果只在書寫一個字時平均減少了一至二畫，效果不大，至於漢字簡化後對於易認、易記、易讀的目的並未達成，事實俱在，在此恕不詳論。

提到大陸簡化字的流弊甚多，在此只舉犖犖大者：一、文化方面：簡化文字實是斬斷中國歷史破壞傳統文化的要角。一般人民不能從簡化文字而收到普及教育之益，卻剝奪了他們閱讀古籍的權利。二、學術方面：年輕的大學教授和學生不能認識正體字，使學術研究尤其國學研究大開倒車。三、社會方面：一般人民受了簡化字的影響，任意私造簡俗字，人人都可做倉頡，形成混亂的局面。四、文字本身方面：破壞中國文字的六書系統，破壞中國文字的古音系統。五、藝術形相方面：中國文字具有先天的藝術價值，不容破壞。簡化字不宜於書法。故大陸書法家從來不聽中共的話，絕無使用簡化字創作書法者。六、兩岸情意交流方面：我政府開放人民往大陸探親後，由於大陸推行簡化字，使兩岸人民增加溝通瞭解的困難，同時亦阻滯了世界華僑的認同。

四、台灣地區推行正體字概說

談過了大陸方面文字改革的情況，不妨回顧台灣方面四十年來對中國語文有何貢獻。

台灣光復我政府遷台以來，對於推行語文標準化工作，一直努力不懈，國語注音符號的推廣，國語的推行，均成效卓著。今日一般本省籍人士在公衆場合均能使用流利的國語表達意見，與光復之初以台語爲主的情形大不相同。至於整理文字的工作起步較遲，民國五十八年（一九六九年），教育部奉中央指示運用科學方法整理國字，六十二年（一九七三年）教育部委託國立台灣師範大學國文研究所負責。自七十一年（一九八二年）起教育部陸續公布「常用國字標準字體表」、「次常用國字標準字體表」、「罕用字表」及「異體字表」等，並經陸續修訂。此種標準字體台灣地區稱爲「正體字」，目前已推行至台灣地區內各中學及小學校，所有中、小學的教科書及教學工作，一律使用正體字，對中小學教育之推行收效甚大。

台灣地區從事標準字體的研訂，係依據左列六個基本原則：

一、標準字體表之字體以楷書爲主。

二、字形有數體而音義無別者，取一字爲正體——取㈠最通行，㈡合於初形本義，㈢筆畫簡、使用廣，（四）其他。

三、字有多體而古今義異者並收。

四寫法力求合於造字原理。

五適當區別偏旁（如肉月日不同）。

六偏旁筆畫易混者予以區別（如壬與王）。

在訂定標準字體時，曾經收入部分簡體字，但必須符合上述第三及第四原則，即筆畫簡、使用廣，且合於造字原理。

常用國字的字數已經選定如下：總字表四九、九〇五字，常用字表二、四〇八字，國民中小學常用字彙表四、七〇八字，國民常用字表四、七〇九字，常用國字標準字體表四、八〇八字。以上選定的常用國字數目隨時修訂，以適應社會上的需要。

國字標準化——即正體字，其功能及使命是：

一、教育及學術研究的需要。

二、國民日常生活的需要。

三、資訊的需要。

四、姓名條例的需要。

我們平心檢討台灣地區的國字標準化（正體字）工作，起步雖較遲，卻有相當成就。最大的貢獻就是維護了我國的文化傳統與學術傳統，不致如中共推行簡化字截斷了民族文化的臍帶。至於缺點是推行不夠普及，這套標準字體，目前只推行至中、小學，民間則不受重視。目前台灣地區的印刷品大體上尚能維持正體字的水準，人民書寫時則不免夾雜許多俗體字和簡體字，但尚不致影響正常的運作。

五、海峽兩岸如何進行文字整合

我們由上述對於兩岸漢字發展的現狀略有了解，彼此間的差異已經在各方面形成阻礙與不便，實到了不得不予整合的地步。然則如何整合？其原則與方法如何？筆者在此擬提出幾點淺見，以供有關方面參考。

首先，整合的原則方面，必須確定目標。中國文字源遠流長，向為民族文化、國民教育及社會生活之所繫，整合時必須兼顧文字的傳統學術性與社會實用性，不宜有所偏頗。

其次，中國文字未來的發展，應該朝向注音的方向，決不應走併音的道路，因為這是一條死胡同。

再其次，任何文字的特性都有生命性，是逐漸長成、茁壯和衰退的。中國文字一向是約定俗成自然演化的，文字政策的推行，雖有它的作用，也有它的限度。我們決不宜存有以大吃小或以小吃大的心理。

至於兩岸文字整合的步驟，當以建立共識、加強溝通為主要條件。兩岸當局均宜放棄成見，改變觀念，廣徵學者專家及各方面的意見，共同商討獲致結論，然後訂定文字政策付諸實行。目前階段應促進專家學者尤其是文字學家，加強雙方互相交流，雙方多多舉行文字學術會議，並邀請對方學者專家參加，如此才能充分交換意見，加強溝通，建立共識。

兩岸文字整合的重點，我們認為宜從印刷文字的整合，電腦中文的整合著手，在整合時進行文字的整理，以便同時解決文字上的各項問題。至於手寫體可隨其便使用正體字、簡化字乃至俗體字，不必予以整合。

先談印刷體的整合：文字的印刷體影響最爲深遠廣大。目前台灣地區印刷使用繁體字，尚未全部使用正體字，正體字僅使用於中、小學的課本，其餘大部分的印刷品都未使用標準字體。香港、澳門地區同樣使用繁體字印刷，而他們的繁體字與台灣的繁體字又略有差異。至於目前大陸地區的印刷出版品一般都使用簡化字，但翻印和整理出版古籍則使用繁體字，尚有一部分文史雜誌也使用繁體字，例如中華書局出版的「文史」雜誌。此外，還有一種奇特的現象，非但不同的書類使用不同的字體，在同一本書中也有同時使用簡化字與繁體字的情形。例如湖北辭書出版社及四川辭書出版社出版的《漢語大辭典》，其凡例有云：「釋文和現代例證用簡化字，其餘用繁體字。」

次談電腦中文的整合：現在資訊工業發達，利用電腦處理中文資料已成爲有關國家（包括我國的大陸及台灣地區、香港、澳門、新加坡、馬來西亞、日本、韓國，以及美、英、法、德、荷等國的圖書館）亟待解決的問題，使用電腦處理中文資料的關鍵是「編碼」問題。目前國內外使用的不同字碼如「五大碼」、「通用碼」、「電腦公會碼」、「倚天碼」等，各自爲政，影響效能甚大。目前有一個明顯的趨勢，就是將各國各地區使用的漢字合併編爲一種號碼，以提高處理中文資訊的能力。電腦中文編碼所牽涉有關文字的問題甚多，包括字數、字樣、字義、字序等。以字樣而言，又包含文字的點、橫、豎、撇、捺的配合，以及異體字的處理。又簡化字亦爲電腦帶來許多問題，例如由於簡化字而產生的多義詞彙，迫使需參照上下才可解決的語法問題，使電腦增加許多負擔和代價。由此可知電腦中文的整合刻不容緩，但整合電腦中文時有一個重要的原則，就是要以中文爲主，以電腦爲輔，不可以中文遷就電腦，否則，勢必演變成由電腦主導中文整合的局面，那就得不償失了。

最後談到整合漢字與整理漢字同時並行的問題。整合漢字是指兩岸現行簡化字與繁體字（正體字）的整頓與改革，整理漢字則指文字的結構合理化、部首、字數、字序、筆畫、筆順、屬性等。如果單是整合而不同時整理，仍不能解決文字上的許多問題。

六、結　語

近來海峽兩岸談統一的呼聲日見增高，文化交流也日見增多，作爲文化重要一環的文字，更有整合統一的迫切需要。最近台灣方面已在本年六月中旬，由海峽交流基金會主辦中國文字學會協辦，召開「中國文字的未來」學術研討會及座談會，研討中國文字的整合與統一問題，筆者曾經應邀參加，獲益良多。又據報載，中國大陸已於本年二月成立「海峽兩岸書同文促進會」籌備會，並於本年八月邀請海峽兩岸學者在北京開會，就兩岸文字統一問題進行討論。筆者不揣翦陋，特撰此文，提出一些整合漢字的淺見，以供參考。

中國文字在時間上源遠流長，在空間上已成爲國際上重要文字之一種，使用的人口達十二億以上，如果不謀整合統一，繁簡歧異，各行其是，影響所及，其後果將不堪設想。

筆者認爲文字的整合必先確定原則與目標，然後訂定步驟與進度，按照計畫逐步實施。當前的文字整合似宜從印刷體及電腦中文著手，然後逐漸推廣。筆者在此竭誠呼籲兩岸當局，學者專家以及電腦資訊業者，共同爲中國文字的未來而努力，相信不久的將來，必能見到中國文字的統一，並以中國文字的統一作爲全中國統一的先聲。

——一九九一年七月作者於台灣

如何促進兩岸「書同文」

兩岸文字的現狀

首先，讓我們簡略地檢討一下兩岸文字的現狀。

大陸方面推行簡體字（中共稱簡化字）始於一九五六年，國務院公布「漢字簡化方案」，計簡化漢字五一五個，簡化偏旁五四個。一九六四年公布「簡化字總表」，計簡化漢字二、二三八個（含前述五一五字）。一九七七年又公布「第二次漢字簡化方案草案」，計簡化漢字八五三個。因簡化太不合理，遭受各方批評，未能實行，無疾而終。至一九八六年乃公告廢除。

目前大陸上使用的簡化字，依「簡化字總表」所列計有二、二三八字，其中五一五字是眞正的簡化字，爲第一次方案所列，其餘一、七二三字只簡化了偏旁部首，並未全部簡化，只可稱爲「半簡化字」。

大陸上推行簡化字至今已三十五年，檢討起來可用「得不償失」四字來形容。利的方面：簡化字筆畫略減，書寫較爲便捷。依據統計，簡化字在簡化前平均筆畫數是一六．〇一，簡化後是一〇．一〇，即簡化後每字平均減少六畫。但與未簡化的字合計，其平均筆畫數爲一一．四，只比未簡化前的平均筆畫數一二·九，減少了一·五畫，可見效果不大。

至於簡化字的流弊甚多，例如切斷中國傳統文化，削弱一般人民閱讀古籍的能力，破壞中國的六書及古音系統，漢字總數不減反增，影響一般人民私造簡俗字，形成混亂的局面。

台灣方面，自光復以後，政府積極推行語文標準化的工作。如國語注音符號的推廣，國語的普遍推行，成效卓著。至於整理文字的工作起步較遲。民國五十八年（一九六九）教育部奉中央指示運用科學方法整理國字。民國六十二年（一九七三）教育部委託國立台灣師範大學國文研究所負責研訂國民常用字及標準字體。研訂標準字體的基本原則如下：

1.以楷體爲主；

2.字形有數體而音義無別者，取一字爲正體，即取最通行，合於初形本義、筆畫簡而使用廣者；

3.字有多體而古今義異者並收；

4.寫法力求合於造字原理；

5.適當區別偏旁，偏旁筆畫易混者予以區別。

國字標準化的功能及使命如下：

1.教育及學術研究的需要；

2.國民日常生活的需要；

3.資訊的需要；

4.姓名條例的需要。

民國七十年（一九八一）制定中文標準碼。自七十一年（一九八二）起，教育部陸續公布「常用國字標準字體表」四、八〇八字，「次常用國字標準字體表」一〇、七四〇字，「罕用字表」一八、四八〇字，及「異體字表」等，並經陸續修訂施行。此種標準字體台灣稱爲「正體字」，目前已推行至各中、小學校。所有中、小學的教科書及教學工作，一律使用正體字，對中、小學教育之推廣收效甚大。

由此可知台灣推行國字標準化（正體字）工作，起步雖較遲，卻有相當成就。最大的貢獻就是維護了我國的文化傳統與學術傳統。缺點是推行不夠普及，社會上一般印刷品仍使用繁體字，未能標準化。

漢字的演變趨勢

其次，就學理方面而言，任何文字一經創立後，經民衆普遍使用而成爲生活中不可或缺的工具，都會隨著時代的演進而不斷地改變。中國文字的演進有簡化的傾向，也有繁化的趨勢，隨著各個發展的階段而不相同，表面上看來似乎矛盾，實際上卻是相輔相成的。「甲骨、金文、小篆階段，演變得比較急速而劇烈，到了隸楷階段，它所包含的時間，幾乎是前三階段的總和，而其演變的程度，除了開始由大小篆變爲隸楷的階段，較爲劇烈外，一到楷書形成，其演變的程度，便顯著的逐漸減緩而趨於溫和，這是由於古代文字不定型，可塑性大，因此變得較快，及至文字漸趨定型，該改該簡的早已改了簡了。假如爲了苟趨約易，便草率的大刀闊斧的加以再簡再改，便將面目全非，而致過分破壞文字的完美結構，並失去和固有文字的連繫。」（參見李孝定著《漢字史話》）自唐代至今，千餘年以來，漢字演化大體定型，楷書成爲主要字體，變化甚少，趨於穩定狀態，適合於文化的傳承。

至於漢字繁化的趨勢，許愼說文敍云：「文者物象之本，字者言孳乳而寖多也。」繁化的目的是爲了使字義更爲明確。例如把許多假借字加上偏旁，成爲形聲字（如「夫容」加上草頭，變成「芙蓉」）。而中國文字極大部份是形聲字，所以繁化字也不少。

簡化字筆畫較少，容易書寫，但不一定容易認識，更無法一眼就能辨出其形、音、義。根據實驗結果，在沒有嚴格的時間限制下，文字辨識的速度只受熟悉性的影響，並不受筆畫數（或複雜度）的影響。如果單是爲了書寫便利而妨礙辨識時，還不如不簡化的好。漢字的簡化必需在易寫與易讀的雙重原則兼顧之下才是可取的，當然簡化更不能違背漢字的造字規則。漢字簡化在客觀上雖有必要，問題在於簡化的方法要合理，簡化的進度要緩和，才可避免產生許多不良的後果。

兩岸「書同文」的願望

從上述兩岸文字的現狀及文字演化的趨向看來，中國文字已形成分裂的局面，基於下列原因，筆者認爲非積極從事整合恢復統一不可。目前兩岸交流日益密切，文化交流尤爲重要，而文字的繁簡不一，影響甚大。一般人民閱讀對方書刊讀物時，須經過轉譯手續才能了解，電腦資訊的處理各自爲政，困難重重，浪費時間物力甚巨。我們抱著只有一個中國的信念，決不忍心讓中國文字的裂痕繼續擴大。所以整合中國文字，以期做到統一中國文字，使兩岸成爲「書同文」，應當是兩岸人民共同的願望。

談到兩岸文字的整合，先決條件必須雙方有正確的觀念與態度。大陸方面一向視文字改革爲其意識型態的一環，其最後目標爲拉丁拼音化，廢除漢字。最近幾年雖有淡化的傾向，然並未明令放棄，仍視漢字爲鬥爭的工具。此種觀念如不拋棄，欲談整合，簡直是南轅北轍，勉強商談，也是貌合神離。幸而大陸民間最近迫於客觀事實的需要，人民學習及使用正體字的風氣日益盛行。例如招牌、廣告、商標、匾額、書法、繪畫藝術等，均普遍使用正體字。而主管當局也有放寬尺度的默認。翻印和整理出版古籍可使用正體字，姓氏用字可以使用被淘汰的異體字，連人民日報海外版也使用正體字。

反觀台灣方面，數十年來一向堅持使用正體字，極少變通。主管當局視簡體字爲毒蛇猛獸，避之唯恐不及。而所提倡的正體字，又未積極推行，二十多年來僅推行至中、小學，社會上所有印刷品均使用繁體字，字模多購自日本，紛歧不合標準所在多有。一般人民日常書寫及廣告則多使用流行的簡體字，與大陸的簡化字不盡相同。

文字整合的原則

本文所謂整合，乃指兩種不同的現狀，經過雙方協調溝通後，產生共識，然後各自加以調整，以適應對方，最後產生相同的作法或制度。然則兩岸文字如何整合？其原則與方法是什麼？

關於整合的原則，筆者認爲雙方對下列三點宜取得共識：

1.中國文字源遠流長，一向爲民族文化、國民教育及社會生活之所繫，整合時必須兼顧文字的傳統學術性與社會實用性，不宜有所偏頗。

2.中國文字未來的發展，應該朝向注音的方向前進，決不應走拼音的道路，因爲這是一條死胡同。

3.一般文字的特性是逐漸成長、茁壯和衰退的，而中國文字一向是約定俗成自然演化而成的。文字政策的推行，雖有它的作用，也有它的限度。

至於兩岸文字整合的步驟，當以建立共識、加強溝通、改變作法爲主要條件。兩岸當局均宜放棄成見、改變觀念、廣徵學者專家及社會各方面的意見，共同商討獲致結論，然後訂定文字政策付諸實行。目前階段宜促進專家學者尤其是文字學家，加強雙方互訪交流，舉行文字學術會議，雙方充分交換意見，加強溝通，形成共識，共策進行。

兩岸文字整合的重點，我們認爲宜從印刷文字及電腦中文的整合著手。文字的印刷體影響最爲深遠廣大。如前所述，目前台灣地區使用繁體字印刷，正體字僅使用於中、小學的課本。大陸地區一般都使用簡化字印刷，但翻印古籍則使用繁體字。雙方如能依據協商結果產生一種新的正體字，同時全面使用於一切印刷品，這才是達成文字統一的最佳途徑。

電腦中文的整合亦極重要，現代資訊工業發達，利用電腦處理中文資料，已成爲有關國家（包括我國的大陸及台灣地區、香港、澳門、新加坡、日本、韓國等）亟待解決的問題。使用電腦處理中文資料的關鍵是編碼問題，倘能將各有關國家及地區使用的漢字合併編爲一種號碼，必能大大提高處理中文資訊的能力。根據最近報載，兩岸首度攜手合作爭取中華文化在「萬國內碼」立足之地，業已獲得國際標準組織的通過。未來三至五年內採用「萬國內碼」的電腦將和台灣、大陸使用的中文電腦完全相容，屆時台灣與大陸的電腦編碼當可統一。

此外，手寫體文字似可不須整合，因爲手寫體只要對方能夠認識便可，無論使用正體字、簡體字，乃至俗體字，都不會有太大的負面影響。

最後談到整合漢字與整理漢字可否同時並行的問題，整合漢字是指兩岸現行簡化字與正體字的調整與統一，整理漢字則指文字的結構、部首、筆畫、屬性等的合理化。如果單是整合而不予整理，仍然不能解決文字上的許多問題。不過整合爲當務之急，而整理則可從長計議。

以上筆者不過提出漢字整合的幾個重點而已，至於整合的細節，則有待兩岸學者專家尤其是文字學家的努力。

要之，近來海峽兩岸人民期望統一的願望日益迫切，文化交流也日見增多，作爲文化生活重要媒介的文字，更有整合統一的迫切需要。整合的前提，在於雙方首應拋棄成見、改變態度、衷誠合作、協調溝通，達成共識，然後由學者專家詳研辦法，付諸實施。

筆者在此竭誠呼籲兩岸當局、學者專家、以及電腦資訊業者，共同爲中國文字的未來貢獻心力，以促進中華文化的蓬勃發展，邁向中國人的二十一世紀！

——一九九二年十月作者於台灣

「比較」——的方法之心靈的探索

張肇祺

一、中國人的「比較」——心靈

「比較」——一辭，在中國人的學問中，「比較」的——「比」，就作「較」——「校」解；周禮鄭注賈疏的周禮天官宰夫的「凡禮事，贊小宰比官府之具」的注「比」就注爲「校次之」，而疏：則爲「校次之，使知善惡是否也」。國語齊語所云：「比校（較）民之有道者」的注「比校」爲「方」就是作爲所以爲「方」之法去了解的。是以，中國人的「比較」二字有：

㈠考校作「校次之」的解釋，是指「比較」有考校分類排列其秩（次）序的意義。
㈡作「知善惡是否」的解釋，是指「比較」有對道德價值與知識價值下定義與作判斷的意義。
㈢作「比較民之有道者」的解釋，是指「比較」有價值判斷的意義。
㈣作「比校（較），方也」的解釋，是指「比較」乃方法上的導向意義。

所以，中國人對「比較」一辭，同時包括了：

㈠對客觀事物的分類排列使成爲一個秩（次）序。

㈡在比較任何對象中，必須下定義，作判斷，而且要對道德與知識作整體的價值判斷。

㈢純然「有道者」的價值判斷與上達存在本身的追求是不可分的。

㈣比較，本來就是一種思考的方法之進行以爲「道」者的導向。

因此，中國人把「比」作「況」解有「比物醜類」①之語：「醜類」者，比類也；故「況物比類」就是在對各種客觀之事物的敍述中要加以分類的排列而使其成爲一個秩序。故「比」之引而爲「從善」之義，在詩大雅皇矣云：「王此大邦，克順克比」的「比」就作此解。故左傳昭公二十八年曰：「擇善而從之曰比」。這樣，中國人把「比」——較，作「緝輯整比」、「治也」，「具也」，「同也」，「齊也」，「輩也」，「則也」，「例也」，「喻也」，「輔也」，「近也」，「親也」，「和也」，「樂也」，「密也」，「從也」，「附也」，「偏也」……「及也」等不同意義的了解，是有其多重的意義與多重的層次的。這乃是因爲中國人的心靈——在「不易」、「變易」、「簡易」的存在三個層次中，乃是一個多重取向的「會通」心靈。這個心靈從「方以智」而上達「圓而神」，然後再從「圓而神」的「易：无思也，无爲也：寂然不動，感而遂通天下之故」。故周易繫辭傳始曰：「神、无方：而易，无體」。這不是以「感」爲體。（此非如「世說新語」文學第四所載：釋慧遠答殷荊州問：「易以感爲體。」者）

因此，在「周易」的「易」，有一卦，名曰：「比」。周易經文比卦卦辭：「比、吉。」正義曰：「比、吉者，謂能相親比而得其吉。兩相親比，皆須永貞。」因爲這一卦是坤下坎上，也就是地在下，水在上；故子夏傳曰：「地得水而柔，水得土而流，比之象也。今既親比，故云：比，吉也」。虞翻解「比」卦曰：「師二（師卦第二爻），上之五，得位；衆陰順從，『比』而『輔』之，故吉；與大有旁通。」王船山周易內傳曰：「相合無間之謂比。此卦，群陰類聚，氣相協，情相順；而一陽居中，履天位，爲群陰之所依附，無有雜閒之者，故爲比」。故在「比」卦中，「比」的符號所指謂的意義有：

㈠「比」，必有一主之者；這就是它指出——從事於「比較」的心靈活動，必有一標準與理想爲其「比較」的指導原則；也就是在「比較」的思考中，必有一自覺或不自覺的先設原理存於其中以進行其判斷；不管是分析判斷或綜合判斷，決定判斷或反省判斷，肯定判斷或否定判斷；不然，則無由比較，不得所終。故易比卦上六曰：「比之無首、凶。」象曰：「比之無首，無所終也。」

㈡「比」，有從同中求異之比，與從異中求同之比；異中亦有同，同中亦有異，此「比」皆是：

⑴「相合無間」——凡「比」必有所「偏也」，則必「附」，則必「從」，則必「密」，則必「和」，則必「親」，則必「近」，必「及」。這就是對各種差別世界的「比較」，在「則」、「例」、「輔」、「具」中，最後必然要上達一個「相合無間」、「無有雜閒」的「會通」心靈世界之存在的所「及」乃無所偏。

⑵「群陰類聚」——凡「比」必有所「密也」，則必「樂」，則必「和」，則必「輔」，則必「齊」，則必「同」，則必「具」，必「治」。這就是在各種差別世界中的「比較」，所要求的「類」愈多，其比較所聚之「類」，更能顯出「比較」的意義。

㈢「比」，必「有孚」，則「比之」——此比卦初六之辭；這就是「比較」，必從眞誠開始；否則，比較就不能成立，不能成其比較。

㈣「比」，有——「內比」，故比卦六二曰：「比之，自內貞吉。」象曰：「比之，自內；不自失也。」——這就是「比較」，必從其內在系統中去比較以附從之。故崔憬曰：「自內而比，不失己親也。」②正義云：「不自失其所應之偶」，乃「比較」不自失其以「類」而相對比較之於內在的一體性的意義。

㈤「比」，有——「比之匪人」，故比卦六三曰：「比之，匪人。」故象曰：「比之，匪人；不亦傷乎！」——這就是「比較」，要從之其人，而且要一個人有「大其心，以體天下之物」③的比較心靈，才能得其所立之人；非其人，則其在「比較」中之選擇，傷也，也就不成其爲比較，失其比較的意義了。

㈥「比」，有——「外比」，故比卦六四曰：「外比之，貞吉。」象曰：「外比於賢，以從上也。」——這就是「比較」，亦必從外在系統中去比較以立其比較系統。故王弼注曰：「比，不失賢；處，不失位；故貞吉也。」④因爲比較要眞懂得比較之所以爲價值定位者，而達到縱橫貫通，廣大悉備的系統要求；不然內失其「所以」爲比較，而外失其比較的「客觀」系統。

㈦「比」又有——「顯比」，故比卦九五曰：「顯比，王用三驅，失前禽；邑人不誡，吉」。象曰：「顯比之吉，位正中也。舍逆取順，失前禽也；邑人不誡，上使中也。」——這乃是「比較」必從一個「公」——「允執其中」⑤的「皇極」⑥——「大中」的：開放的系統比較；非從一個「自我中心」的「私」——「偏、陂」的「無有比德」的：卦閉系統的比較。故王弼注曰：「顯比也者，比而顯之，則所親者狹矣。夫無私於物，唯賢是與，則去之與來皆無失也。」所以，比較是要從一個「執大象，天下往」⑦的心靈主體去比較。故老子在常道與非常道的比較中以見道本；在常名與非常名的比較中以見名始，在無與有的比較中以見道名之爲天地始與萬物母。故乃從比較心靈中始曰有無相生。所以，虞翻注曰：「顯比，謂顯諸仁也。」②仁，則公，則大也。比不但「顯諸仁」，而且「藏諸用」。⑧

總之，中國人的「比較」心靈，已充分表現在周易象徵符號：「☷☵」比卦的「意義」中。所以，孔門在乾坤的比較中，必上入太極，下開周易整個符號世界。而且，我們要了解，周易的卦辭，爻辭都是比與體的語言；也就是象徵的語言：「言在於此，而意及於彼」以「各指其所之」⑧也；不懂得這一層，就恐難體悟其「妙萬物而爲言」⑨的所指了。故章學誠有言：「易象，雖包六藝，與詩之比興，尤爲表裡。故易象，通於詩之比興。」⑩所以，比卦之辭與傳之所指有在人事之外並兼物理而言之也。故序卦曰：「衆必有所比，故受之以比；比者，比也。」

這就是中國人的比較」心靈之所在。此所謂「方以類聚，物以群分。夫易，彰往而察來，而微顯闡幽，開而當名辨物，正言斷辭，則備矣。」⑧皆從心靈在比較的思考中而當名、辨物、正言、斷辭，則備也之備於形上之道與形下之器的「化、裁、推、行」的「變」、「通」之中，「其稱名也小，其取類也大，其旨遠，其辭文，其言曲而中，其事肆而隱。」⑧

二、「比較」——的知識性思考

因爲人類的——「比較」思考方式，看起來像是「思想」的一種「外觀」活動；然而，它的內面，後面又有沒有「內省」的心靈存在呢？我們要知道：心靈在「內省」的意識中，才能從「思想」投出它的「外觀」思考活動。因爲心靈就有將各種不屬於自身的事物，在比較活動中，統合在一起的功能。因此，透過我們感官知覺——「外觀」的比較思考，所觀察到的就是：自然（這個自然是自然思考與哲學思考的一體呈現）。人，要打開自然之謎，是從人創造文化的原始比較活動中就已開始，它是從人的基本的特定官能中而來。科學，發展到今天，越來越以複雜的交結比較形式加入人類的人文世界，而爲人性的一種表現。William Jerusalem在他的Einleitung in die Philosophie中說：「根本的統覺，是把環境之諸程序，由宇宙之語言，譯成人類之語言，在結合各種感覺，組成統一的知覺，是由有機體與其環境之共同合作發生出來的，其最根本法式，爲基本的統覺。人類認識作用，在乎運用實體(Substance)，關於存有(Being)之理論。」（陳正謨重譯）

康德在他的《實踐理性批判》的結論最後就有這樣的話：「一言以蔽之，科學（在批判中去追求，在方法中去發展）是引導到智慧之學的一道窄門。當我們從這樣一個了解去看時，科學不僅是告訴一個人的是應該去作（應然）的是什麼，而且應當拿來作爲教者（研究者）去到智慧所開出來的一條坦蕩，而又爲每個人都應該跟從的正路，以使得其他的人不致誤入迷途。」（本文作者譯）(In a word, Science (Critically sought and methodically directed) is the narrow gate that leads to the doctrine of wisdom, when by this is understood not merely what one ought to do but what should serve as a guide to teachers in laying out plainly and well the path to wisdom which everyone should follow, and in keeping others from going astray. (Translated by Lewis White Beck)所以，人類用他的想像與官能去了解自然，表達出他的思考方法——「比較」的思考，從原始人用「火」的時候，就已開始。人類心靈本身的特性就表現成爲一種高度的統合結構，其結構就是建立在高度的統合「比較」之上。這樣，人才能成爲世界的建造者與結構者。人，更在想像力的完成中，成爲時空心靈構造者與行爲模式創造者，它不僅包括了實在內在，更包括了實在的超越之物的一般內在。

人，在觀察事物或研究道理中，發現不同的現象與道理之在心意上所引起的差異，乃是從感官知覺到理性本身都在進行著不同層級的「比較」活動。但是，在感官經驗中，有被注意到的，更有未被注意到的。所以，「比較」有自覺的比較，更有不自覺的比較。這種本能的比較活動，在人類心智活動中，不斷以各種不同的面目出現。這個不同面目中，既有意識活動，又有意識對象。（請參閱鄔昆如教授《胡塞爾現象學》）

人類的「比較」——認識活動，從人認識自己的那個「自我」的我，就已開始；也即是從認識我這個「自我」在環境中反應的我而到其他的不同「自我」的我在文化中的活動就已開始。這種從我這個「自我」的我的「同一」，到與其他的「自我」的我的「不同一」，乃是要把我的「自我」的我的「同一」的心理要求，投射到其他的「自我」的我，以要求與我的「自我」的我「同一」而又不能「同一」時，所產生的「不同一」的感應意識之比較。「比較」——的思考活動，就是從思考本身展開於我的「自我」

的我，而到其他的「自我」的我之間的：我的「同一」與我的「不同一」感應意識活動之在「比較」思考中的展開。

這種「同一」與「不同一」感應意識的比較認知活動，就是「心靈的思維與物體的擴延」⑪在人類理性上的表現。所以，從「不同一」的感應意識之比較而來的「同一」的思維，成爲形式邏輯上的根本思想規律：「同一律」。

形式邏輯上的三個基本思想規律：一、同一律；二、矛盾律；三、排中律。這三個規律，都是從「不同一」的比較感應意識而來的「同一律」的思考。因爲「同一律」的「a等於a，a函a：即是任何一項a，如果其意義一經確定，則它即是其自身，而不是其他」；也即是每一事物和它自身是「同一」的。因此「同一」(Identity)一字，從反面看，乃在指明——「與繁多的，重複的，或互異的符號有關係的指涉之永久性。」⑫「矛盾律」是要求不矛盾，要求「同一」；「排中律」是要求不跟這個「同一」，就跟那個「同一」，而排斥「不同一」。因此，「同一」，是「比較」——「不同一」的原始起點；而「不同一」，更是「比較」的「層創」意識之推動力；所以「矛盾律」與「排中律」是比較的正反鈕鍵。

我們從這三個思想規律中，看出來：人類從心靈中把感官知覺的活動推到理性本身的思考，都是建立在：「生理——心理——物理——社會——自然」而到理性本身的層層「反省」之高度綜合的整體結構的「比較」意識之上。

因爲「所有的人在本性上都渴望求知。對於這一點的指出：就是我們在我們的感官中所得到的愉悅；甚至連它們的用處也不要管，就是因爲在感官中所得到的那種愉悅本身，才爲人們所愛著；特別是感官中的視覺世界，所給人們的愉悅之愛，尤在其他的感官之上。因爲，這不是僅僅只以某一個觀點就採取的行動；而且，甚至當我們並不想作事的時候，我們也寧願看我們所要看的（可以有此一說），而不管其他的事情。這個理由乃是：在所有的感官中，就只有視覺才最能使我們知道，並帶著我們照見了各種事物之間的差異是什麽。」（本文作者譯）(All men by nature desire to know. An indication of this is the delight we take in our senses; for even apart from their usefulness they are loved for themsevles; and above all others the sense of sight. For not only with a view to action, but even when we are not going to do anything, we prefer seeing (one might say) to everything else. The reason is that this, most of all the senses, makes us know and brings to light many differences between things.)[13]

「差異」——許多事物之間差別的「比較」——「不同一」，是因爲我們由感官視覺中能得到的那種愉悅之愛，在生理外向的感覺世界中，才知道和完全明白的。然而，那種愉悅之愛的生理生命向外的追求，才發現了的自然世界的差別層次；請問：又能不能孤立於那種愉悅之愛的生理生命向內的「審察」之外呢？這種向內「審察」的生理生命所產生面對外在世界各種不同——「不同一」的感覺，並經由「審察」透過感官知覺、記憶、經驗、想像、和理性的連續活動階段，才達到最高的「比較」形式。亞里士多德自己在科學分類，自然(Nature as self-moving)，四因，科學知識，四種賓詞與十範疇，主謂邏輯等問題上的成就就是這樣建立起來的：「比較」——高度綜合整體結構的「比較」。

「比較」——一定要從兩個以上的對象之間的「差別」之辨識與區分開始。我們要把科學建立在哲學的基礎之上，必須從科學的方法——觀察、分析、綜合、分類以經過實驗的程序而進行其系統知識的獲得。但是，數學用演繹法，生物科學與物理科學等都要用歸納法，也就是說任何一門科學都有其不同的方法；哲學的科學方法，不但要貫通各種科學方法，而且由其「哲學的科學」之基礎本身，「更有其由分析的(Analytic)、描述的(Descriptive)、解說的(Explicative)方法所引導而來的方法：採用此種方法的目的，乃在辨識(Discern)與區分(Distinguish)」⑫兩個以上的對象之間的差別——「不同一」。這個「差別」——「不同一」，既指不可置疑的事實，也指確實的事實，或指可疑的，亦指臆測的各種指涉等。

「比較」——高度綜合整體結構的「比較」，在亞里士多德的《論靈魂DE ANIMA(On the Soul)》的三大卷中就曾討論到。他在「靈魂」中來討論：感知，感覺對象的種類之不同，外在感覺，常識，思維，理解，想像，心靈，心靈與感覺以及與想像的比較等。所以，他在《論靈魂》第三卷第三章四二九a說：

'Then imagination must be a movment resulting from an actual exercise of a power of sense. A sight is the most highly developed sense, the name phantasia (imagination) has been formed from ohaos (light) because it is not possible to see without light. And because imagination remain in the organs of sense and resemble sensations.「想像必然是一個在運作中的推動力，它

乃是由於感官能力的實際操作所造成的結果。所以，一個視覺世界乃是感覺的最高發展。這個之名爲想像者，乃就在照見之光中得到形成；因爲沒有照見之光，要去看是不可能的。而且因爲想像仍然還是在感官的機體中與類似的各種感覺之中。」（本文作者譯）這也就是他在「形上學」A卷八九〇a中所說的指證——我們要從感官知覺的視覺向上層層升進的思維、理解、想像，心靈而到整個的靈魂，乃是在不斷的「比較」中才能入於靈魂本身，才能把知識以及生命條件的適當原則加以完成。平面心理學的「比較」，是平面的。高度心理學，立體心理學的「比較」，才是高度綜合整體結構中的「動性比較」；然而，仍然還沒有，還沒有入於高度綜合整體結構的存在本身。

所以，「比較」——知識的思考，不僅是「平面」的與「高度」的，更是整個文化心靈的綜合整體結構的「立體」比較。我們在這樣的一個「知識性」思考中，也許比較的能使我們對「比較」的探索更完整些。蘇格拉底的「反詰法」就是「比較」方法的理性的動力運作，他把知識建立在概念之上。「概念——便是歸納地比較同一種類的無數例子而得到的知識：定義。所以蘇格拉底把知識和概念認爲相同，一個概念差不多就是一個定義。」⑭所以，歸納，概念，定義等的理性活動，未有不是在「同一的」——「比較」的思維中向「不同一」的層層推進；而演繹乃是把一般原理應用於特殊的事物，這是從歸納的由特殊的事例推得的原理而來，這又是兩重「比較」思維的導向運作。至於，柏拉圖的「理型」哲學不僅是赫拉克里圖士(Heracletus)「變的——不存在哲學」與埃利亞學派(Eleatics)「不變的——存在哲學」的比較綜合，而且是他以前的哲學的高度綜合整體性結構的存在本身的比較；在他的哲學中，都可以看到他以前哲學高度的正反比較的「同一」的與「不同一」的影子。F. A. Lange（朗格）在他的《唯物論史》第一篇第三章談到柏拉圖說：「對於蘇格拉底──必定有確實的知識這一觀念，卻是指導他全部努力的北斗星，他心甘情願破壞僞知，組織一個可用來區分眞知和僞知的方法，並使用這方法爲眞知闢一道路。他相信事物有普遍的本質，相信現象的經過中有靜止的極點。他在蘇格拉底諸定義中及其所表現的事物的普遍本質中，發現某固定的事物時就把這學說和赫拉克里圖的要素結合。個別事物是轉變的，現象是流去的；存在才是永久的，不變的。柏拉圖從蘇格拉底受取的邏輯要素，在他的手上，是更爲發展。在柏拉圖手上，我們第一次發現類及種，同位概念（同一的）及等差概念（不同一的）之明白的表象。他很喜歡應用此等新結果，依分類法之助，而在研究對象上投射光明與秩序。」⑮這就是柏拉圖哲學是高度綜合整體性結構的存在本身的比較。這個「比較」：柏拉圖又是把它放在「數學的始基，就是一切存在的始基」之上。（張肇祺：美學與藝術哲學──西方美的血緣學──柏拉圖的美學──一、理想「美」的建立；哲學與文化月刊第八卷第六期，民國七十年六月）所以，「比較」就是：人──「問了一個理性的問題，而能給與一個理性的回答的存在。」⑯這才是人的高度綜合整體性結構的存在本身的──「比較」。

三、「比較」──的方法之形上探本與運作意義

「比較」──依我看來：它不是一種已經老了的方法；它是一種「原始反終」──「從流溯源」的

來回層疊比較方法。這種來回層疊比較法，既是發生的比較方法，又是回到本身的比較方法——現象定位、單位現形、本質還原——純粹主體本身：「意向——意識——超越之互爲主體的純粹意識。」（請參閱鄔昆如教授《胡塞爾現象學》）。故中國九家易謂：「陰陽交合，物之始也；陰陽分離，物之終也。」[8]虞翻注曰：「以乾原始，以坤反終。」[8]故凡物之始與終，乃時間比較系統也；而凡陰陽之交合與分離，則物之本質存在在形上之空間中的比較系統也。故「原始反終」之陰陽交合的比較心靈，是在「從流溯源」之陰陽分離的比較方式之中，入於形上存在本身所展開於宇宙中的動力比較。此「比較」——從「太極」中的「陰陽」二質之比較而來，故「以乾原始，以坤反終」成爲一個「乾坤」的「原反」（推之於前之理）的比較系統。這是一個形上的比較思想之根本模式。至於「從流溯源」則是一個宇宙結構的現象定位，回到本質本身的單位現形的「比較」方法。故王船山謂：「原，有本而生也；反，歸諸其故也（反之也）。陰陽之見乎卦象者，其自下生而來也，非天本極於上。而且，終其往也，非消散而滅。八錯，二十八綜，具乾坤之全體，以相互屈伸，故資始無窮，而要歸可以繼起。」[17]故形上存在在宇宙結構中所展現之「時空」比較系統，從形上存在太極中乾坤二質之數，以相互屈伸之動力比較展現於周易——象的符號世界中的陰陽之「八錯」、「二十八綜」之「相待」的無盡比較系統中，以見乾坤之根本比較模式之所以爲「生生」動力的比較者——此「要歸可以繼起」也者，乃一「生生」生命宇宙的空間擴延的無窮，與時間綿延的無盡之比較心靈的充塞於天地之間也。故中國人從「易」之——「太極」而來的天地「陰陽」——「乾坤」：「健順」、「剛柔」、「動靜」、「闔闢」、「成象」、「效法」、「大生」、「廣生」、「資始」、「資生」、「強柔」、「明幽」、「實虛」、「有無」……就是一個中國人「生生」生命從形上存在本身到宇宙的整體存在：「易」的「生生」生命比較系統的整個心靈之立體存在。這個中國心靈的「比較」方法之形上探本的考察，我們也許可以把它作爲「比較」的——方法的：形上性之根本所在的考察之探測。

因爲，「比較」——不僅是「The act of discerning or describing the common properties possessed by two or more objects.」[18]「鑑別或敍述兩個或更多對象共同特性的行爲。」（本文作者譯）也不僅僅是「意識的一種內在的運作，由於它而建立了同和異。」(Alexandre perieteand)。因爲「比較」是要在「觀察——分析——綜合——分類」的「歸納」程序中來進行的。「比較」要以對象爲根據，其進行必定要蒐集對象的事實，然後去理解它以進行比較；故在進行上必須分析、綜合、分類以作出「比較」——此所謂：「仰則觀象於天，俯則觀法於地，觀鳥獸之文，與地之宜，近取諸身，遠取諸物，於是始作八卦，以通神明之德，以類萬物之情」[8]。因爲分析就是分解和區分，綜合就是將分析的還原爲整體，分類就是異同的排列，「比較」就是在「分析——綜合——分類」中發現其「內外——上下——左右」的整體關係；從整體關係中去了解對象的普遍性與特殊性。普通性是這一對象的內函，不同的特殊性是這一對象的外延。因爲依概念的內函確定其意義就是給概念下一定義，依概念的外延確定其意義就是確定一概念，應歸屬的種類。這完全是「比較」方法在邏輯中的不同運用。所以，定義與分類是「比較」的隱與顯之運作。判斷是對一事物的性質，及其與其他事物關係的論定；此非「比較」

則無由進行。故此一判斷表現爲眞或妄之意義於「主——謂——系」所構成的命題時，則：「比較」——的意義之所在始完全出現，所以主謂命題的四種形式，都是「比較」的意義之指謂。因爲一般是主詞居前，謂（賓）詞居後，系詞居中；主詞表示殊相，謂詞表示共相，用共相去論謂殊相，即是一命題。命題，完全是「比較」思考在意義上的完成形式。至於，關係命題，存在命題與非存在命題，分析命題與綜合命題，簡單命題與複合命題，都是「比較」思考在時間的綿延與空間的擴延的各種結構中，抽離爲思考本身的「分——合」的對向發展以「審問、愼思、明辨」其對象的存在問題。歸納、要比較；推理，更是比較的應用；不管是直接推理，類比推理，都是比較之隱與顯的應用。演繹推理，由普遍而推特殊，更是「比較」在概念中的特出應用。歸納推理，是以現實世界中可經驗的具體事物爲研究對象；這個對象不是理的本身，而是理的本身展現在具體事物中的理。我們從現實世界可經驗的個別事物中，經過觀察、實驗、與分析以抽出其共同性，作成一個普遍的概念，這就是經驗科學中的定律或類概念。這是由特殊求得普遍，與由普遍以求特殊是截然不同。所以，歸維推理，是「比較」在經驗科學中的應用；演繹推理，是「比較」在規範科學中的應用。這一個觀點，可作爲「比較」的——方法的本質之根本所在的考察之探測。

人，在文化創造中，從「火」的發現開始，就在使用「比較」的思考方法；「比較」——是人的「心靈」對外在環境和整個自然的心理對應與等差結構以及自然秩序，社會秩序、藝術秩序、道德秩序的不斷了解；甚至，可以說是「秩序」的發現與建立。人，從在宗教思想本身的「比較」思考，到哲學思想本身的「比較」思考；尤其，當人將哲學思想在主謂邏輯的習慣思考中，對向自然，也即是從希獵人將心靈投向自然的二分比較思考而到近代所形成的「自然二分法」的比較思考方式，都是「比較」的思考方式在「自然」中的一種運用。亞里士多德的主謂邏輯哲學的「自然」思想，就是歸納與演繹在「比較」的思考方式中雙重運用；他面對自然對象——作歸納的比較思考，他面對自然對象的思考本身——作演繹的比較思考；他的哲學，他的自然哲學，他的科學，他的邏輯，他的方法，可以說都是「比較」思考在「自然」、「本質」中的運作建立。他不像他的老師柏拉圖是「比較」思考在「自然」中之「形上」性的創造。這兩個人，在西方文化的歷史中，柏拉圖是西方人面對自然——在「比較」的思考方式中，創造了西方哲學、自然哲學、科學的「模式思想」；亞里士多德是西方人面對自然——在「比較」的思考方式中，建立了西方哲學，自然哲學，科學的「結構思想」；是這兩個思想：模式思想與結構思想——才把西方文化的基礎完成；此二者，兩種的「比較」思考，形上性的超越「比較」思考的本質性的結構「比較」思考，就是「比較」思考在西方文化以後的演進中，所以能發展出來一套對自然方法之精確性的先設原理與運作原理。我想，假如沒有了這兩套原理，西方在人類文化上的科學成就，恐怕就很難有今天這個面目。所以這並不僅僅如Westaway在他的《科學方法論》的大著中說：「柏氏對於科學之性質知之較爲準確，亞氏對於科學方法之觀念較爲準確。」⑲而已。雖然，Cassirer在他的An Essay on Man中說：「科學，是人類心靈發展的最後一個步驟，並且可以把它當作人類文化最高和最具特色的成就看待。它是一個非常後起而精美的產物，除了在特殊的條件之下，是不能發展的。」然而，假如沒有柏拉圖哲學的自然先設原理——在「比較」思考中的創造的「理型」的模式先設原理，假如沒有亞里士多德的自然運作原理——在「比較」思考中建立的「分類系統範疇」的結構運作原理，其特殊條件又何由出現。甚至，科學概念在其特殊的意義之下，沒有了這兩套自然原理，實在很難出現。至於文藝復興時代的重被發現和重建，以發展出今天的「科學」成就，就是由這兩套自然原理的思想型式與思想結構所打下的基礎。

這個就是牛頓新觀念的來源之生長所出者。布羅諾斯基(J. Bronowski)在他的《科學與人文價值》一書中說：「這是牛頓的新觀念，他認爲可能就靠著地心引心，才使得月球保持它的軌道。那時他立即演算地球對月球引力的大小，並將之和已經知道距離的樹頂所受引力的大小來『比較』，兩者的力量竟是符合。牛頓簡明地說：『我發現它們的結果很相近』然而也只是相近而已，相似性和近似値不可分，因爲沒有一種相像是確切的。在牛頓的這句話中，現代科學完全成長了——它由『比較』中成長；它在兩種並不相像的外觀中抓住了一種相似性。」⑳

而且，當代的一位大哲學家Whitehead就是一個最好的證明：在他的哲學中，這兩套原理：自然原理——㈠自然先設原理之「理型」的模式，㈡自然運作原理之「人類系統範疇」的結構：是同時存在於懷德海的哲學中。所以R. G. Collingwood在他的The Idea of Nature一書中對Whitehead的「自然」概念的看法說："Nature for him consists of moving patterns whose movement is essential for their being"。而且"Nature of Whitehead, is not only organism, it is also process"，前者——

Nature consists of moving patterns，就是從自然先設原理之「理型」的模式而來；後者——Nature is not only organism, it is also process，就是從自然運作原理之「分類系統範疇」的結構而來。

當然，「在我們現代世界中，再沒有第二種力量可以和科學思想的力量比美，它被持爲我們人類一切活動的頂點和完成。」(Cassirer)然而，這個文化的中心點之一：「科學思想」——在今天從柏拉圖模式思想的理型世界在價値上之要求定位來看，從亞里士多德結構思想的形式世界在倫理上之要求實踐生活來看，是不是都已經走得來距離它們太遠太遠了呢？今天的科學，要不要回應自然模式思想的價値定位與自然結構的實踐生活呢？這個問題的回答，就在人類自己的選擇——智慧的選擇。人類在今天已到了：不能只在知識中「賽馬」，而不進入智慧之門的時候了。眞的，一個不知道時間的重要之人，又如何能進入智慧之門呢？

四、一個廣大的「比較」——超越的比較心靈

因爲，「一般」都認爲——邏輯是一個規範的科學(a normative science)（邏輯思想本身，自有其形上基礎），它的規範就是用來區別正確形式的思想與不正確形式的思想：一個是形式邏輯(formal Logic)，一切正確思想的普遍形式的形式規範原理；一個是應用邏輯(Applied Logic)，一切思想方法之普遍討論的方法學(Methodology)，也就是把思想的規範應用於各個特殊科學所使用的方法之規範的研究。總之，它是——條理的把握，秩序的把握。所以，邏輯要在「條理」中，「秩序」中探索思維的作

用與作用的結果。思維作用，從本質上看，是要有方法的。思維作用的特徵要同時表現在科學與藝術的方法之創造與指導上，也是它們的形式構成者與分析者；特別表現在哲學思想本身的構成形式與分析形式。所以，思想在人類生活中的組織功能之發揮的程度乃在於對方法的自覺程度。故孔子謂：「工欲善其事，必先利其器。」孟子謂：「始條理者，智之事；終條理者，聖之事。」然而，在方法的使用中，有兩點：一點是所使用的方法是因各個科學、藝術與哲學的不同而不同，一點是在各門學問中的要紐之特點上，其所使用的方法又具有方法上的共通性。因此，對於——「方法」的：「比較」研究，乃成爲一門獨立的學問，有其構成本身體系的條理與秩序。是以，在西方當埃里亞學派(The Eleatic School)提出辯證的問題時，辯士學派們(The Sophists)提出爭辯和勸誘技術應用的探討時，西方人始了然於「正當思維方法」的普遍研究之重要。所以，從蘇格拉底、柏拉圖，到亞里士多德所建立的各個科學（希獵意義的科學）的系統體系中，乃是從思維作用的普通方法學——邏輯：「規範的科學」這一個意義上所開始的。因此，邏輯是從投入對象的「比較」的思維中，探索思維規律或秩序的普通科學，也就是對於任何具有規律或秩序界域的——「實在」，或「理想」的對象之形式的知識理論的研究。在方法的進行程序中，是要以「比較」爲了解對象的獨特性，同時又要以「分析」爲進入對象的類屬性。因此，也就不得不在事實的選擇與集合，材料的排列與分類，觀察與試驗中，進行「比較」——與「分析」來達到綜合與概括以找出其假設與定律之可能性。這都是從邏輯在「比較」的心態思維中，對於構成思維的規範和方法之形式的追求而來的心靈探索。

所以，在西方，凡是思維的正當方法都是從一個不自覺的「比較」心態中，找尋：1.界定——「定義」的適當方法開始，而到2.有系統的分類工作，以二分法去把一個大「類」分成它所包含的各「種」，3.對於繫屬於某些「命題」的證據之細密研究，4.對「推理」型式之特別考察。然而，這一切，都是在「比較」思維心態中去進行所建立的。總之，西方邏輯思想的基本三規律就是建立在：從「比較」而來的——二分法之上的。因爲：在a等於a，a函a的思想規律中，就已包有了既是a而又不是a乃是假的，既是a而又不是a就等於零的比較思想規律，與不是a就是非a，不是非a就是a，沒有第三者的比較思想，a加非a等於全體的既排斥而又窮盡的二分整體結構比較思想規律。因此，一個定義就是一個共相；但是，還要加上在這共相之外的一切的非共相的殊相，才構成了一個全體的比較思維方式。所以，共相與非共相的殊相之概念的內函與外延都在「比較」的思維中去進行而建立的。所以——「分類」，要採取最精密的「比較」——二分法來進行，才能把所界定的定位應用於新的事例，而始能找出其不一貫的地方；如此才能不斷改進，以包括更多的普遍的精髓，而指出：概念——抽象的定義，不僅是抽象的；它對於具體的包涵得愈多，則才是更眞實的抽象。總之，從蘇格拉底用比較歸納法所形成的概念的知識，到柏拉圖以之發展的比較形上體質的理型理論，而到亞里士多德的自然的比較形式理論，所指出的意義中，已存在著一個方法學上的意義：這就是在方法進行的程序與手續中，乃在於那些思想的對象——的「比較」的客觀秩序與系統之完成：現象定位、單位現形、本質還原、純粹意義本身、存有的沖穆無朕。從蘇格拉底的概念學說，到柏拉圖的理型學說，而到亞里士多德的形式學說的這一條線索，就已經確然指出了：邏輯學家要眞能夠找出一種正確而又有普遍效力的方法的話，就是因爲他在思想時所考慮的某些對象——無論它們是定義、分類、區型、關係、命題、推理、數目，或其他的要素與原則所構成的條理或秩序的系統，就是這些系統的構成形態已經預設了他思想時所必須遵守與使用的方法。從這一點，我們可以看出——從形上學而來的純正方法理論到一個條理或秩序的系統之建立間，有一個深切的聯繫；從這一個聯繫中，我們面對當今科學所暴露的缺點與危機，就已告訴我們必須是從知識的「賽馬」中進入「智慧」之門的時候了。所以，從一個條理或秩序的系統而到方法學，上達形上世界時，我們所要求的乃是一個價值的理想世界——超越的比較心靈之入於知識、宇宙、存有、價值的會通存在的立體建築中。

當然，我們要面對自然，在自然世界所獲得的知識，是經由所謂歸納，並且根據所謂經驗事實而得來的。然而，科學的歸納並不僅僅只是把粗糙的經驗事實記錄堆積起來而已！因爲科學的一個根本要求是在掌握事實的系統，而且在各種科學所用的許多方法中間，有些方法就是以達到此一要求爲目的所具的手段。所以，每個科學在處理經驗事實時都要用分類的方法(Methods of Classification)；所謂「類」，乃是以共相爲標準，不論實虛，皆以殊相爲分子，用共相貫穿殊相，形成一個抽象的比較構造；所謂分類的方法，乃是指區分(Division)與歸類兩個程序的比較：區分——是把一概念所概括的分子，依肯定否定的對偶性原則分爲既排斥又窮盡的兩類比較，自上而下，如是連續分去，直至無別爲止，這就是亞里士多德的二分比較法；歸類——是在分析許多個別事物中去比較，抽出其共通性，以總括之，作成一個上位概念，以概括其所分析的各事物之比較，作爲其中的一分子，自下向上，如是連續歸類比較，至於無窮。然而，在每一新科學的發展中，有一個階段，分類是它最大的特徵，因爲研究者，這時對這一門學問的內在知識，還沒有建立起來。但是，在經過「比較」的研究之後，「分類」的方法則成爲更高級方法的附屬條件之一。一門科學要從「分類」的階段進入一門獨立而又高深的「系統」學問，是要經過長久的「比較」研究之艱難階段，才能超越「分類」而入於這門學問「系統」本身的無窮比較而超越之，始能求得其自己的方法。

因此，一門科學由初期分類的階段的跨越到更高級的疆域時，有兩種方法在研究者的進行中，各自獨立的，或更相聯的被使用著。這兩種方法就是：1.對於這門學問在不同階段的各種的不同的「相互比較」的方法。2.用準確的枚舉（enumerations）作爲歸納的根據以構成「統計」的比較方法。

「比較」——的方法，在科學或其他的學問中之所以佔著極其關鍵性的地位者，是因爲它帶領著科學或其他的學問由分類的初級階段進入更高級的知識領域，而更使之成爲一個獨立系統的學問。從「比較」的方法去研究一門，或幾門學問，是開發這一門，或幾門學問的鑰匙，更是探尋神秘的獨特幽徑。我們可以在「比較」的研究方式中，找出它們彼此之間相當的系列關係，而得到新的了解與方法。所以，成系列的比較研究，相類的比較研究，是「發現」層出不窮的知識世界之神秘的鑰匙和必須通過的一條幽徑。

因爲科學，或很多其他具有卓越的「眞知灼見」的學問，都是開始於分類的比較，而不是成熟於分類的比較。自然科學的研究，要從「比較」的——分類的比較開始，其他的任何知識與學問，如要眞有所成就，也未有不是從分類的比較研究開始；只是，有的在他的知識建立中表達了出來，有的則不把它表達出，甚至將之化於其知識與學問的本身之中，不易爲人所察覺而已。譬如孔子的刪詩書，訂禮樂，贊周易，作春秋，自稱「述而不作」，是他已把他的學問「化」在對中國先聖哲王的典籍的「分類」比較工作中了，故其語人曰：「若聖與仁，則吾豈敢。」（述而）就是在莊子的「天下篇」中，其「分類」比較的功力與「創造比較」的動力更爲中國學問立下了典型的範例。至於淮南子的〈要略〉，太史公的〈自序〉，漢書的〈藝文志〉，文心雕龍的〈原道、徵聖、宗經、正緯、辨騷、明詩〉，隋書〈經籍志〉，劉知幾《史通》、鄭漁仲通志〈總序〉與〈校讎略〉，宋元學案，明儒學案，清儒學案，四庫全書序目、朱彝尊《經義考》、章學誠《校讎通義》與《文史通義》、江瑔《讀子巵言》、劉師培《國學發微》、張爾田《史微》、孫德謙《太史公書義法》等，莫不皆然！此所謂不入校讎學或目錄學之「比較」，終不能入中國學問之門——此皆知識或學問的「分類」比較工作之「比較」的研究之重要所在者也。故老子世爲史官，乃周之守藏史，掌數千年學庫之管鑰而司其啓閉，以其身爲一個國家圖書館的館長，其分類比較的研究，能過之者，難也。然而，在老子的五千言中，已盡洩天地之秘密，集古今之大成，其「分類比較」功夫與「創造比較」功力之痕跡已不可見，學者宗之；故老子之超越思想的原創力的高度，其表現乃從數千年典籍之分類比較的創造而來。而且，我們要領悟一門學問的流變與其演化以及其功能系統和它的自身，只有「比較」——的方法才能把它的流變、演化、功能系統的各個階段相互關聯起來，以看出極不相同的現象的後面，有一個廣大而又根本的「統之有宗，會之有元」的力量的自身，展現爲各種不同的條理與秩序，以呈現出不同的層次與階段。「比較」——使我們從一個廣大而又根本的力量自身中，根據「分類」，把不同的條件與秩序，以及不同層次與階段的貫串成爲一個縱橫貫通，廣大悉備的和諧體系。萊布尼茲的整體生命動力機體和諧哲學，就是在理性與非理性、自然與非自然、生命與非生命、知識與非知識、邏輯與非邏輯、眞理與非眞理的整體比較中，建立起來的。

五、自然的一體性：乃在實在本質的機體存在——「巨視」——「細觀」之整體比較心靈的超越

比較方法與統計方法，在很多時候聯結使用；但二者之間，有許多的過程存在著。在其中所研究的每一個對象，都要把事例之準確性以枚舉的方法來加以比較。枚舉，在統計上的枚舉，是要藉此而能夠精密的運用比較方法，以使所研究的對象都能互相關聯起來。統計的方法，是要爲我們找到它們之間關聯的規律，或它們之間的秩序，從規律與秩序中找到它們的「自然的一體性」(Uniformities of Nature)，易言之，我們要在統計法使用於各種對象中，找到它們的「一律性」。

這個「自然的一體性」，是包涵在自然系列現象的互相關係之中。統計法，在比較的思考中，如使用得當，就可以用來敍述某種對象的構成情態，一般類型的集合對象。這個集合對象，已是一個概念的對象，乃是經由我們認知許多個經驗事實，所受某一種思想作用的支配而得之認識的對象。不過，由統

計方法和比較方法所發現自然律，不是絕對的，而是相對的，亦是或然的。當比較的各種方法與統計方法的使用，獲得成功時，就是我們要把理論的方法與觀察的方法，有組織的聯合成爲一個首要方法的階段；然而這個首要的方法，又是依靠有條理或有秩序行列之思想對象的普遍概念，與其從屬的系列，系列關係，和特別系列的概念，如量的秩序系列等。

這就是Whitehead的「所謂近代思想的新面貌就是對於普遍原則與無情的客觀的事實之間的關係發生了強烈無比的興趣。思維是抽象的，而理智對於抽象思維的偏執運用卻是它本身最大的缺陷。有兩種方法可澄清這些觀念：一種是運用身體的感官作冷靜的觀察，但觀察是具有選擇性的。因此，用觀察法時如果某種抽象方式能在很廣的範圍內獲得成功，我們很難超越它；另一種方法，是把各種穩固建立在經驗基礎之上的抽象方式加以——「比較」。這種——「比較」的形式在要求運用理性，對自然秩序的信念，使科學得以成長；這種信念不能以歸納法的概括來證明，它源自我們直接觀察自身的實際經驗所顯示的事物本質。我們作爲自身而存在時不僅是我們自身而已，事物的細節必須放在整個事物的系統中一起觀察才見其本來面目，這種事物系統包含邏輯理性的和諧，與美感境界的和諧，邏輯的和諧在宇宙中係作爲一種無可變易的必然性而存在，美感和諧則在宇宙中作爲一種生動活潑的理想而存在，並把宇宙走向更細膩，更微妙的未來所經歷的斷裂過程熔接起來。」㉑我們從懷德海這一個全面而又整體自然觀點中，回頭來看培根的「人是自然底僕役，和解釋者；他藉著觀察和反省得以窺見自然底秩序。」《新工具》這實在就是一個多麼原始，而又動人的觀點。

我們再看笛卡爾的：1.明白清晰的自明律，2.分析律，3.綜合律，4.檢證律，和以數學形式爲一切知識的形式——這一個「眞正的」捕捉自然的起點，而透過穆勒的五法，我們就已看到——「比較」方法與「統計」方法之間，理與數之間的那條銀河又何其幽邈深厚：我們如只站在「比較」方法的運作中去運用統計，是不夠的；我們如以爲統計方法就是比較，那就是更不可想像。我們如何在一個廣大的「比較」——心靈中，去運用「統計」法和數，不僅是邏輯的和諧，更是美感境界的和諧所透過的「各種穩固建立在經驗基礎之上的抽象方式加以——『比較』，這種『比較方法』的形式，在要求運用理性」所顯示的事物本質之無盡的美眞善的普遍存在之上。總之，「比較」——的方法，並不僅僅只是一條鞭式的心靈歷程在一個「封閉的自然系統」中去「打洞」而已。

所以懷德德在他的《自然的槪念》一書中的「自然二分法的理論」一章就已經說出"The Primary task of a philosophy of natural science is to elucidate the concept of nature, considered as one complex fact for knowledge, to exhibit the fundamental entities and the fundamental relations between entities in terms of which all laws of nature have to be stated, and to secure that the entities and relations thus exhibited are adequate for the expression of all the relations between entities which occur in nature"(p.46)「自然科學的哲學之主要工作是解說自然槪念，把它作爲一個叢結事實的知識來考慮，而且呈現出各個基本實有物（實質）與基本的相關關係之間，其實有物（實在本質）這一名言系統之所指，是要在所有的自然律中加以陳述；而且在獲得各個實有物與相關關係之

間所呈現出來的，就足以表達自然中所顯現的實有物之所有的相關關係。」（本文作者譯）這完全是在一個高度整體比較心靈中所呈現出來的：比較的——叢結事實的知識，才能指出基本的「實有」既是形上的存在，也就是在經驗現象中的顯現，它們的一切基本相關關係，都在比較的叢結事實之知識中，表達出自然的所有相關關係的實在本質，而成爲一個機體的整個存在。

從這裡，我們就不難了解康德在他的《實踐理性批判》之結論，一開始就說"Two things fill the mind with ever new and increasing admiration and awe, the oftener and more steadily we reflect on them, the starry heavens above me and moral law within me."「仰瞻天體炳耀的星群，在我的頭上；內撫莊嚴的道德法則，在我的心中。這兩者，都在我心上充滿著。我們愈加迴環靜省，我們就愈會在那種贊仰之情，與敬畏之感中，油然而起，沛然而興，新新不停，生生相續，增長不已。」（本文作者譯）這又是不是超越的比較心靈，在詩的語言中，高度顯現永恒生命的無窮上達，以入於存在本身之美呢？這就已表達出比較方法的形上探本與運作的意義之所在——乃在：心靈的知識之比較考察，必得從比較心靈的立體生命之透視中，把細視與巨觀同時展現出來的——這才是一個人類整體比較心靈之超越：「意識、時間、與存在形成了三位一體」（請參閱鄔昆如教授《胡塞爾現象學》）的形上探本與運作意義之比較心靈的超越之所在了。

【附註】

① 小戴禮記：學記。

② 李鼎祚：周易集解。

③ 張載：正蒙，大心篇。

④ 十三經：周易正義。

⑤ 論語：堯曰。

⑥ 十三經：尚書．洪範。

⑦ 老子：道德經。

⑧ 周易：繫辭傳。

⑨ 周易：說卦傳。

⑩ 文史通義：易教下。

⑪ 笛卡爾：哲學原理。

⑫ William Hoerber，《哲學的科學基礎》。

⑬ Aristole, Metaphysics Book A(I) 1980a. English trans. by W. D. Ross, The Works of Aristole.

⑭ 斯塔斯著慶澤彭譯：批評的希臘哲學史，pp. 102-122。商務，民國二十二年版。

⑮ 李石岑譯，中華書局。

⑯ Cassirer, An Essay on Man.

⑰ 周易內傳，卷五。

⑱ Runes, The Dictionary of Philosophy.

⑲ 徐韋曼譯，商務萬有文庫本。

⑳ 陳揚瑛、蔡仁堅譯，景象出版，三十四頁。

㉑ 傅佩榮教授譯：Science and the Modern World《科學與現代世界》。

（本文曾刊於《哲學與文化》月刊第十六卷第六期七十八年六月）